U0134378

漫话科举

刘哲昕 ◎ 著

学习出版社

图书在版编目（CIP）数据

漫话科举 / 刘哲昕著. -- 北京 ： 学习出版社，
2024. 7. -- ISBN 978-7-5147-1269-8

Ⅰ. D691.3-49

中国国家版本馆CIP数据核字第2024XT4333号

漫话科举
MANHUA KEJU

刘哲昕　著

责任编辑：李　琳
技术编辑：贾　茹
装帧设计：映　谷

出版发行：学习出版社
　　　　　北京市崇外大街11号新成文化大厦B座11层（100062）
　　　　　010-66063020　010-66061634　010-66061646
网　　址：http://www.xuexiph.cn
经　　销：新华书店
印　　刷：北京启航东方印刷有限公司

开　　本：710毫米×1000毫米　1/16
印　　张：23
字　　数：229千字
版次印次：2024年7月第1版　2024年7月第1次印刷

书　　号：ISBN 978-7-5147-1269-8
定　　价：88.00元

如有印装错误请与本社联系调换，电话：010-67081356

写在前面

在庆祝中国共产党成立100周年大会上，习近平总书记指出，要坚持把马克思主义基本原理同中国具体实际相结合、同中华优秀传统文化相结合。自此，关于"第二个结合"的研究日益广泛深入。然而，目前大多数的研究依旧停留在狭义的文化层面，鲜少触及广义的制度层面。其实，制度与文化是一体的，也是可以相互转化的——比如说，过去如果有人在互联网上侮辱、诽谤英雄，那是思想文化的问题，而现在就是法律问题了。文化是制度的底色，制度是文化的底座；文化是最软的制度，制度是最硬的文化。文化和制度都是人的行为规范，只不过制度是一种最强硬的、值得动用国家强制力来保障实施的行为规范。因此可以这么说：如果不触及制度层面，不认真研究传统国家治理体系，我们就不可能全面、准确、深入地理解"第二个结合"，就不可能真正实现国家治理现代化。

在中国传统国家治理体系的一系列制度中，科举制度毫无疑问占据着基石与轴心的地位。正如我在书中所说的,国家治理有着"定魂、定模、定人"的"三定方案"——所谓"定魂",就是奠定一个国家治理体系的科学理论基础;所谓"定模",就是构建一个科学合理的国家治理结构;所谓"定人",就是找到一批最合适的人来担当国家治理重任。在那个时代,科举制度就是这样一套以自己的方式同步解决"定魂、定模、定人"三大问题的国家治理"三定方案"。当年,在没有现代国家治理手段帮忙的情况下,以科举为基石和轴心的传统国家治理体系,居然能够独力令一个王朝存续达 300 年之久——唐朝 290 年,宋朝 320 年,明朝 276 年,清朝 268 年,这个制度背后所蕴含的传统治理智慧,难道不值得今天的我们去认真研究和汲取吗?

这就是我写作这部《漫话科举》的初心所在——通过对科举制度的研究,总结其背后所蕴含的十大传统治理智慧以及六大传统治理缺陷,为今天的国家治理现代化提供历史镜鉴。至于作品形式,我毫不犹豫地继续选择了对话体。对话体作品一旦确定了对话主题,最重要的事情是找到一个合适的对话地点——2019 年出版的《家国情怀:中国人的信仰》,我选择在汶川的映秀书院对话,因为要谈中国人的家国情怀,还有比汶川更合适的地方吗?2020 年出版的《我们的社会主义》,我选择在上海的新天地对话,因为要谈资本与政治的关系,还有比上海更合适的地方吗?2022 年出版的《中国·向心力》,我选择在新疆的最西边境对话,因为要谈中国的向心力,还有比新疆更合适的地方吗？这三部对话体作品，后来被我的读者合称为"家国对话三部曲"。而不是巧合的巧合是：这三个对话地点，刚好都是我最熟悉的"家"——我曾是汶川灾区的"教授民兵"，也是南疆夜校的"刘校长"，还是在上海这座城市学习和工作了30多年的"刘教授"。没错，我想要说的正是：一个作者，唯有心怀对"家"的理解和热爱，才能承载得起如此重大的对话命题。现在问题来了：这次要讨论的是科举的传统治理智慧，我是否还有第四个"家"，可堪承载这样一场时空交错的虚拟对话？

我的确还有第四个"家"，承载得起这一场关于科举的重量级对话。其实，这个"家"只是因为对话体作品的出场顺序，所以被排到了第四；如果按照在我的人生中的出场顺序，这个"家"无疑是排第一的，因为它就是生我养我的老家——福建莆田。莆田，古称兴化府，下辖莆田县和仙游县。虽然偏居东南，地狭人少，兴化府却是中国著名的科举之乡，有着"文献名邦""海滨邹鲁"的美誉。如果按照州府排名，兴化府的进士数量排名全国第八；如果按照县邑排名，莆田县的进士数量排名全国第一。可以说，作为中国进士第一县和作者本人最熟悉的老家，莆田的确是承载这场对话最合适的地点。

虽然早早就确定了要在老家对话科举，但是这场对话究竟应该设定在老家的哪个场所，这个小小的问题居然困扰了我很久。渐渐地我明白了，原来科举的时代真的已经成为过去，中国进士第一县的荣光在历史风雨的荡涤之下，的确已经难觅影踪。而正如我在书中所说的，"不知古便不知今，不知今便不知古"，如果子孙后代做得不好，就会愧对祖先的荣耀；如果不知道未来需要什么，就不知道历史要研究什么。既然如此，偌大的老家是否还有哪个地方，能够让今天的我们真实地触摸到"文献名邦"依旧跳动不息的脉搏？——不应该是仅仅供奉着祖上荣光的祠堂，也不应该是没有山长和灵魂的书院，那么，还有哪个地方会是呢？"愚笨"这个词，在莆仙话里叫作"空庵"，也叫作"欠神"——空空一座庵，欠了一尊神，自然就是愚笨了。我当然不希望自己跑到一座"空庵"里去对话科举，于是这个心结就这么锁着，直到这部书临近动笔的时候。

那天，我正在跟女儿闲聊，忽然想起此事，就随口问了她一下。没想到 16 岁的女儿脱口而出："莆田不是有木兰陂吗？可以在木兰陂对话啊！"一语点醒梦中人，没错，木兰陂！正如我在书中所说的，"五位一体"就像是一座 3 层楼的金字塔，没有"一楼"生态文明的"道法自然"，就不会有"二楼"经济社会的"安居乐业"，自然也就不会有"三楼"政治文化的"政通人和"。从这个意义上说，这座始建于北宋的千年水利枢纽工程，的确堪称"文献名邦"的逻辑起点。尽管科举时代早已成为过去，然而木兰陂上的溪水至今依旧奔腾不息。"问渠那得清如许，为有源头活水来"，只要逻辑起点还在，历史的脉搏就还在，未来的希望也就还在。既然如此，那就让我们一起去木兰陂吧，一起到千年水脉里探寻千年文脉，一起到现实生活中感受历史传承。

本书与作者对话的人物共有 4 位，每位人物都各有原型：郭英龙在《中国·向心力》中就已经出场，他的原型正是香港一家公务员学院的院长，也是一位与我相识多年的挚友；陈义忠的原型，是我的中学老同学的群像和缩影，之所以取名"义忠"，一来是表达对古代读书人一腔忠义的致敬与传承，二来是取我们母校"一中"的谐音；而林馆长的原型，则是莆田乃至全国各地众多本土学者的群像和缩影，不管是回到家乡，还是在全国调研，我都能从这个群体的身上感受到他们对家乡文化的传承和热爱；至于大学生小徐的原型，其实是一位国际知名建筑师的"青年版本"。在这位虚拟人物的身上，寄托了我对中国年轻一代读书人的殷切希望，因为唯有这代读书人的文化自觉苏醒，中国传统读书人的那份爱与忧愁才不会从这个世界上消失。

在已经完成的 4 部对话体作品中，《漫话科举》的准备时间是最长的，写作难度是最大的，而得到的帮助无疑也是最多的。每次我回老家采风，市有关领导和各部门总是全力协助，老同学们更是全程陪同。甲辰年正月初四那天，恰是书中对话日，几位老同学以充满仪式感的方式，与我一起遍访了书中的所有场景，最后陪我在木兰陂的石头上坐了很久很久，一起听那千年时光的涛声依旧，一起看那落日晚霞的漫江红透。我的父亲是我人生中的第一位启蒙老师，关于科举和读书的梦想种子，就是他亲手在我的幼小心灵里早早种下的。即便在病中，他依然还在关心和期待着我的这部回家作品。我的学员、同事和朋友，都为我的写作计划感到高兴。书中的不少内容，其实都源自我与他们之间的真实交流——比如关于台湾科举的内容，就源自福建厦门的一位领导的真知灼见。当然了，此刻最应该感谢的，无疑还是学习出版社。如此权威的平台，却始终对我如此包容，如此厚爱。这几部对话体作品的对话地点，被我天马行空地设定在了天南海北。于是，这些年来，学习出版社的领导和编辑们不仅全力支持作品出版，还不辞辛劳地陪着我到汶川，到上海，到新疆，一场又一场地举办新书发布会。因为他们知道，捧着用心写就的书回家，一定是一个游子最深沉的梦。现在，《漫话科举》也已经写好了，那就让我们一起圆梦，再次回家吧！

刘哲昕

2024 年 4 月 26 日于上海浦东

1

每当中华民族到了最危险的时刻，就总会有英雄出现在历史的地平线上，挽狂澜于既倒，扶大厦之将倾。5000年前的大禹是这样的英雄，2000年前的霍去病是这样的英雄，1000年前的岳飞是这样的英雄，500年前的戚继光也是这样的英雄。

2024 年 2 月 13 日，甲辰年正月初四，福州长乐机场。我和老同学陈义忠站在机场到达出口，等待着郭英龙搭乘的航班降落。自古闽人重乡土，在外奔波了一年的福建人，除夕前该回乡的基本上都回乡了，此时的航班反而不多，客流量也不大。因此，郭英龙刚刚出现在到达出口，我们就马上看见了他并迎了上去，接过了他手中的行李箱。

我：郭院长好，欢迎来到我的家乡。多年相约，今日终于成行了。从北京直飞福建，您一路辛苦了。

郭英龙：刘教授好，上海一别，转眼又是一年过去了。这次能到您的家乡来拜访您，我真的太高兴了。

我：邀请您来莆田做大岁，是咱们在新疆的时候就萌生的想法，这次我一定带您好好体验一下我们莆田人的新春习俗。我先给您介绍一下，这位是陈义忠，我的高中老同学。当年在中学读书的时候，我们就是很要好的朋友。大学毕业后，我留在了上海工作，他回到了莆田工作，现在是一名政府公务员。义忠，这位就是我常跟你们提起的郭英龙院长。郭院长原来是一名香港警察，前段时间调任香港一家新设立的学院，从事公务员的教育培训工作，现在跟我算是同行了。

陈义忠： 郭院长好，刘教授很多年前就跟我们讲过您，以及你们交往的故事，我们都十分仰慕和钦佩您。这次您能应刘教授之邀来到莆田做大岁，我们都特别高兴，也特别期待，一定全力做好服务保障工作。

郭英龙： 谢谢陈先生，我很早就听刘教授介绍过他老家独特的历史文化和民俗传统，一直感觉这个地方特别神奇。这次我跟随代表团到内地参加团拜活动，于是就跟刘教授提前商量好，利用这难得的春节假期时间，抽空飞过来拜访一下这个神奇的地方。刘教授告诉我，正月初四莆田人要做大岁，于是我就掐着这个点来了。

陈义忠： 郭院长，您就叫我义忠吧。从长乐机场到莆田还有一个多小时的车程，咱们先上车，边走边聊。这次刘教授为您精心安排了整个行程，第一站就是莆田的木兰陂。现在是中午，咱们就从机场直接去木兰陂，一起参观这个千年水利枢纽工程，有两位朋友已经提前在那里等候我们了。

郭英龙： 好的，义忠，那咱们赶紧出发吧。刘教授，其实来之前我也做了些关于莆田的功课，结果越做功课就越觉得这个地方好神奇，现在我的心里已经充满了无数的问号，不知道该从哪个问题问起了。

我（笑）： 上次我们邀请莆田市有关领导给来自全国的干部作过一次莆田木兰溪综合治理的案例分享，他上来的第一句话就是"今天，我要给大家介绍一个'神'一样的莆田"。对于我的老家，不要说您觉得神奇了，就是我们这些从小在这里长大的人，往往都会觉得不可思议。既然您这么说了，那么不妨把您的这次旅程命名为"神奇之旅"吧。说吧，郭院长，您想先问哪个"神奇"？

郭英龙： 今天是正月初四做大岁，要不您就先给我讲讲，什么叫"做大岁"？

我： 您一上来就挑了个独一无二的问题，因为这的确是一个专属于莆田的全世界独一无二的习俗。做大岁，听上去挺喜庆的，其实背后隐藏着一个十分悲壮的历史故事，这个故事与明朝时期的倭寇有关，您想不想听呢？

郭英龙： 当然想听了。

我： 那我先来讲讲倭寇的事儿。从 13 世纪开始，日本倭寇就不断地袭扰劫掠中国沿海地区，给百姓造成了深重灾难。14 世纪初，日本进入南北朝分裂时期，倭寇之患突然变得十分严重。

陈义忠： 日本也有南北朝时期啊？

我： 日本的历史其实也挺复杂的，只不过折腾来折腾去，也只是个"迷你版"。公元 1336 年，倒幕大将足利尊氏率军攻入京都，逼迫后醍醐天皇退位，在京都拥立了光明天皇。后醍醐天皇带着象征天皇权力的三神器逃往了南方的吉野，日本进入了南北朝分裂时期。南北封建领主各自拥戴一个天皇，相互攻伐，战乱不断。经过几十年的内战之后，南朝最终失败。公元 1392 年，南朝把天皇三神器交给了北朝天皇，结束了所

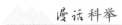

莆田春节"做大岁"

谓"一天二帝南北京"的南北朝时代。结果呢，在长期战乱中失败的南方封建领主们竟然像野狗似的盯上了中国这只大象，不断地组织和放纵手下的武装匪徒和流氓无产者——所谓的武士和浪人，在中国的东南沿海大肆劫掠，倭寇问题一时成了中国的心腹大患。

郭英龙：1392 年，那应该是中国明朝的时候了。

我：没错，已经是明朝了。明朝成立之后，一方面，实施海禁政策，加强沿海防御；另一方面，不断遣使要求日本管控倭寇，不过一直无果。1392 年日本统一之后，足利幕府的第三代将军足利义满为了肃清南朝残余势力，同时也为了垄断日本与明朝的贸易利润，开始积极剿捕倭寇，倭寇活动因此消停了一段时间。于是明朝也就允许日本官方来中国进行勘合贸易。

郭英龙：什么是勘合贸易？

我：其实就是明代的朝贡贸易。明朝实施海禁之后，允许外国在规定时间和规定地点与明朝进行朝贡贸易。外国商船运来贡品和土特产，明朝在收取贡品，购买土特产之后，会以"国赐"的形式回酬外商所需要的各种货物。古代中国物产丰富，经济十分强大，周边小国经济单一，都十分依赖与中国的贸易，否则必定会有一些重要的货物奇缺，导致国内经济循环不畅而陷入动荡。因此，外国商船必须持有明朝政府事先颁发的"勘合"，也就是贸易许可证，才有资格进行这种获利十分巨大的垄断贸易。

陈义忠：我怎么听着感觉有点像今天的世界贸易形势。

郭英龙：西方不是有句谚语吗："日光之下，并无新事。"教授，勘合贸易稳定住中日关系了吗？

我：没那么容易，经济和政治这两条主线是相互交织、相互影响的。足利义满之后，日本政坛再次陷入权力争斗，于是勘合贸易时而中断，时而恢复，倭寇之患也时不时地死灰复燃。公元1467年，日本进入了所谓的战国时代，各方势力抢夺勘合，中日贸易变得十分混乱，最终爆发了1523年的"争贡之役"，导致中日勘合贸易彻底走向终结。

陈义忠：什么叫"争贡之役"？

我：公元1523年，也就是嘉靖二年，当时最有实力的日本大名细川氏和大内氏，分别派遣了一个贸易使团抵达浙江宁波，结果两个贸易使团因为勘合的新旧真伪问题和宴会的席次安排问题爆发了武斗。大内氏的贸易团中多数成员是海盗出身，于是先下手为强，抢出了本应缴存的武器，将对方杀了个片甲不留。最后，这群海盗杀红了眼，居然从宁波一路杀到了绍兴，又从绍兴一路杀回了宁波，沿途大肆劫掠，杀死了很多中国军民，明备倭都指挥刘锦和千户张镗在追击这群海盗的时候战死。浙中大震，史称"争贡之役"。

陈义忠：岂有此理，实在是太嚣张了。这群海盗后来剿灭了没有？

我：没有，大多数海盗带着抢掠的钱财坐船跑掉了，的确十分窝囊。虽然事出突然，但也完全可以看出，嘉靖时期的沿海地区武备是何等松懈了。

郭英龙：我是当警察出身的，对贼的心理比较了解。这种事情发生多了，肯定会引发倭寇的轻视之心，难怪后来的倭寇会那么大胆。

我：可不是吗，史书上就是这么说的——"浙中大震，倭自是有轻中国心矣"。更要命的是，此事发生之后，明朝政府认为"倭患起于市舶，遂罢之"，泉州和宁波的市舶司因此被废罢，只保留了广州市舶司，并对日本"闭绝贡路"。本来嘉靖朝对海外贸易就很不感冒，这下子好了，索性一锅端，实施了最严厉的海禁政策——严禁建造超过规定尺寸的大船，所有违禁的海船全部毁掉，"自后沿海军民，私与贼市，其邻居不举者连坐"。

> **链接**
>
> ## 市舶司
>
> 　　市舶司是古代中国管理对外贸易的政府机关，作用类似于海关。唐玄宗开元年间，在广州设市舶使。北宋开宝四年设市舶司于广州，后陆续于杭州、明州、泉州、密州设立市舶。市舶收入是宋朝财政收入的重要来源：北宋中期，市舶收入达42万缗；南宋初期，市舶收入达150万缗。明洪武三年，在广东广州、福建泉州、浙江宁波各设一市舶司。嘉靖元年，因倭寇猖獗，罢去浙江、福建二司，唯存广东一司，不久亦被废止。直到嘉靖三十九年，经淮扬巡抚唐顺之请求，三司才得到恢复。清康熙二十四年，撤销全部市舶司，设立江、浙、闽、粤四处海关。乾隆二十二年，除粤海关外，撤销其余海关，是为"一口通商"。

郭英龙：这下子过犹不及了，贸易本身是一种经济规律，怎么能一禁了之？

我：这大概就是农耕起家的中央帝国的历史局限性吧。在农业为王的时代，重农抑商的政策虽然忽视了商业，但是的确抓住了当时经济的主要矛盾——农业。而且由于中国本身是一个超大规模经济体，物产十分丰富，因此经济的内循环在一定时间段内似乎也是可行的。然而随着经济规模的不断扩大，人口不断向沿海沿边地区迁移，继续奉行闭关锁国政策将会遇到一个越来越大的挑战，那就是沿海地区将会面临一道艰难的选择题：封闭海疆，沿海地区就是国内经济体的边缘地带；开放海疆，沿海地区就会一跃成为跨国经济体的枢纽地带。边缘地带的贸易成本很高，枢纽地带的贸易成本很低。常言道"人往高处走，水往低处流"，经济规律的本质就是追逐更低的成本，获取更高的利润。因此，对沿海地区来说，一旦海上贸易在技术上被证明是可行的，那么海上贸易的经济冲动就几乎是不可阻挡的了。

郭英龙：您的这段分析很简洁，却很切中要害。

陈义忠：这么看来，嘉靖的海禁政策是很难得到真正实行了？

我：没错，正所谓"禁越严而寇越盛，片板不许下海，艨艟巨舰反蔽江而来；寸货不许入番，子女玉帛恒满载而去"，嘉靖朝的海禁政策的确成本很高，收效很低。不过，倭寇这件事儿可不能只从经济学的角度分析。你想想看，如果仅仅是经济学的问题，那么在海禁不严的时候，日本人就应该老老实实地搞贸易，然而事实并非如此，当时就已经有很多日本人选择了当倭寇。就算后来海禁严了，怎么就摇身一变成了烧杀抢掠，无恶不作的魔鬼呢？所以，倭寇就是倭寇，强盗就是强盗，是没有任何理由可以辩解的。

郭英龙： 我很同意，当过警察的人都会同意您的这个观点。

我： 至于明朝这边呢，也是不争气。明英宗之后，大明的朝政就已经相当腐败了。到了嘉靖皇帝朱厚熜的时候，皇权简直糜烂到了荒唐的地步。朱厚熜醉心于炼丹术，为了能够长生不老，整天穿着道士服，戴着道士帽，率领后宫的各色人等在宫中大做法事，把整个皇宫搞得乌烟瘴气，还封自己为"灵霄上清统雷元阳妙一飞玄真君"。

陈义忠： 什么"灵霄啥啥啥的真君"，这一大串十几个字的，谁记得住？这嘉靖也太荒唐了吧，都当皇帝了，还给自己封这种头衔。

我： 十几个字算是小意思了，嘉靖自封的头衔多了去了，有个头衔居然长达 37 个字，我赌他自己也背不下来。

郭英龙： 真是荒唐。

我： 的确荒唐。自嘉靖十三年以后，这家伙就怠废朝政，30 余年不上朝，任由奸相严嵩独掌权柄，吏治十分昏暗。上梁如此不正，下梁自然就很歪了。当时，负责海防的军队战斗素质很差，军户的逃亡率高达百分之七八十，沿海卫所简直形同虚设。剩下的"兵油子"们也不愿意在海岛上吃苦，都跑回到岸上生活，结果设在海岛上的水寨反而被倭寇据为巢穴，成了倭寇进攻沿海的大本营。

陈义忠： 这种事情听着就气人。

我： 义忠，这就是国家治理失败的后果。更要命的是，治理失败不仅会导致体制内的崩解，还会导致体制外的溃散。那些因为海禁而失去谋生手段的贸易从业人员，有一部分就铤而走险当了海盗，并与倭寇集团相互勾结，里应外合，成了倭寇的"带路党"。有了这些汉奸的接应和带领，倭寇自然"深入内境，道路之迂曲，民间之虚实，官府之动静，纤息必知"，从而导致嘉靖年间倭寇之乱大炽。有学者作过统计：从洪武到永乐共 57 年时间，大大小小的倭患次数共 94 次；从永乐以后到嘉靖之前共 97 年时间，倭患次数降到了只有 17 次；结果一个嘉靖朝 45 年时间，倭患次数居然一下子猛增到了 628 次，占了整个明朝时期的 80%，嘉靖朝的治理问题有多严重就可想而知了。我给你们举个例子吧：公元 1555 年，也就是嘉靖三十四年，一支由 53 名倭寇组成的小分队在浙江登陆，居然在 80 多天时间里，横行浙江、安徽、江苏三省，攻掠了 20 多个州县，杀伤官兵四五千人，甚至还"围攻"了一把南京都城，简直就是如入无人之境。最后，丢尽脸面的朝廷下了死命令，苏松巡抚曹邦辅集中了几千人的大部队进行围追堵截，费了九牛二虎之力，终于在太湖边上剿灭了这支小部队。

陈义忠： 啊，竟有这等荒唐事？这究竟是"皇军"太凶残，还是"国军"太无能？

我： 我看主要是后者。据史书记载，这群倭寇个个能够"手接飞矢"，战斗力爆棚，因此把明军打得落花流水。说实话，我是不怎么相信的。说到底还是明军太松垮，上报军情的时候就拼命夸大敌人，以免显得自己太无能。倭寇要真有那么厉害，后来怎么就被戚继光给收拾了呢？

郭英龙：我同意，否则这件事从军事常识的角度是说不通的。

陈义忠：教授，那您给我们讲讲，戚继光后来是怎么收拾这帮倭寇的？我们莆田人从小就听大人们讲戚继光抗倭的各种故事，不过现在回想起来，基本上都是一些民间传说，真正的历史究竟是怎么样的，我还真的不太了解。

我：每当中华民族到了最危险的时刻，就总会有英雄出现在历史的地平线上，挽狂澜于既倒，扶大厦之将倾。作为一名中国人，这是我内心最深刻的骄傲和自信。可以说，5000年前的大禹是这样的英雄，2000年前的霍去病是这样的英雄，1000年前的岳飞是这样的英雄，500年前的戚继光也是这样的英雄。

郭英龙：心有戚戚焉。刘教授，那就请您给我们讲讲戚继光，讲讲这位神奇英雄抗倭的故事吧。

我：好的，郭院长。戚继光，山东蓬莱人，嘉靖七年出生于山东济宁的鲁桥镇。戚继光的六世祖戚祥当年追随朱元璋起义，南征北战10多年，也算是开国功臣。洪武十三年，戚祥在跟随傅友德、蓝玉大军平定盘踞云南的蒙古梁王势力时，战死在了沙场上。朱元璋念其开国有功，于是封其长子戚斌为明威将军，世袭登州卫（今山东蓬莱）指挥佥事——这是一个可以世袭的正四品军职。戚继光的父亲戚景通为人刚毅正直，颇有军事才能，最后当到了正三品的神机营副将。老来得子的戚景通对戚继光的教育十分上心，因此少年时代的戚继光"好读书，通经史大义"，且熟知兵法，武艺高强。戚继光17岁的时候，父亲去世了，于是戚继光承袭了登州卫指挥佥事的世职，开启了自己长达45年的军事生涯。

郭英龙： 17岁从军，跟霍去病是一个年龄，有点巧合。

我： 还真是的！您这么一提醒，我还真想起了一件巧合的事：霍去病最有名的那句话——"匈奴未灭，无以家为也"，是他在公元前121年河西之战班师回朝之后说的，那年他19岁；而戚继光最有名的那句诗——"封侯非我意，但愿海波平"，是他在公元1546年目睹了山东沿海倭患之后，在一本兵书的空白处题写的诗句，当时的戚继光也是19岁。

陈义忠： 这是穿越千年的巧合，更是穿越千年的传承。

郭英龙： 自古英雄，无不是少年立志。从这个意义上说，与其说是巧合，真不如说是传承——中华民族精神与军魂的传承。

我： 在随后的几年时间里，为了防备鞑靼入侵，戚继光每年都要奉命率领登州卫的子弟兵北上蓟州执行一段时间的戍边任务。正如他自己在《马上作》一诗里所说的，"南北驱驰报主情，江花边月笑平生。一年三百六十日，多是横戈马上行"，这段蓟门戍边的岁月，为年轻的戚继光积累了宝贵的军事经验，也锤炼了他报效国家的远大志向。不过，这段时间里最值得一提的事情，是他居然抽空跑去参加科举考试了。

郭英龙：戚继光不是已经是四品官了吗？

我：是的，戚继光的确一起步就是世袭的四品军官，然而在他看来，这不过是祖上的荫庇，并非自己努力的结果，所以一直渴望用自己的实力来证明自己。

陈义忠：那他参加的应该是武科举吧？

我：没错，是武科举。

陈义忠：考上了吗？

我：考上了——公元 1549 年 10 月，22 岁的戚继光参加了山东乡试，一出手就轻轻松松考了个武举人。

郭英龙：看来确实是有实力，接下来是不是应该考武进士了？

我：是的，第二年的春夏之交，武举人戚继光来到了京师参加会试，准备考武进士。结果人算不如天算，就在考试进行期间，"庚戌之变"爆发，蒙古土默特部首领俺答汗借口报复明朝关闭"贡市"，率军自古北口进犯，兵锋直抵京师城下。被吓得手忙脚乱的嘉靖皇帝赶紧四处飞檄调兵勤王，最后干脆把到京师参加会试的 1000 多名武举人也都拉上去守城了。戚继光本来就是四品军官，又有军事指挥经验，因此被任命为总旗牌官，督防京城九门。尽管俺答汗最终并没有强攻北京城，而是在城外大掠一番而去，然而被他这么一搅和，这届会试就这么泡汤了，戚继光的武进士自然也就跟着泡汤了。

郭英龙：可惜了，否则以戚继光的文武全才，这个武进士估计是跑不了的。

我：我也相信。戚继光不仅是杰出的军事家、著名的武术家，还是很不错的诗人、优秀的书法家。如果他愿意转行，我估计考个文进士都有可能，考个武进士自然更是绰绰有余了。不过，塞翁失马焉知非福，尽管武进士泡汤了，然而戚继光在守城时展露出来的军事才能却给兵部留下了深刻的印象。他当时所撰写的《备俺答策》，守城将士几乎人手一册，年轻的戚继光就此进入了兵部的用人视野。公元 1553 年，26 岁的戚继光升任署都指挥佥事，管理登州、文登、即墨三营共 25 个卫所，负责防御山东沿海的倭寇袭扰，从此拉开了他抗击倭寇的人生序幕。

陈义忠：从此开始了他"开挂"的人生？

我：还没有"开挂"呢，因为戚家军还没有练成。公元 1555 年，戚继光被调任到倭患严重的浙江，从此站上了抗倭的最前线。在经过与倭寇的多次交手之后，戚继光强烈地意识到，除非亲手打造一支脱胎换骨的新军，否则不可能制服凶残的倭寇。于是，公元 1559 年，在直浙总督胡宗宪的支持下，戚继光前往浙江义乌募兵。

郭英龙：为什么要到义乌募兵？是那里的民风很彪悍吗？

我：义乌的民风不是"很彪悍"，而是十分彪悍，至少在商业头脑发达的浙江来说是这样的。浙江人称"义乌拳头"，义乌人向来是以"拳头"著称的。公元 1558 年，义乌的矿工、乡民与永康的矿工为了争夺一座矿山的开采权，曾经爆发了一场长达 4 个月的械斗，双方参与械斗的人数高达 3 万多，死伤 2500 多人，义乌人最终还是打赢了。戚继光有可能目睹了这场大规模械斗，因此对义乌男女老少打架不要命的彪悍模样留下了深刻的印象。现在既然要募兵，那就索性到义乌去。

陈义忠：原来如此。

我：公元 1559 年，戚继光在义乌知县赵大河的支持下，在义乌募得 4000 名新兵，并按照自己独创的练兵法进行严格训练，威震天下的"戚家军"就此登上了历史舞台，戚继光的"开挂"人生也从此拉开序幕。

陈义忠：原来戚家军的班底是义乌兵啊，总共才 4000 人吗？

我：兵贵精而不贵多，就 4000 人。戚家军练成，倭寇的末日也就到了。公元 1561 年，2 万多名倭寇大举入侵浙江台州等地，著名的台州之战爆发。这场抗倭的转折性战役大致分为 9 次战斗，练兵初成的戚家军犹如出笼的老虎一般，将倭寇撕成了碎片——宁海之战，戚家军斩杀倭寇 300 多名，自身伤亡为零；新河之战，戚家军斩杀倭寇 500 多名，自身阵亡 3 人；花街之战，戚家军以寡敌众，最后斩杀倭寇 1000 多名，解救被劫掠的百姓 5000 余人，自身阵亡 3 人……台州九战，戚家军纵横上千里，九战九捷，共斩杀倭寇 5500 名，自身仅阵亡 20 人，史称"台州九捷"。

陈义忠：哇塞，这个交换比也太厉害了吧。倭寇不是号称会"手接飞矢"吗，这会儿咋就不接了呢？

我：他们倒也想接来着，关键是接不住啊！

郭英龙：这真是个奇迹。如此不可思议的逆转，戚继光究竟是怎么做到的？

我：人类社会真正比拼的，其实就是组织方式，国与国的比拼是如此，军队与军队的比拼也是如此。人还是那些人，就看你如何将他们有效地组织起来。戚继光选兵严格，练兵更严格：第一要练耳目，使得士兵令行禁止；第二要练手足，使得士兵武艺高强；第三要练营阵，使得士兵协同作战；第四要练胆气，使得士兵作战勇敢。

郭英龙：说到"练营阵"，我突然想起来了，戚家军是不

链·接

《纪效新书》与《练兵实纪》

《纪效新书》是戚继光的军事著作，是他在东南沿海平倭战争期间练兵和治军经验的总结，共18卷。序言写道："夫曰'纪效'，明非口耳空言；曰'新书'，所以明其出于法而非泥于法，合时措之宜也。"戚继光被调到广州镇粤时，修订《纪效新书》为14卷本。《纪效新书》是一部以练兵经验为主的兵书，也是中国第一部军事训练专著，语言通俗易懂。比如，《禁令篇》对士卒说："凡你们当兵之日，虽刮风下雨，袖手高坐，也少不得你一日三分。这银分毫都是官府征派你地方百姓办纳来的。你在家那个不是耕种的百姓，你肯思量在家种田时办纳的苦楚艰难，即当思量今日食银容易，又不用你耕种担作，养了一年，不过望你上阵杀贼。你不肯杀贼保障他，养你何用？就是军法漏网，天也假手于人杀你。"平定倭寇之后，戚继光镇守蓟州，为抵御北方蒙古骑兵，又撰写了《练兵实纪》，主要论述车、步、骑诸兵种的协同作战。全书共9卷，附杂集6卷。正集9卷分别为：练伍法、练胆气、练耳目、练手足各1卷，练营阵4卷，练将1卷。

是有种阵法叫作"鸳鸯阵"？

我： 没错，鸳鸯阵正是戚家军战斗力爆棚的秘密之一。

陈义忠： 什么叫"鸳鸯阵"？

我： 所谓"鸳鸯阵"，其实就是一种基本战斗队形，全队由 11 人组成，以 1 名队长为核心，其余 10 人排成 2 列纵队，每排 2 人，如同鸳鸯，故名"鸳鸯阵"。第一排是 2 名盾牌兵，一人执长牌，一人执藤牌，两人都配备了一次性投射的标枪；第二排是 2 名狼筅兵，分别手持一把狼筅。

陈义忠： "狼筅"是什么东西？

我： 说白了，就是一根长达 3 米左右的大毛竹，前部留有很多枝杈，以桐油浸泡使其坚固，主干和枝杈的尖端都装上锐器，甚至淬以毒药。这个奇形兵器是专门用来克制倭刀的，其长度足以刺杀倭寇，其枝杈足以纠缠倭刀。要知道，当年的日本其他方面技术不行，唯独一把倭刀锻造得不错。这种被称为"野太刀"的倭刀全长可达 1.75 米，重达 2.5 公斤，双手握持使用，对阵的时候，用戚继光的话来说，"倭善跃，一进足则丈余，刀长五尺，则丈五尺矣。我兵短器难接长器，不捷，遭之者身多两断，缘器利而双手使，用力重故也"。当时明军的单手刀重量只有 1 斤多，倭寇一刀狠劈过来，明军往往连人带刀断为两截。

陈义忠： 这个画面感太恐怖了，难怪戚继光要发明 3 米长的狼筅来对付它。

我： 是的，狼筅兵的后面是 2 排共 4 名长矛兵，这是刺杀倭寇的主力。最后一排则是 2 名手持"镋钯"的短刀手，所谓"镋钯"就是一个大叉子，用来抵御突入阵形的敌人，保护长矛手。这就是鸳鸯阵的基本构成，对阵的时候，两列纵队以一个尖锐的"八"字形对着敌人，以保证全队兵器锋锐同时密集向敌。

郭英龙： 看得出来这是一种协同作战的阵形，我已经在想象鸳鸯阵的战斗场面了。

我： 没错，倭寇还没有冲到阵前，就必须先吃上一波标枪雨的投射——戚继光对标枪准头的要求是要在几十步之外射中铜钱；没吃到标枪的倭寇冲到阵前，被两个盾牌挡住了去路，两支大狼筅扎了过来，即便倭寇侥幸逃过，放心好了，上面那一大堆讨厌的枝枝杈杈才是狼筅的灵魂，不仅会阻挡视线，还可以纠缠倭刀；正跟狼筅纠缠着呢，4 支大长矛一声不吭地猛戳了过来，非得在倭寇的身上戳出几个大窟窿不可；即便有漏网之鱼突袭到长矛手跟前，还有两个大叉子伺候着呢。倭寇的单兵能力再强，每次都要同时应对 11 个人配合娴熟的联合攻击，简直就没有不被杀死的道理。杀死了一个倭寇，下一个倭寇冲过来，鸳鸯阵就照单抓药再来一次。

郭英龙： 这阵法听上去简直是无懈可击。

我： 至少在对付倭寇方面，鸳鸯阵的确是毫无弱点的，更何况戚家军还有当时东亚地区最先进的火器加持呢！别忘了，戚继光他爹可是当过神机营副将的——神机营就是国家的火器部队，因此戚继光本人就是火器专家，改良过很多火器，甚至还发明过地雷——"自犯钢火轮"。当时的鸟铳和虎蹲炮射程都已经达到了160米，倭寇在抵达鸳鸯阵之前，要先接受一分钟左右热兵器的火力洗礼。这么说吧，每名冲锋的倭寇在100多米的距离内大概要承受20次以上的火力攻击，再吃上6支标枪，才有资格接受2支大狼筅、4支大长矛、2支镋钯以及若干把戚家刀的"招待"。

链·接

明代神机营

明代京城禁卫军三大营之一（其余两营是五军营及三千营），担负着"内卫京师，外备征战"的重任，是皇帝直接指挥的战略机动部队。装备有火枪、火铳等，后期又添置了火绳枪。这种独立枪炮部队建制在当时中国乃至世界都处于领先地位，比欧洲最早成为建制的西班牙火枪兵要早一个世纪左右。神机营编制与明初卫所驻军不同，最高编制级别为营。全营兵力共计5000人，包括：步兵3600人（全配火器）；骑兵1000人；炮兵400人（管理野战重炮及大连珠炮）。装备火器包括：霹雳炮3600杆（步兵火铳），合用药9000斤，重八钱铅子90万个；大连珠炮200杆（多管火铳），合用药675斤；手把口400杆（炮兵防身用手铳）；盏口将军160位（野战重炮）。神机营作战时，列于阵线前列，各炮队之间有一定间隔，便于装填炮弹，可以轮番齐射，用炮火摧毁敌人阵地，对骑兵的杀伤力巨大。

陈义忠（笑）： 这招待规格够高的了，我都能想象得出来倭寇"吃撑了"的模样。

郭英龙： 戚继光真是个军事天才，以倭寇一根筋的思维方式，一旦被克制住了，估计会被戚家军一直按在地上摩擦的。可是教授，我忽然想起来了，我最开始问的是"什么是做大岁"，您说跟倭寇有关。可是讲到现在，戚继光还在浙江抗倭呢，这跟莆田有关系吗？

陈义忠：郭院长记得可真牢，我差点都忘了。

我：放心，郭院长，正如您所提醒的，戚家军马上就要进福建了。台州之战后，心胆俱裂的倭寇给戚继光取了个外号叫"戚老虎"，从此再也不敢入侵浙江沿海。不过倭寇并没有就此打道回府，而是全部跑到福建去了。

陈义忠：这下子我们福建人遭殃了。

我：是啊，当时福建的经济远不如浙江发达，根本无力抵挡倭寇入侵，于是"北至福建福宁沿海，南至漳、泉，千里萧条，尽为贼窟"。经福建巡抚再三请求，朝廷下令戚家军驰援福建。公元 1562 年，戚继光率领 6000 戚家军入闽抗倭。

郭英龙：多了 2000 人，看来戚家军扩军了。

我：是台州大捷之后招募的，还是义乌兵。虽然扩军了，但是戚家军这次要面对的倭寇也更多、更难缠了。你们想想看，浙江离日本近啊，倭寇每年都可以乘季风打个来回，干一票就走；可是福建离日本远啊，因此倭寇来了就不想走了，而是沿着福建的海岸线到处安营扎寨，准备长期抢劫福建。其中最有名的 3 个倭寇巢穴，就是宁德的横屿、福清的牛田和莆田的林墩，从北到南，依次分布。

郭英龙：看来戚家军这次要打的不是运动战了，而是攻坚战了。

我：郭院长不愧是纪律部队出身的，战略思维很清晰。没错，入闽抗倭的第一阶段，戚家军的确打了 3 场攻坚战。第一场是横屿之战。横屿是宁德沿海一个小岛，盘踞着 1000 多名倭寇，四出劫掠，导致"宁德一路，上下三百余里，三年渺绝人踪"。横屿与陆地之间的海水很浅，退潮后尽是淤泥，步行难以通过，因此倭寇料定戚家军无法在退潮时发动进攻。没想到戚继光偏偏利用退潮的短暂时间，命令士兵每人背负一捆草，边行军边在淤泥上铺草，突然杀上了横屿岛。接下来一顿免费的"鸳鸯火锅"招待，不到 3 个时辰就全歼了岛上的 1000 多名倭寇，戚家军仅阵亡 13 人。

陈义忠（笑）：看来这顿"鸳鸯火锅"还带了点泥腥味。

我：戚家军的第二场攻坚战是牛田之战。福清的倭寇结营牛田，并在杞店等地布下一连串的巢穴，"形如奕布，势若长蛇，络绎三十余里"，企图以此抵御戚家军。戚继光料定老百姓中必混有倭寇奸细，于是一到福清就散布"我兵远道而来，需要养精蓄锐"的风声，成功麻痹了倭寇。当夜戚家军发起突袭，焚毁了杞店倭巢。受到戚家军"启发"的倭寇也想照猫画虎地搞个突袭，结果又中了戚家军的埋伏。戚家军乘胜进军，直捣牛田大巢，倭寇溃不成军，倭巢土崩瓦解。牛田一役，戚家军连挑倭巢 60 余个，斩首倭寇 688 人，救回被掳百姓 954人，受降数千名胁从的海盗，而自身阵亡人数为零。

郭英龙：又一次零阵亡！说实话，在短兵相接的冷兵器时代，这样的交换比有点不可思议，难怪倭寇对戚继光畏之如虎。横屿之战和牛田之战都轻松拿下了，接下来应该就是莆田的林墩之战了吧?

陈义忠: 终于轮到我们莆田了,这次应该也是轻松拿下吧?

我: 是的,终于轮到莆田了。不过呢,林墩之战可一点儿都不轻松,戚家军终于在莆田碰上了一场真正的硬仗。

郭英龙: 教授,先说个感受啊,每次听您讲历史故事的时候,有点感觉是在看电影。电影主角出场的时候,往往被反派折磨得遍体鳞伤,如此这般才反衬出主角的伟大,不过大家都知道那是导演故意这么安排的。可是听您讲历史,我忽然觉得,历史似乎也是这么安排的。

陈义忠: 所以说"人生如戏,戏如人生"。

莆田林墩戚公祠

郭英龙：义忠，林墩在莆田的哪个地方？

陈义忠：林墩在莆田东南沿海的黄石镇，我在黄石工作过，参观过林墩的戚公祠，也知道戚继光曾在林墩大战倭寇，但我真的不知道林墩之战在整个戚家军抗倭史上的地位这么特殊。

我：林墩东临兴化湾，四周河渠密布，要想经陆路抵达，只有 3 条路可以选择：最好走的是南面通往黄石的黄石大道，其次是北面通往涵江的宁海桥，最难走的是西北方向通往兴化府的一条小路，需要跨过很多沟渠和小桥，易守难攻。

郭英龙：插句话啊，刘教授，兴化府就是莆田的古代称呼吧？这个我做过功课，有印象的。

我：哦，忘了跟您介绍了：莆田市古称兴化，宋为兴化军，元为兴化路，明清为兴化府，下辖莆田县和仙游县，地域面积很小，人口也不多。在中国的州府级别里属于很小很小的一个城，只不过"小城故事多"罢了。

郭英龙：嗯，教授，言归正传，当时林墩有多少倭寇呢？

我：这次是真多，有 4000 多名倭寇，而且全是战斗力很强的"真倭"，因为所有的胁从海盗都被倭寇以打探消息的名义打发出去了。倭寇拆毁了西北方向通往兴化府的那条小路上的许多桥梁，然后加强了南面黄石大道和北面宁海桥的防守，准备与戚家军决一死战。

陈义忠：郭院长，您是不是在思考什么问题？

郭英龙：哦，没什么，我正在代入思考呢：如果我是戚继光，又会怎么部署这场战斗呢？教授，历史上戚继光是怎么打这场仗的？

我：戚继光准备放弃西北方向，选择从南北两个方向夹击倭寇。为了迷惑倭寇，戚继光故意大张旗鼓地将部队带入兴化府城安营扎寨，摆出要从西北方向进攻的态势。为了进一步迷惑倭寇，戚继光进入兴化城后，又是宴请，又是拜会，摆出了一副不急于进攻的模样。全套戏码做足之后，子夜时分，戚家军悄悄衔枚拔营，全军集合于兴化府的东市，也就是后来莆田市区的东大路。

陈义忠：啊，东大路？那不就是咱们母校所在的地方吗？

我：是的，义忠，你现在是不是有点儿时空交错的感觉？当年读书的时候，你不是经常在凌晨时分从东大路出发去环城跑吗？

陈义忠：你不是也去跑过吗？

郭英龙（笑）：我看你们俩现在都有点儿时空交错的感觉了。

我：趁着月夜，戚家军主力从兴化府悄悄出发，准备长距离迂回到南面的黄石大道发起主攻。同时，早在进入兴化府之前，戚继光就已提前分兵 1600 人绕道涵江，约定拂晓时从北面的宁海桥发起辅攻。一切都进行得那么顺利，然而快要抵达林墩的时候，戚继光突然发现，两名向导不见了。

陈义忠：坏事了，这两名向导肯定是奸细。

我：是的，这两名奸细的演技不知道得有多好，才能骗过火眼金睛的戚继光，然后在黑夜里七拐八绕，居然把戚家军引入了最不想走的西北小路，最后还成功地溜掉了。现在，林墩就在眼前，可是倭寇据桥死守，道路十分狭窄，戚家军连鸳鸯阵都摆不开，战场态势十分不利。然而事已至此，戚家军也只能发动强攻了。第一哨36人上前夺桥，全部阵亡；第二哨也是阵亡过半，才夺下小桥。也不知道为啥，向来一根筋的倭寇自从到了莆田之后，脑瓜子似乎也好使了起来，居然还懂得绕到戚家军的背后发动突袭，搞得身经百战的戚家军阵脚大乱，部队出现了溃退的迹象。

陈义忠：我若早生500年，一定手刃了这两名奸细。

我：生死关头，戚继光挥舞戚家刀连续斩杀了14名逃兵，并亲自充任哨长，率军奋勇杀敌，这才稳住阵脚，杀入了倭巢。此时，北路的辅攻部队也强行泅渡木兰溪，越过宁海桥发起进攻，两面夹击的战场态势终于形成。倭寇再也招架不住，向南疯狂逃窜而去。向来对倭寇实行"大创尽歼"的戚家军岂肯罢休，沿着黄石大道穷追不舍，终于在黄石的窑兜包围了倭寇，几番火攻冲杀下来，将窜入瓦窑顽抗的倭寇全部歼灭。林墩大战，戚家军共斩首倭寇2023人，俘虏13人，解救被掳千户1名、生员5名、百姓2114名，战果十分辉煌。然而，戚家军自身的阵亡人数也达到了史无前例的69名，最令人痛心的是还被迫斩杀了14名逃兵。林墩之战以戚家军抗倭史上损失最为惨重的一场战役载入史册。

郭英龙：这场战役真是令人惊心动魄，荡气回肠。只不过损失这么大，我感觉以戚继光的性格，一定会十分痛心的。

我： 是的，班师回兴化府的时候，莆田老百姓扶老携幼，出城十里迎接戚家军。可是戚继光无心接受感谢和祝贺，而是马上安排救治伤兵，主持阵亡将士的安葬仪式。眼看着戚家军伤兵满营，疲惫不堪，戚继光权衡再三，决定全军班师，回浙休整。

郭英龙： 插个题外话，历史上的许多著名战役，往往都是"杀敌一千，自损八百"，然而读史的时候，我总觉得胜利者似乎更在乎胜利，不太在乎损失，真是应了那句古话——一将功成万骨枯。可是，当我听您讲戚继光故事的时候，忽然觉得这句话对他好像不太合适，他似乎真的很在意每一名将士的生命。即便是站在战争的绞肉机面前，戚家军每一名将士的生命依然是具体的，而不是抽象的。

我： 心有戚戚焉。郭院长，您的话突然启发了我，难怪这些年来每每阅读戚继光的故事，不知为何总是心生温暖。我现在意识到，戚家军空前绝后的战损比，不仅是戚继光军事能力的体现，很可能更是他人文情怀的映射。

郭英龙： 所以我很能理解戚继光班师回浙休整的决定，不过我有点担心：戚家军这一走，倭寇要是再来了怎么办？

我： 不幸而言中。戚家军刚刚向北走到福清，就听说一股倭寇又登陆了福清。戚家军以疲惫之师再战倭寇，虽然全歼了倭寇300人，但是自身又牺牲了20人。戚继光预感到接下来倭寇必将大批来袭，可是此时戚家军已呈疲兵之势，自己也正在染病咳嗽，思来想去，只能加快班师速度，准备回浙再次募兵，以应对接下来这场山雨欲来风满楼的抗倭大战。

陈义忠： 林墩之战，果然后果十分严重。

我： 可不是吗，得知戚家军班师回浙，倭寇弹冠相庆："戚老虎去，吾又何惧？"贼胆又大起来的倭寇到处疯狂劫掠，福建沿海地区荼毒殆尽。公元 1562 年，也就是嘉靖四十一年冬，6000 名倭寇包围了兴化府。

郭英龙： 黑云压城城欲摧，我感觉要出大事了。

我： 是的，郭院长，兴化府的确出大事了。

陈义忠： 没错，就是这一次。

我： 面对凶残的倭寇，兴化府全城军民同仇敌忾，坚决守城。倭寇攻了一个月的城，依然不能得手。考虑到戚家军正在休整，朝廷下令广东总兵刘显率军增援兴化府。刘显仓促入闽，只带了 700 人，不敢轻举妄动，驻扎在了 30 里之外。为了与城内取得联系，刘显派了 8 名士兵去兴化府送信。结果弄巧成拙，这 8 名士兵半路上被倭寇截杀，信件就此落入了倭寇之手。狡猾的倭寇将计就计，派出 8 名奸细换上明军的服装，带上模仿刘显笔迹的伪造信件，成功地混进了兴化府城，欺骗城内"今夕且息铃柝，我有所谋"——今晚都不要吭声，刘显要领兵进城。等到了深夜，这些奸细发动突袭，杀死守城士兵，打开城门，城外埋伏的大批倭寇一拥而入，莆田人苦苦坚守了一个多月的府城就这样被轻易地攻破了，最可怕的灾难就此降临在了莆田人的头上，时间是公元 1562 年农历十一月二十九日。

郭英龙：天哪，简直就是特洛伊木马的莆田翻版。

我：兴化城是全莆田的政治经济中心，况且为了躲避倭寇，周边"诸村落一钱寸帛皆在城中"。倭寇破城之后，"乡宦士民男妇咸就掳杀，死者约万余，庠士三百五十，乡宦十七，举人二，太学生六，妇女义不辱而骂贼以死者，不知其几也。宝器、金玉、锦绮或传自唐宋者，咸归于贼，或者化为煨烬。"

陈义忠：教授，我的心就像被倭刀戳中了一样，好痛！

郭英龙：义忠，我也是。这万恶的倭寇，当年居然在莆田杀了那么多人，就连后来的南京大屠杀他们也想狡辩。

我：时隔500年，这些文字依然令我痛苦万分。从公元1562年农历十一月二十九日到公元1563年农历正月二十九日，6000名倭寇在兴化城内劫掠杀戮了整整2个月。按照莆田民间记载，当时死亡人数高达3万余人，兴化城内血流有声，繁华府城沦为人间地狱。

郭英龙：教授，我的心跟你们在一起。

陈义忠：城外的明军到底有多少？都在干什么？就这么看着倭寇在兴化城内大肆屠杀吗？

我：也不能完全怪城外的明军。刘显也曾率军攻入兴化府，与倭寇在校场激战，最终还是不敌倭寇，又退出城外。后来广东援兵增至4000人，倭寇出城交战，遭到了刘显的伏击。见明军战力不俗，倭寇以为戚老虎又回来了。由于对戚家军的心理阴影太大，再加上城中也已杀戮抢掠殆尽，倭寇于正月二十九日主动放弃兴化城，逃到了莆田埭头的歧头堡。刘显部队在追击时被倭寇击败，都指挥欧阳深中伏身亡。倭寇趁势攻破并占据了平海卫，防御倭寇的堡垒反而成了倭寇的巢穴。

陈义忠：唉，说到底这些明军还是实力不济。

郭英龙：看来还得依靠戚家军。

我：是的，还得依靠戚家军。兴化府城的陷落，是整个明朝历史上唯一一次府城被倭寇攻破，举国震惊，朝廷震怒。嘉靖下诏由谭纶出任福建巡抚，节制新任福建总兵俞大猷、新任福建副总兵戚继光、广东总兵刘显共同剿灭平海卫倭寇。

郭英龙：戚老虎终于回莆田了，倭寇的末日到了。

我：其实戚继光回浙江后，就立即着手赴义乌募兵，这次仅用了半个月就募得1万余人。由于兴化府的倭寇形势极其严峻，戚继光来不及训练新兵，只能边赶路边训练部队。公元1563年农历四月，戚家军抵达兴化府。在谭纶的主持下，三路大军商定，平海卫之战由戚家军担任主攻，刘显和俞大猷左右辅攻。农历四月二十一日黎明，戚家军对平海卫发起了猛烈攻击，在刘显和俞大猷的配合下，迅速攻破平海卫，最终在许家村全歼倭寇。此战戚家军仅用了不到3个时辰，就斩首倭寇2250人，解救被掳百姓2380人，自身仅阵亡16人，史称"平海卫大捷"。捷报传到北京，嘉靖皇帝一激动，居然破天荒地暂停炼丹，到郊外的宗庙举行了一次"告谢郊庙"的仪式。

郭英龙：真不容易，看来嘉靖皇帝是真激动了，这大概也证明了平海卫大捷在明朝抗倭史上的重要地位吧。

平海卫

平海卫，旧名南啸，今隶属莆田市秀屿区。明洪武十六年，朱元璋派信国公汤和巡视东南沿海，考虑布防问题。洪武二十年，江夏侯周德兴奉命巡视福建沿海，在兴化、福州等府征兵1.5万人，修筑平海卫城和莆禧所城。平海卫城以石块砌成，坚固高大，周长806.7丈，广1.4丈，高2.4丈，设4个城门，5600多名官兵驻扎防守，与莆禧千户所城、南日水寨形成掎角之势，是闽中的门户。嘉靖四十二年，卫城被倭寇攻陷。隆庆四年，卫城得以重修。清康熙二十二年，施琅水师3万驻于平海卫，准备渡海攻台。由于清廷截界，此地遍地盐卤，大军饮水困难，唯有妈祖庙前有一口枯井。施琅遂祈求天后赐水解困，命士兵将枯井深挖数尺，井水清泉涌溢，饮用不竭。井泉济师，施琅大喜，遂亲笔勒石"师泉"。施琅平定台湾后，特奏请朝廷，重建平海天后宫。平海卫城于20世纪60年代拆毁。

我：没错，平海卫大捷不仅光复了兴化府，重创了倭寇，而且堪称明朝抗倭的决定性战役与历史转折点——"自倭起以来二十余载，攻破城邑，杀伤官吏军民，不可胜纪，转漕增饷，海内骚然，至是始大创而去。浙、闽以次渐平。"

陈义忠：莆田人民将代代相传，永远铭记戚家军的功绩。

我：据《戚少保年谱耆编》记载，戚家军"凯旋入郡，扫腥秽，饰廨宇，招抚流移，安厝民社，莆阳之民乃得再见天日矣"。班师回福清时，"路经林墩之墟，屋宇复清，田畴如故"，全体老幼捧茶果拥献马前，且拜且歌曰："生我兮父母，长我兮疆土。生我不辰兮，疆土多故；奠我再生兮，维戚元辅。于皇元辅兮，允文允武；繄我今日兮，汉仪复睹。"说实话，每次读到这些文字的时候，我都禁不住热泪盈眶，仿佛自己就是现场的一个孩子，正与父辈们一起，手捧茶果，在戚继光的战马前，歌唱……

郭英龙：虽然我不是莆田人，但是我能感受到您此刻的心情。

我：平海卫大捷之后，倭寇与莆田的故事并没有结束。秋天，心有不甘的倭寇纠集了2.7万多人对福建进行最后的反扑，并将报复对象锁定在了兴化府的仙游县，派出了1万多名倭寇包围攻打仙游县城。时任福建总兵的戚继光，一边以有限的兵力在全省范围内牵制倭寇，一边催促回浙轮休的戚家军迅速回闽。为了牵制倭寇攻城，戚家军化整为零，大设疑兵。等到兵力集结之后，戚家军立即发起猛攻，大败倭寇，一举解除了仙游之围——仙游至今还有叫"十八战""九战

> **链接**
>
> **戚继光诗词（部分）**
>
> **《韬钤深处》**
> 小筑暂高枕，忧时旧有盟。
> 呼樽来揖客，挥麈坐谈兵。
> 云护牙签满，星含宝剑横。
> 封侯非我意，但愿海波平。
>
> **《望阙台》**
> 十年驱驰海色寒，孤臣于此望宸銮。
> 繁霜尽是心头血，洒向千峰秋叶丹。
>
> **《题武夷》**
> 一剑横空星斗寒，甫随平北复征蛮。
> 他年觅得封侯印，愿学幽人住此山。
>
> **《登盘山绝顶》**
> 霜角一声草木哀，云头对起石门开。
> 朔风边酒不成醉，落叶归鸦无数来。
> 但使雕龙销杀气，未妨白发老边才。
> 勒名峰上吾谁与，故李将军舞剑台。
>
> **《过文登营》**
> 冉冉双幡度海涯，晓烟低护野人家。
> 谁将春色来残堞，独有天风送短笳。
> 水落尚存秦代石，潮来不见汉时槎。
> 遥知百国微茫外，未敢忘危负岁华。
>
> **《行边》**
> 花事蹉跎候雁催，江南三月送春回。
> 蓟门桃李应何限，岁岁不知春去来。

尾""五百洗"的地方，就是当年的古战场，从地名就可以感受到当年战斗的激烈程度。在仙游之战及后续的追歼战中，戚家军共歼灭倭寇1万余名，彻底荡平了入侵福建的倭寇。"盖自东南用兵以来，军威未有如此之震，军功未有若此之奇者"，从此以后，倭寇"始知犯华不利状，于是乎倭寇不敢复窥八闽矣"。残余倭寇流窜到了广东，最后在南澳岛被戚继光和俞大猷联合剿灭，倭寇之患从此在中国销声匿迹。"封侯非我意，但愿海波平"，从24岁到38岁，民族英雄戚继光用了整整14年的时间，终于实现了自己少年时对家国许下的诺言。

莆禧古城城隍庙前架起刀梯，祭英雄

陈义忠：戚少保真乃神人也，明天我就到林墩的戚公祠拜他去。

郭英龙：记得带上我啊！

我：那明天咱们一起去。郭院长，现在我可以正式回答您的问题了——为什么莆田人要"做大岁"？

郭英龙：这次真的是您提醒我

了，我还沉浸在林墩之战、兴化府之战、平海卫大捷、仙游之战的惊心动魄之中呢。现在我明白了，整个明朝抗倭的主战场其实就在兴化府。为了战胜倭寇，这个地方的人民曾经承受了最大的痛苦，付出了最大的牺牲，这又何尝不是一种值得后人永远铭记的功绩呢？我想，"做大岁"一定也是一种与此有关的纪念吧？

我：是的，郭院长。从公元 1562 年农历十一月二十九日倭寇攻陷兴化城，到公元 1563 年农历正月二十九日倭寇撤出兴化城，历时 2 个月的兴化城大屠杀，刚好覆盖了农历的除夕和春节。倭寇退出兴化城后，在外逃难的莆田人陆续回到了城内，满怀悲痛地掩埋了亲人的遗体。二月初二，莆田人开始相互探视吊丧，亲朋好友相拥痛哭。痛苦之余才想起，今年的除夕都错过了。于是，重视传统的莆田人就在二月初四的晚上，补过了一次除夕。莆田人把过除夕叫作"做岁"，因此这个补过的"除夕"就叫作"做大岁"，以表达劫后余生之意——从小我母亲就在我耳边碎碎念："'大岁'比除夕还要大哦！"后来，由于二月初四已经开始春耕了，为了不耽误农时，莆田人就把"做大岁"的时间提前了一个月，改为正月初四，从此代代相传，直至今日。郭院长，今天就是正月初四，诚挚欢迎您来到莆田，与莆田人民一起"做大岁"。

郭英龙：原来如此啊，教授。很荣幸能够接受您的邀请，在这个特别的日子里，来到这个特别的地方，听到这个特别的故事。

我：这段历史的记忆是如此的深刻，以至于今天莆田的很多民俗都与此有关。比如说，每年的正月初二，莆田人是不走亲戚的，叫作"初二日头"，因为当年就是初二那天去亲友家探视吊丧的；又比如说，全世界的春联都是红色的，唯独莆田的春联在最上端有一小截是白色的，又称"白额春联"，因为当年办丧事的时候，家家户户贴的都是白色的挽联，等到要"做大岁"的时候，就在白色的挽联上直接贴上红色的春联。虽然春联是红色的，但是人们还是在最上端故意露出了一小截白联，以寄托自己对已故亲人的哀思。

陈义忠：戚继光抗倭对于莆田人是如此的重要，以至于莆田民间至今还在广泛流传着各种版本的故事。有的故事传得可神了，我也不知道究竟是历史还是演义，反正从小就听大人们这么讲。

郭英龙：那您讲几个故事来听听。

陈义忠：有个戚继光斩子的故事：有次抗倭，戚继光命令儿子戚印作为先锋官，领兵埋伏。结果年轻气盛的戚印交战心切，还没等倭寇完全进入包围圈就下令冲锋，让一部分倭寇给跑了。戚继光回营升帐，因儿子违反军令，下令将他推出去斩首了。

郭英龙：啊，真的假的？

我：这个故事在很多地方都有流传，不过戚继光并没有一个儿子叫戚印，历史上他也没有斩过儿子。即便是真事，也可能是把其他人的事情说成是他儿子的了，主要还是赞扬戚家军

莆田人家通过写白额春联寄托对故去亲人的哀思（马莉　摄）

纪律严明吧。

陈义忠：还有一个故事，说的是倭寇包围仙游县城的时候，戚继光为了牵制倭寇攻城，故意制造了几门后膛很薄的木炮，内装大量火药。然后派人装作要偷偷拉进仙游县城，结果当然是被倭寇截获了。倭寇一看，这不是现成的大炮吗，于是兴高采烈地对着仙游县城点炮猛轰。结果呢，木炮当场爆炸，炸死炸伤了好几百个倭寇。

郭英龙：教授，这个故事是真是假？

我：这个故事是真的，史书上有确切记载。小时候我父亲给我讲戚继光抗倭的时候，就讲过这个故事。前几天我也给女儿讲这个故事，她的第一反应是："这么厉害啊！"

郭英龙：难怪您刚才说莆田是"小城故事多"，原来真的满城都是故事，处处皆有文章。我人都还没有到莆田呢，感受已经满满了。

陈义忠：不，郭院长，这次您说错了，您现在人已经在莆田了。刚才咱们听戚继光抗倭的故事听入迷了，不知不觉已经抵达今天的目的地——木兰陂，咱们这就下车吧。

2

真的英雄，往往就是在绝望中坚持战斗的人。直到生命消逝的那一刻，他们都不曾看到希望的亮光，然而他们的精神光芒却注定要穿越至暗的时代，激励无数的后人去完成他们未竟的使命——陈文龙是这样的人，文天祥也是这样的人，这就是为什么他们会在生命的最后时刻，将自己的精神托付给了天地和汗青。

初春的木兰陂公园，晴树掩映，白鹭翻飞。沿着公园的石径曲折下行百余步，前方视野豁然开朗，千年水利工程——木兰陂映入我们的眼帘。踏过万金陡门的小桥，沿着长长的北岸护堤前行，前方就是宽阔的三角形陂埕，林馆长与一位年轻姑娘正站在陂埕上翘首等待着我们。看见我们走过来，两人迅速迎了上来。

我： 林馆长好，不好意思让你们久等了。

林馆长： 刘教授好，很高兴又见到您了，欢迎您回到家乡。这位一定就是您经常提起的郭英龙先生吧？郭先生好，欢迎您来到莆田，来到千年水利工程木兰陂。

郭英龙： 谢谢林馆长，我是香港的郭英龙，很高兴来到莆田，很高兴认识您。

我： 郭院长，林馆长是我的好朋友，他是一家博物馆的馆长，也是一位著名的本土作家，对家乡文化有着很深的研究。这些年来，我每次回家乡，他都要抽空陪同我探访莆田的山水人文，给了我很多的启发。这次您来莆田考察，我特地邀请林馆长来陪同，他愉快地接受了邀请。

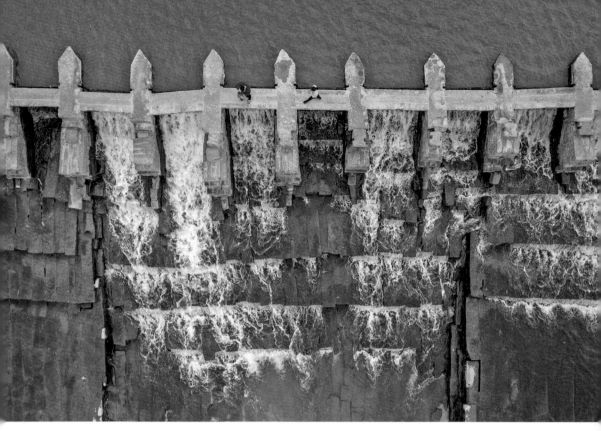

千年水利工程——木兰陂（林震扬　摄）

陈义忠： 林馆长，这位姑娘就是小徐吧。

林馆长： 是的，小徐正在清华大学读本科，寒假回家也不肯闲着，早早就到我们的馆里来帮忙，学习能力很强。听我说今天要接待你们，她积极地申请参加。为了获得这次跟你们学习的机会，这几天她一直在做功课，自告奋勇要为你们做木兰陂的导游呢。

我： 谢谢小徐，你在大学里读什么专业呢？

小徐： 刘教授好，很高兴见到您，我是学建筑的。虽然读的是工科专业，但是我越学习就越觉得，建筑其实是生活的载体，是文化的传承，建筑学在很大程度上也是一门人文社会科学。因此这次寒假回家，我就申请到家乡的博物馆去见习，真的学到了好多东西。

郭英龙："建筑学也是一门人文社会科学"，这个认识很特别呢。

我：小徐，郭院长是第一次到咱们的家乡，那今天就由你来为他介绍木兰陂吧。未来的建筑师，期待你对这座伟大工程的精彩解读。

小徐：好的，刘教授，那我这个临时抱佛脚的业余导游就上线了哦。反正有林馆长在，我有讲得不对的地方，他可以随时纠正，大家可以妥妥地放心。

林馆长：没问题，你来介绍，我来补充。

小徐：郭院长，咱们眼前的这条河，就是莆田的母亲河——木兰溪。如今的木兰溪看上去清波安澜，其实历史上的木兰溪时而温润，时而狂暴，让她的儿女们吃尽了苦头。

郭英龙：哦，木兰溪经常泛滥成灾吗？

小徐：不是一般的"泛滥成灾"，而是十分复杂和严重的"泛滥成灾"。莆田地处福建沿海，西北背靠戴云山脉，东南面向台湾海峡。木兰溪发源于西北的山地，流经东南的平原，短促地注入大海，全长仅105公里，落差却达到了784米。这么短的河流，这么大的落差，一旦雨季来临，木兰溪上游必定会暴发山洪，下游自然也就遭殃了。由于木兰溪上游是仙游县的东西乡平原，下游是莆田县的南北洋平原，因此兴化自古以来就有"雨落仙游东西乡，水淹莆田南北洋"的俚语。

郭英龙： "南北洋"，这名字听上去有点酷，跟太平洋、大西洋似的，是不是跟海洋有关呢？

小徐： 您还真说中了，那个地方本来就是海，属于兴化湾的一部分，由于木兰溪的泥沙冲积和兴化湾的海泥淤积，逐渐形成了一片海滩地。木兰溪以北叫北洋平原，木兰溪以南叫南洋平原，南北洋平原总面积464平方公里，海拔却仅有5—7米。

郭英龙： 这海拔很低啊，海潮来了怎么办？

小徐： 可不是吗，这么低的海拔是挡不住海潮的，尤其是天文大潮。为了与大自然争夺生存空间，先民们要做的第一件事情，就是修筑海堤抵御海潮。莆田最有名的海堤，是唐代闽浙观察使裴次元修筑的东甲堤。可惜到了明初，为了抵御倭寇，江夏侯周德兴拆东墙补西墙，把堤石拆了去修建平海卫城和莆禧所城，只留下了附石土堤，导致海潮屡屡溃堤而入。为了重修海堤，历代莆田人进行了不懈的奋斗。清道光七年，致仕还乡的邑人陈池养在闽浙总督孙尔准的支持下，依靠群众力量彻底重修石堤，改名"镇海堤"。镇海堤总长87.5公里，至今仍是福建的第一海堤，保卫着南洋平原20多万亩良田。

我： 义忠，你们陈家的先祖真是了不起！

陈义忠： 嗯，池养公是嘉庆十四年进士，历任知县、知州，32岁奔父丧而归故里，从此不再出仕，而是将余生近40年时间全部投入家乡的水利事业，主持建设了近50个水利项目。镇海堤特别壮观，有空我带你们去看看吧！

郭英龙： 带我去，我有空。

我（笑）：好吧，那咱们抽空一起去。

郭英龙：小徐，有了海堤，是不是就没有问题了？

小徐：没那么容易，虽然海堤可以挡住海潮，可是别忘了木兰溪是通海的呀，既然溪水能入海，那么海潮就能顺着木兰溪倒灌。

郭英龙：大概能倒灌多远呢？

我：不用"大概"，可以很精准地说，能倒灌到您脚下的地方。

郭英龙：哦，木兰陂。

林馆长：是的，这种河段叫感潮河段，从入海口到木兰陂，海潮可以倒灌 26 公里。如果没有木兰陂的阻挡，其实还可以继续溯溪而上，最远可至仙游的林陂，距离入海口近百里之遥。而这个过程，往往也是海潮泛滥南北洋平原的过程。

郭英龙：那可太糟糕了，海水浸泡过后，土地会盐碱化的。

小徐：嗯嗯，所以资料上说，盐卤过处，只长蒲草，不长禾苗。仔细想想，我们的祖先真的好难啊！

郭英龙：我理解了，这样一来，南北洋平原就会常年处于山洪和海潮的两面夹击中，一会儿山洪从上往下淹，一会儿海潮从下往上淹，对不对？

林馆长：最要命的是两个还经常扎堆来，上有山洪下泄，下有海潮顶托，要是再来个大台风，那南北洋平原可就真的涝成"南北洋"了。

郭英龙：所以小徐说得对，莆田的先民们可真的太难了。

我：有洪，有涝，有潮，别忘了还有旱——农作物需要灌溉的时候，木兰溪水却白白地流走了，渴得直冒烟的南北洋平原只能眼巴巴地在旁边看着。所以，洪涝潮旱，一治了之，这就是木兰陂的意义所在。小徐，你可以给郭院长介绍今天的主角木兰陂了。

小徐：嗯嗯。郭院长，现在我们脚下的木兰陂，就是我们的祖先驯服木兰溪的水利工程杰作。木兰陂由陂首枢纽工程、渠系工程和堤防工程三部分构成。陂首枢纽工程是整体工程的核心，也就是我们眼前这道用大块花岗岩条石砌成的拦河坝，全长219.13米，设有陂墩33座，各高7.5米。北岸段是123.43米长的护堤和陂埕，南岸段是95.7米长的溢流堰闸，共设有堰闸28孔，冲沙闸1孔。

郭英龙：这道拦河坝的目的，是抬高木兰溪上游的水位，起到蓄水灌溉的作用吧？

小徐：是的。不过跟现代水电站高高的大坝不一样的是，古代水利工程的拦河坝基本上都是"深淘滩，低作堰"的——

俯瞰木兰溪入海口（蔡昊 摄）

枯水季节，可以把水都拦下来，然后引流去灌溉，少一滴都不行；丰水季节，多余的水可以漫过溢流堰和陂埕，直接向下游流去，多一滴也不要。古人的治水智慧简直了，又科学又环保。我做功课的时候就在想，以后我当建筑师，一定也要做到"最小干预、最大效益"。

我：小徐，你一定可以做到的。

小徐：木兰陂的南北两端，分别连接着南洋渠系和北洋渠系。南洋渠系由南进水闸"回澜桥"引水而出，总长 200 公

链·接

深淘滩，低作堰

公元前256年至公元前251年，秦蜀郡郡守李冰父子采取"引水灌田，分洪减灾"的办法，先后在今灌县西边的岷江中凿开了与虎头山相连的离堆，在离堆上游修筑了分水堤和湃水坝，把岷江分为内江和外江两支；并筑有水门调节两江水量，从此把岷江的水流分散，既可免除泛滥的水灾，又便利了航运和灌溉，修成了具有防洪、灌溉、航运多种效益的综合水利工程。都江堰水利工程，保证了大约300万亩良田的灌溉，使成都平原成为旱涝保收的"天府之国"。都江堰能够服务到今天，就是因为有最精华的6个字——深淘滩，低作堰。"深淘滩"中的"滩"，指的是凤栖窝下的一段内江河道，每年洪水过后这里会有沙石淤积，必须岁岁勤修。"深淘滩"就是指每年岁修时，河床淘沙要淘到一定深度，淘得过深，宝瓶口进水量偏大，会造成涝灾；淘得过浅，宝瓶口进水量不足，难以保证灌溉。相传，李冰在河床下埋石马，明代起改埋卧铁，作为深淘标志。"低作堰"是指飞沙堰在修筑时，堰顶宜低作，便于排洪排沙，起到"引水以灌田，分洪以减灾"的作用。

里，灌溉南洋平原，主要用于农业生产；北洋渠系由北进水闸"万金陡门"引水而出，总长155公里，灌溉北洋平原，同时解决生活用水。除此之外，广义的木兰陂还包含了木兰溪沿岸和沿海的堤防工程。

陈义忠： 真是一个完美的系统工程，我都不知道来过木兰陂多少次了，每次来依然会有新的收获。

郭英龙： 听起来，木兰陂跟都江堰的功能还是很像的。

我： 从灌溉的角度看，二者的确有点像。不过，郭院长，木兰陂可不止灌溉功能哦，它还有阻遏海潮的功能呢。木兰陂建成之后，汹涌的海潮就再也越不过木兰陂，木兰溪水咸淡不分的岁月永远过去了。这两个功能叠加在一起，就叫作"拒咸蓄淡"——木兰陂正是以中国具有代表性的拒咸蓄淡灌溉工程闻名于世的。

林馆长： 1988 年 1 月，木兰陂被国务院公布为第三批全国重点文物保护单位；2014 年 9 月，木兰陂被国际灌溉排水委员会列入首批世界灌溉工程遗产名录——顺便说一下，郑国渠是第三批入选的，都江堰和灵渠是第五批入选的。

郭英龙： 哦，这就有点厉害了。

小徐： 郭院长，咱们现在就站在木兰陂的拦河坝上，您看两边的木兰溪水，有什么不一样呢？

郭英龙： 果然如此，现在陂的西边蓄满了清清溪水，陂的东边全是滩涂海泥，一陂分溪海，咸淡两重天，真是人间奇观。

小徐： "一陂分溪海，咸淡两重天"，郭院长总结得好有诗意！我们莆田人也有个形象

"一半翡翠绿，一半豆沙粉"的木兰陂

的说法，叫作"一半翡翠绿，一半豆沙粉"。

郭英龙：孔夫子说，"不偏不倚，中庸之道"，我觉得要做到这两个功能的完美统一，中间的度恐怕得拿捏得十分精准才行，比如陂的选址和陂的高度就非得精准计算不可。

林馆长：一语中的。正因如此，木兰陂的建设难度极大，历史上我们的祖先曾3次建陂，耗时20年，才终于建成此陂。

郭英龙：对了，聊了这么久，我还不知道建设木兰陂的功臣都是谁呢。小徐刚才给我们介绍了木兰陂的科学原理，能不能请林馆长也给我们介绍一下木兰陂的历史故事？

林馆长：好的。历史上木兰陂曾先后三次建陂，第一位建陂的英雄，是一位年仅16岁的女子，叫钱四娘。

郭英龙：才16岁？女孩子？

林馆长：是的，16岁的女孩子。钱四娘是福州长乐人，生于公元1049年。钱四娘的父亲在广东为官，死在了任上。钱四娘扶父亲灵柩回长乐安葬，途经莆田时，目睹了木兰溪的滔天水患，深深感受到了兴化百姓的悲苦无助，从此立下修建木兰陂的誓愿。回到长乐安葬好父亲之后，钱四娘就变卖家产，筹集了10万缗——相当于10万两白银，于公元1064年来到了莆田木兰溪，用自己16岁的柔弱肩膀，扛起了为兴化人民修筑木兰陂的历史重任。

陈义忠：真是不可思议，16岁的姑娘，这得下多大的决心啊！

林馆长：钱四娘把陂址选在了木兰溪的将军岩，比今天的陂址更靠上游几公里。钱四娘建陂得到了兴化民众的积极响应，大家纷纷出工出力。传说钱四娘每天把工钱放在竹筒里，让民工自取 18 文，无人监督，然而每位民工都十分自觉地只取 18 文，从而给莆田留下了一句温暖而美好的谚语——"抓也十八，捧也十八"。

郭英龙： 是钱四娘的无私奉献精神感动了所有人。

林馆长： 建陂期间，钱四娘白天带领民工劳动，晚上提着双灯在陂上巡视。经过 3 年的努力，陂首枢纽工程终于建成，钱四娘又带领民工开凿渠系，引水灌溉南洋平原。然而就在此时，天降暴雨，山洪暴发，刚刚修成的陂堰竟然被洪水冲垮了。眼看三年的心血毁于一旦，悲愤欲绝的钱四娘无法接受残酷的现实，纵身跃入了滔滔洪水之中。

郭英龙： 啊，钱四娘投水自尽了？

林馆长： 是的，钱四娘的遗体漂流到了木兰溪下游，被群众打捞起来，安葬在了壶公山脚下的一座小山头上。十里八乡的人们闻讯赶来祭吊，悲哭之声震天动地。人们拜祭焚烧，香闻数里，历七昼夜不息，这座山因此得名"香山"；人们又在墓上立祠奉祀，名曰"香山宫"。兴化人民永远不会忘记这位筑陂英雄，1000 年时间过去了，如今的香山宫依旧香火旺盛，信众如云。

郭英龙： 这样的姑娘，一定是上天派来拯救苍生的吧。刘教授，我又多了一个非去不可的地方，明天带我去拜见这位筑陂英雄吧。

我： 好的，郭院长。郭沫若有诗云："清清溪水木兰陂，千载流传颂美诗。公而忘私谁创始，至今人道是钱妃。"香山宫山美宫美神更美，您一定要去看看。

林馆长： 钱四娘舍身为民的建陂事迹感动了天下人。公元 1068 年，长乐进士林从世决心继承钱四娘的未竟事业，也倾尽家财，携带 10 万缗巨资，再次来到兴化建陂。为了建陂，林从世举家迁居到了莆田。

小徐： 这是准备与木兰溪死磕到底了。

林馆长： 是的。不过，林从世本来就是唐代著名的"九牧林"的后裔，祖上就是莆田人，因此这次迁居莆田，也可以算是回家了。

郭英龙： "九牧林"是什么意思？

我： 这个可就说来话长了，您没有注意到林馆长也姓林吗？这会儿要是打开这个话匣子，林馆长至少要讲一天一夜。所以，还是先请他讲木兰陂的故事吧，一会儿有时间再来讲"九牧林"。

林馆长（笑）： 好吧，那我就先把木兰陂的故事讲完。林从世来到莆田后，吸取了钱四娘选址过于靠近上游的教训，把陂址选在了温泉口，比今天的木兰陂更靠近下游半公里多。然而，就在陂堰即将落成的时候，凶猛的海潮突然逆袭，辛辛苦苦筑成的陂堰又被冲垮了，木兰溪第二次筑陂再告失败。

郭英龙： 上次是被洪水冲垮，说明选址太靠上游了；这次是被海潮冲垮，说明选址太靠下游了——这个分寸真的不好拿捏啊。

林馆长：的确如此。那段时间，正值王安石变法时期，全国各地都在大力推行农田水利法。于是，时任钱塘县尉的邑人蔡京上表奏请在木兰溪筑陂，朝廷乃下诏征募筑陂者。公元1075年，福州义士李宏应召筑陂，"遂倾家得缗钱七万，率家干七人入莆，定基于木兰山下。"

郭英龙："定基于木兰山下"，就是咱们现在所在的地点吧？

林馆长：就是这里。在水利天才、高僧冯智日的指导之下，这次的陂址终于选对了，此处"溪面宏阔，水势迂缓"，

链·接

农田水利法

农田水利法是公元1069年王安石变法时推行的一项鼓励农民兴修水利、耕种土地的措施，目的是解决几十年来"赋役不均，水利失修，田多荒废"的局面。主要措施包括：第一，鼓励官民出谋划策，"吏民能知土地种植之法，陂塘、圩埠、堤堰、沟洫利害者，皆得自言；行之有效，随功利大小酬赏"，"自是四方争言农田水利，古陂废堰，悉务兴复"；第二，加强农田水利调查，"田土顷亩、川港陂塘之类，令、佐受代，具垦辟开修之数授诸代者，令照籍有实乃代"；第三，鼓励地方官招抚流民，"如招及千户以上者，优奖"；第四，鼓励流民开垦荒田，"民占荒逃田若归业者，责相保任，逃税者保任为输之"；第五，给予农民政策支持，"开废田，水利，民力不能给役者，贷以常平钱谷，京西南路流民买耕牛者免征"；第六，对地方官进行奖励，"濒河州县，积水冒田。在任官能为民经画疏导沟畎，退出良田自百顷至千顷，第赏"，甚至只要"在官三年，无隳损埋塞者赏之"。农田水利法的颁布，大大激发了全国上下开垦农田和兴修水利的热情。法令推出不到7年，全国兴修的水利工程就已高达17093处，灌溉民田高达36177888亩，全国耕地面积出现了大幅度增长，宋朝的财政收入也因此得到大幅度增加。

既是山洪的尾端，又是海潮的尾端，真的做到了"不偏不倚，中庸之道"。木兰山下木兰溪，木兰溪上木兰陂——这大概也是天意吧。

郭英龙：可是前两次 10 万缗都不太够用，这次 7 万缗怕是更不够用吧？溪面更宽，工程肯定更浩大，费用肯定也更多——我怀疑前两次之所以会被冲垮，可能就是由于经费紧张，所以选在了溪面较窄的地方。

我：不用怀疑，就是这个原因。

林馆长：7 万缗的确远远不够。《木兰水利记》云："负锸如云，散金如泥，陂未成而力已竭。"于是，"京乃复奏于朝，募有财有干者辅之，得十四大家，遂慨然施钱共七十万缗，助成本陂"。

郭英龙：果不其然，总共花掉了 77 万缗！在最关键的时刻拔刀相助，这"十四大家"都是些谁啊？

林馆长：这十四大家并不是大商人，也不是土财主，而是致仕还乡的官员。根据姓氏，后人将他们合称为"三余七朱，陈林吴顾"。

郭英龙：原来都是退休官员啊，难怪对公共事务这么上心。林馆长，这次建陂用了多长时间？什么时候建成的？

林馆长：这次用了 8 年时间——公元 1075 年开建，公元1083 年建成。然而，木兰陂刚刚竣工不久，李宏就积劳成疾，在巡视南洋渠系时突然去世了，年仅 41 岁。从钱四娘到林从世，再到李宏和冯智日，这座千年不倒的木兰陂啊，是这些先辈用生命与魂魄铸就的。

郭英龙：刘教授，我真的很感动。小徐，你说得很对，建筑学的确也是一门人文社会科学。我现在完全相信，伟大的建筑必定驻泊着伟大的灵魂。

小徐："伟大的建筑必定驻泊着伟大的灵魂"，郭院长，我会把这句话牢牢记在心里的。

郭英龙：让我再认真看看这座伟大的建筑吧！小徐，这些巨石都是宋代的吧？

小徐：没错，都是宋代的花岗岩。我是学建筑的，对木兰陂的建筑结构很感兴趣。《莆阳木兰陂水利志》记载："先筑上下堰，以障溪海二流。然后掘海底，深三丈五尺，长阔各三十五尺，累石其中，以为基址。钩锁结砌，鳞次栉比，渐高渐杀。"郭院长，木兰陂的地基深达 11 米，底宽达 40 米至 50 米，光是基底就用去了几万块 2 吨以上的花岗岩巨石。值得一提的是，在当时胶结材料落后的情况下，古人在石头的衔接处凿出了元宝形的石槽，让石头与石头互相钩锁，再浇上生铁溶液，从而使大坝变成一个牢不可破的整体，历经洪水和海潮近千年的反复冲击，至今依然"陂立水中，矫若龙翔，屹若山峙"。

郭英龙：这不就是石头版的榫卯结构吗，我们祖先的科技智慧真是了得。对了，林馆长，一直忘了问您一个问题：木兰陂建成后，总共灌溉了南北洋多少亩良田？

林馆长：木兰陂建成后，先引水灌溉南洋平原；元代又引水灌溉北洋平原，从此立约"水以三七为则"——南洋得水七分，北洋得水三分。南北洋相加，木兰陂总共灌溉农田 16 万亩，蓄水 3100 万立方米。南北洋平原从过去只长蒲草，不长禾苗的盐卤之地，一跃成为粮食富足，物产丰盛的鱼米之乡——"蒲"字去了水，也就成了"莆"。北洋渠系还与莆田北部的延寿溪水系相通，一直连接到入海口，从而打造出了溪海联运、商贸发达的黄金水道，莆田的经济因此得到了很大的发展。

我：《论语》有云："行有余力，则以学文。"虽然跟江南富庶之地相比，莆田的经济实力还差得很远，但是有了一定的经济基础之后，莆田人终于有能力把自己的孩子送去读书了，莆田科举因此爆发。

郭英龙：对了，莆田的科举！记得上次在新疆的时候，刘教授就跟我们提起过莆田的科举，不过只是一语带过。我在来之前做功课的时候，发现几乎每篇文章都说莆田是"文献名邦""海滨邹鲁"，说的就是莆田的科举很厉害。我现在负责香港公务员培训，不知不觉对古代的科举制度产生了兴趣，因此对这个信息特别敏感，但同时我又感到很疑惑：一个偏居东南沿海的小城，既不是中原，也不是江南，以前还被称为"南蛮"，为什么偏偏科举会很厉害呢，究竟又有多厉害呢，是放在地方层面还是放在全国层面来比较的。刘教授，我是带着疑问来莆田的，今天你们得好好帮我解答下。

我：好的，郭院长，既然您对科举制度感兴趣，那咱们今天可以好好探讨一下，因为这个命题对于当下和未来的中国十分重要。不过，关于莆田的科举，还是先请林馆长来作个情况介绍吧。

林馆长：好的。郭院长，我先给您报几个数据吧：在1300年的中国科举史上，兴化府总共为国家培养了2482名进士，其中状元21名，官居宰辅者17名。如果按照州府排名，兴化府的进士数量位居全国第八，跻身中国"十大进士之乡"。

郭英龙：2482名进士！一个兴化府能出这么多的进士？林馆长，我想了解一下，这"十大进士之乡"都是哪"十大"呢？

林馆长："十大进士之乡"依次是苏州、福州、杭州、吉州、常州、绍兴、宁波、兴化、抚州、徽州——兴化府排名全国第八。

郭英龙：果不其然，基本上都是江南地区。都说"上有天堂，下有苏杭"，江南那些地方能够出进士出状元，我一点儿也不奇怪。可是小小的兴化府居然能够挤进这张榜单，我真的很意外。

林馆长：既然您这么说，那么还有一张榜单您想不想了解一下？

郭英龙：什么榜单？说来听听。

林馆长：您刚才不是说了吗——"小小的兴化府"。不管是过去的兴化府还是如今的莆田市，不管是放在福建省还是放在全国，永远都是"小小的"。就说这"十大进士之乡"的其他 9 个吧，最大的州府有 10 个县，小的州府也有 5 个县，唯独兴化府只有 2 个县——莆田县和仙游县。

郭英龙：州府的规模相差太大了，所以刚才那张榜单不完全公平。如果能够按照县来排名，可能会更公平点吧。林馆长，您刚才说还有一张榜单，是不是指这个？

林馆长：没错，如果按照县来排名的话，那么全国进士数量达千名以上的"进士县"总共有 18 个，其中进士数量最多的 5 个县依次是：莆田县、闽县、鄞县、吴县、钱塘县——莆田县排名全国第一。

郭英龙：我没有听错吧，莆田县是中国进士第一县？

我：您没有听错，郭院长，你现在所站立的木兰陂，就在历史上的莆田县境内。这里是中国进士第一县，在 1300 年的科举史上，这方由木兰溪水哺育的土地为国家培养了 1800 多名进士，创造了中国科举史上的无数传奇。

小徐：郭院长，您别抬头看天啊，您现在站在陂顶上呢。

陈义忠：要不您还是移步到陂埕上来吧，这里安全。

郭英龙（笑）：瞧把你们紧张的，那我下来。看来你们接下来还有好多"猛料"要爆，怕把我给震到了吧。

陈义忠（笑）：没有猛料，没有猛料。只不过有些故事如果第一次听的话，总会有些奇怪罢了。

郭英龙：好吧，那我先做好心理准备。林馆长，莆田是中国进士第一县，那么仙游呢？

林馆长：很简单啊，兴化府减去莆田县，就等于仙游县。

仙游历史上为国家培养了 657 名进士，5 名状元，8 位宰辅，也是相当了不起的。不过，莆仙自古不分家，因此我们很少把两个县分开来谈，从来都是以"小小的兴化府"的名义来讲故事的。

陈义忠：没错，莆仙两县共饮一溪水，说的是莆仙话，唱的是莆仙戏，的确是一个不可分割的整体。

郭英龙：好吧，让我回个神：2482 名进士，21 名状元，17 名宰辅。刘教授，我就在想，这些数字的背后，得隐藏着多少寒窗苦读的坚毅，又张扬了多少金榜题名的狂喜。

我：郭院长，您的这句话很触动我。是的，在漫长的科举时代，科举的确承载了中国人的心灵与魂魄，铭刻了中国人的快乐与悲伤，也塑造了中国人的行为与品格。我最近一直在思考科举与国家治理的关系问题，等林馆长介绍完莆田的科举，我也想跟您分享一些我的看法。现在还是请林馆长把莆田的科举故事讲完吧。

林馆长：莆田的科举故事是讲不完的，那我选择一些有代表性的人和事，跟郭院长分享一下吧。我想讲的第一个故事，是"南湖三先生"对莆田的文化启蒙。南北朝之前，"莆犹未为县，人不知儒学"，是妥妥的"小南蛮"一枚。南朝陈时，郑露、郑淑、郑庄三兄弟从永泰迁至莆田定居，在南山构筑"湖山书堂"，传授儒家文化，为蛮荒的莆阳（莆田别称）大地播下了第一颗文化种子，史称"开莆来学"。

陈义忠：湖山书堂是莆田历史上的第一家书院，地点就在千

湖山书堂

年古刹广化寺的一个小山坡上。在当年的遗址之上，如今又重修了一座湖山书堂，就是没什么人。2023年春节的时候，我们几位老同学陪刘教授去看了看，还一起在书堂里陪他呆坐了好久。

小徐：为什么是"呆坐"呢？

陈义忠：因为他一直坐在那里发呆啊。

小徐：哦，那我大概知道他为什么要发呆。

陈义忠：为什么？

小徐：因为他也想办家书院。

郭英龙：我也正想这么说呢。小徐，你是未来的建筑师，以后可以帮他设计这家书院。

小徐：没问题，包在我身上了哈！

林馆长：这个主意好啊！《兴化莆田县志》记载，郑露三兄弟"据南山胜，构书堂，时作篇章，以训弟子"。郑露自己在《书堂》一诗中也是这么说的："附凤凰翼，与木石居。和乐兄弟，游玩诗书。"教书育人，本就是人世间第一等好事。古代的读书人，又有哪个不把书院当作自己心灵栖息地的？教授，要是哪天累了您就回家，家乡人民永远等着您。只要您回来办书院，我就来帮您打理。

陈义忠：林馆长，我也要参加的。不仅是我，我们还有一大批老同学都在等着出力呢。

郭英龙：教授，我很感动，也很为您高兴。您的家乡真的很温暖，看得出来他们真的很爱您。

我：嗯，这就是我的家乡，咱们继续听林馆长讲故事吧。

林馆长：我要讲的第二个故事，是唐代"九牧林"的故事。

郭英龙：终于讲到"九牧林"了。林馆长，我已经做好了心理准备，认真听您讲一天一夜的故事了。

林馆长（笑）：那我讲得短一点。开莆来学200年之后，南湖三先生在莆阳大地播下的种子终于开花了。公元752年，也就是唐玄宗天宝十一年，莆田县西天尾人林披以明经擢第，官至太子詹事兼苏州别驾，赠睦州刺史。

郭英龙：什么叫"以明经擢第"？是考上进士了吗？

我：郭院长，我来解释一下：唐代的科举至少有13科，包括秀才、明经、进士、明法、明字、明算等，每科都可以取士。宋代以后，进士科逐渐成为科举的代名词，其余诸科逐渐衰微乃至消亡了。在唐代，明经科还是很有影响力的，仅次于进士科，主要是考察对儒家经典著作的熟悉程度。

郭英龙：我明白了。那么其他几科又都考些什么呢？

我：大体上说，秀才科考方略，明法科考法律，明字科考书法，明算科考算术，史科考史学，道举考道家著作，最重要的进士科，考经史、诗赋、时务策。

郭英龙：长知识了，没想到唐代科举居然还有考算术的。

我：是的，唐代科举的缺点在于有点杂，优点在于比较包容和多元。这些科目加在一起叫作常科，也就是常年开设的考试；除此之外还有制科，也就是为了选拔"非常之才"而举办的不定期考试，常见的有贤良方正、直言极谏、博学宏词等科。制科的考试难度极大，考中概率极低，比如整个宋朝320年，只举办过20多次制科考试，总共才录取了41人，真可谓凤毛麟角。但有意思的是，制科从来没有被取消，而是一直存在着，直到科举制度的终结。

郭英龙：原来科举与兵法是相通的，都遵循"奇正相合"的规律。

林馆长：根据《兴化府志》记载，林披乃莆田科举功名第一人。披公共生九子：林苇、林藻、林著、林荐、林晔、林蕴、林蒙、林迈、林蔇。其中2个儿子进士及第，5个儿子明经及第，尤其是次子林藻于公元791年登进士第，乃闽中进士第一人。林披的9个儿子，最后都出仕为官：林苇为端州刺史，林藻为容州刺史，林著为横州刺史，林荐为韶州刺史，林晔为通州刺史，林蕴为邵州刺史，林蒙为循州刺史，林迈为雷州刺史，林蔇为福州刺史。那位倾尽家财二次筑陂的林从世，正是循州刺史林蒙的后裔。

郭英龙：兄弟九个全是刺史啊？

林馆长：是的，古代刺史又称"州牧"，因此合称"九牧林"。

郭英龙：哇，生子当如孙仲谋，当爹要像林披公。

小徐（笑）：郭院长出口成章啊！

郭英龙（笑）：是吗，看来人到了文献名邦，脑子也好使了点儿。林馆长，林披当爹当得这么成功，一定很注重孩子的教育吧？

林馆长：这是关键问题。披公十分重视孩子的教育，专门办了一个书院——灵岩精舍，以诗礼传家，9个孩子从小就在书院里读书。唐代著名文学家、泉州人欧阳詹是二儿子林藻的好友，也曾在灵岩精舍读书5年，比林藻晚1年以榜眼及第，乃泉州进士第一人。此科人才济济，史称"龙虎榜"，韩愈也才得了个探花。顺便说一下，欧阳詹是披公的女婿，披公只有一个女儿。

陈义忠：等等，这段信息量有点大，我得捋一捋。

我（笑）：不用捋了，林馆长那儿还有一大堆信息呢。

林馆长：披公的六子林蕴是著名的忠烈之士。他曾说自己"幼读书不求甚解，但见古人之有建功立业者，心则慕之"；后来他去应试贤良方正科，在对策中写道："臣远祖比干，因谏而死，天不厌直，复生微臣。"结果被主司斥之不取，估计是看不惯他那一副替天行道的模样，当然制科也确实难考。他当西川节度使推官的时候，节度副使刘辟造反，"蕴切谏。辟怒，命杀之，又惜其直，阴戒刑人抽剑磨其颈，以胁服之。蕴叱曰：'死即死，我颈岂顽奴砥石耶'"——要杀便杀，我的脖子可不是你这狗奴才的磨刀石。刘辟只好把他放了，"及辟败，蕴名重京师"。

陈义忠：如此刚烈！然而官途险恶，我可真替他担心。

林馆长：可不是吗，蕴公虽然官至刺史，最终还是被诬告陷害，杖流儋州，郁郁而卒。几十年后朝廷为林蕴平反，追谥"忠烈"。

陈义忠：果不其然。

林馆长：郭院长，我知道关于"九牧林"已经说得太多了，但是您还得给我一点时间，因为还有一个人必须向您介绍。我介绍林蕴，其实是为了介绍这个人。今天就算其他人的故事都不讲了，这个人的故事也必须讲。

郭英龙：这人是谁？这么重要啊？

我：郭院长，这个人您肯定知道的，大多数香港人应该都知道。

郭英龙：这么有名啊？林蕴的后代？姓林的，会是谁呢？

林馆长：她是蕴公的七世孙，公元960年三月廿三出生于莆田沿海，因出生时不哭不闹，故取名"默"——林默。今天她的故事已经充满了神奇的色彩，然而能够肯定的是，林默从小内心善良，意志坚强，极富同情心，一生致力于救苦救难。公元 987 年九月初九，林默因救助海上渔民，在湄洲岛附近海域不幸遇难，年仅 28 岁。

郭英龙：啊，是妈祖！林默就是妈祖！

我：是的，林默就是妈祖。妈祖升天之后，人们感念她的大爱和无私，于是在湄洲岛上立祠祭祀。宋、元、明、清历朝皇帝先后 36 次为其加封，可谓空前绝后，从"妃""天妃"，再到"天后""天上圣母"，封号越来越长，最长的有 60 多个字吧。

陈义忠：对于妈祖这种把人民放在心里的女神，封号越长越美好，对于嘉靖那种不管老百姓死活的皇帝，封号越长越可笑。妈祖肯定会升天的，嘉靖就别做梦了。

我：义忠总是那么爱憎分明，赞一个。

林馆长：自宋以降，不管官方民间，但凡出海，先拜妈祖。妈祖信仰也伴随着中国人在海上的脚步，传遍了东南亚乃

妈祖出游

至全世界。现在，全球大约有3亿多名妈祖信众，1万多座妈祖庙宇，其中仅台湾地区就有3000多座，妈祖信众更是超过了台湾人口的2/3。

郭英龙：香港虽然是一座拥挤的城市，但是也有很多天后庙。在我的印象中，佛堂门大庙湾天后庙应该是最有名的。

林馆长：20世纪80年代，联合国授予妈祖"和平女神"称号；2009年，"妈祖信俗"被联合国教科文组织列入《世界人类非物质文化遗产代表作名录》，是目前中国唯一的"信俗类"世界非遗。

陈义忠：妈祖救助海难的故事非常多，我对"焚屋引航"的故事印象最深。有一回，妈祖一连十几个日夜为商人和渔民

链·接

2017年湄洲妈祖金身巡游台湾

2017年9月23日，湄洲妈祖金身在莆田市湄洲妈祖祖庙董事会、鸿海董事长郭台铭及两岸信众的护驾下，从平潭搭乘"海峡号"高速客轮起驾，直航台北港，开启为期17天的巡游台湾之旅。巡台期间，妈祖金身先后巡游了台北、新北、基隆、桃园、嘉义、云林、彰化、台中、新竹、苗栗、宜兰11个市县，行程1500多公里，驻跸91座妈祖宫庙，开展了妈祖驻跸宫庙、绕境巡安、妈祖祭典、世界非遗妈祖信俗展演、躜轿祈福、万人诵经和两岸文艺表演等活动，并分别在新北和台中举行大型祈福典礼。台湾近2000座妈祖庙参与接驾活动，近500万人次信众参与朝拜。此次巡台，是湄洲妈祖金身睽违20年之后的再次巡台。1997年，湄洲妈祖金身曾经巡游台湾100多天，经过台湾19市县，接受信众朝拜1000多万人次，台湾媒体以"十里长街迎妈祖，火树银花不夜天"描绘此次被台湾同胞称为"千年走一回"的世纪之行。

引航，实在困倦至极，吃过晚饭，就沉沉入睡了。半夜，妈祖在睡梦中依稀听到海面传来巨大的风声和涛声，惊醒后马上跑到海边，只见远处漂浮着几个白点。妈祖知道，那一定是船队被风暴困住，迷失航向了。驾舟引航已经来不及了，妈祖立即转身跑回家，未进门就高声大喊："爹、娘、兄、姐，快跑到屋外去呀！"一家人都很信任妈祖，急急跑出门外。只见妈祖一挥手，把油灯摔向自家的屋子，屋子顿时燃起熊熊大火。冲天火光照得很远很远，困在海面上的船队见到了，终于辨清了陆地的方向，拼尽全力把船队开进了湄洲岛的港湾。这时候人们才发现，原来还是一支罗马的船队。

小徐：把自家的屋子烧了为他人导航解困，也不知道这究竟是传说还是真事，反正我听了好感动啊！

湄洲岛妈祖像

郭英龙： 妈祖是林蕴的后代，我想林蕴的忠烈家风一定深深地影响了她。林馆长，"九牧林"果然不同凡响，我估计您还有好多故事要讲吧？

林馆长： 还有一大堆呢，不过我不能再讲下去了。莆田的科举故事实在太多了，可不止我们林氏一脉，还是就此打住吧。我想跟您分享的第三个故事，是北宋徐铎和薛奕的故事。公元1076年，也就是宋神宗熙宁九年，莆田县延寿村人徐铎与其兄徐锐参加丙辰科省试，双双登第。在接下来的殿试中，徐铎更是一举夺魁，摘下了莆田历史上的第一个状元桂冠。令人感到不可思议的是，同年武科举，莆田人薛奕也一举夺魁，摘下了武状元的桂冠。一个地方的举子同时夺取文武状元，即便放在1300年的科举史上，也是空前绝后的奇迹。

郭英龙： 这概率也太低了吧，只能说这个地方真的太神奇了。

林馆长： 消息传出，京师轰动。当皇帝的其实最迷信了，遇到这种祥瑞般的奇迹，宋神宗简直乐开了花，当即赐以"宠异之句"——"一方文武魁天下，四海英雄入彀中"。

我： 徐铎是晚唐进士、著名辞赋家、人称"锦绣堆"的徐寅的七世孙。相传徐寅后来在朱温篡唐称帝的后梁又取得殿试第一，因此也有人认为徐寅是莆田的第一个状元。这是一个有争议的问题。不过，不管是徐铎还是徐寅，反正都是徐家的，也正应了那句话——"龙虎榜头孙嗣祖，凤凰池上弟联兄"。

郭英龙：对了，小徐，你不是也姓徐吗？跟你有没有关系呀？

小徐：我不知道啊，我也正想问啊！

林馆长：小徐，不用问了，你的先祖正是从延寿村迁出去的，你的确是妥妥的状元后代。宋代的延寿溪畔有两座藏书楼：溪南是徐氏万卷楼，溪北是方氏万卷楼——在科举时代，这种民间藏书楼对于学子来说十分重要。千百年来，不知道有多少莆阳学子曾在延寿溪畔发奋苦读，又从那里走上科举之路。小徐，你知道吗，朱熹也曾拜访过这两座藏书楼，大受触动，并欣然为徐氏万卷楼题了一首诗：

延寿溪徐东陇徐，一徐分作两处居。

壶公山下千钟粟，延寿桥头万卷书。

小徐：天哪，后两句就是刻在我们家老房子石柱上的对联！我从小看着这副对联长大，不知道居然是朱熹题的。

林馆长：书香门第，耕读传家。小徐，文化基因是会传承的，别忘了，你自己也是"高考状元"哦！

小徐：别别别，林馆长，您可千万别这么说啊！此"状元"非彼状元，我可差得远去了，大白纸一张，一大堆的东西要学呢。

我：敏而好学，慧而不矜，为你点个赞！小徐，期待你未来成长为建筑学界的"状元"，走出国门，去赢得国际大奖。

星空下的武夷山朱熹石像

小徐：谢谢教授，我一定会传承好这份文化基因，守护好这份文化使命，未来用建筑语言向全世界讲述中国的故事。

郭英龙：林馆长，我多问一句，"壶公山下千钟粟，延寿桥头万卷书"，朱熹提到的壶公山究竟是什么山？钱四娘就是葬在壶公山脚下的——感觉这座山对于莆田很重要。

林馆长：郭院长，壶公山和木兰溪，共同构成了莆田的象征，合称"壶山兰水"。这座山是由地壳运动和火山喷发形成的，虽然海拔只有 710.5 米，但是整个南北洋平原一马平川，独有此山鹤立其上，因而显得格外宏伟壮观。相传明代柯潜小时愚，见到壶公山之后，忽然"聪明花"开，景泰二年，状元及第，莆田人因此有句俚语："看见壶公山，聪明花会开。"

我：我们读中学时，教学楼就正对着壶公山，天天看。朱

朱 熹

　　朱熹（公元 1130—1200 年），字元晦，南宋理学家、哲学家、思想家、政治家、教育家、诗人。祖籍徽州府婺源县，出生于南剑州尤溪（今福建省尤溪县）。朱熹 13 岁时，父亲病逝，临终前把朱熹托付给崇安（今武夷山市）五夫好友刘子羽，又写信请五夫的刘子翚、刘勉之、胡宪三位学养深厚的朋友代为教育。绍兴十七年，18 岁的朱熹考中举人；绍兴十八年，19 岁的朱熹考中王佐榜第五甲第九十名进士，赐同进士出身。朱熹出仕的总时间仅有 9 年，历任江西南康、福建漳州知府，浙东巡抚，官拜焕章阁侍制兼侍讲，其余时间主要投身于教书育人和著书立说。庆元二年，监察御史沈继祖弹劾朱熹以伪学欺人，攻讦其为"伪学魁首"。朱熹以伪学罪被落职罢祠，归建阳讲学著述，庆元六年（公元 1200 年）逝于家中。朱熹是唯一非孔子亲传弟子而享祀孔庙的人，位列大成殿十二哲者。他的哲学体系以"二程"的理本论为基础，吸取周敦颐太极说、张载气本论及佛、道教思想而形成，与"二程"学说合称为"程朱理学"。朱熹思想对元、明、清三朝影响很大，是三朝的官方哲学，《四书章句集注》是三朝钦定的教科书和科举考试的标准。朱熹一生热爱教育，曾创办同安县学、武夷精舍、考亭书院等，并重建了著名的白鹿洞书院和岳麓书院。他亲自订立的《白鹿洞书院教规》，是世界教育史上最早的教育规章制度之一，奠定了中国后世 700 年书院的办学模式。朱熹还是一位杰出的诗人，著有 1250 多首诗作。

熹首次来莆见到壶公山，就说："莆多人物，以文献名邦著，乃此公作怪也。"不过，如果要我说，之所以会有"壶公山下千钟粟"，其实根本原因还在于"延寿桥头万卷书"。

林馆长： 刘教授说得对。郭院长，南宋的时候，有两位莆阳学子就曾在这两座万卷楼里一起发奋苦读，一位叫黄公度，另一位叫陈俊卿，这两个人就是我今天要分享的第四个故事的主角。

陈义忠： 这两位绝对是妥妥的主角了。

林馆长： 公元1138年，南宋绍兴八年戊午科，15名兴化举子到临安参加考试，结果考中了14名进士——这倒没什么，对于宋代的兴化来说，这只能算是常规操作。令人惊讶的是，在这14人中，黄公度状元，陈俊卿榜眼，73岁的林邓成为年龄最大的"榜尊"；18岁的龚茂良成为年龄最小的"榜幼"——"一科四异"，轰动京师。

郭英龙： 想起来了，这个故事刘教授在新疆的时候简单讲过，我当时的第一反应就是，哇，我还能说什么呢？

林馆长： 是啊，估计当时的宋高宗也是这个心情——哇，我还能说什么呢？不过他最终还是没能忍住好奇心，于是"及谒御，高宗问曰：'乡土何奇，辄生二卿？'"——你们老家究竟有什么宝物啊，为什么每次考进士都跟砍瓜切菜似的？

郭英龙： 是啊，究竟有什么宝物啊？我也很想知道啊！

陈义忠（笑）： 郭院长的心理怎么跟宋高宗一模一样。

郭英龙（笑）： 只能说皇帝的心理其实跟我们普通人一模一样。

林馆长： 面对宋高宗的疑问，黄公度答曰："披锦黄雀美，通印子鱼肥。"陈俊卿答曰："地瘦栽松柏，家贫子读书。"

郭英龙： "地瘦栽松柏，家贫子读书"，陈俊卿的答案真的很脱俗。我觉得黄公度的答案只解答了"乡土何奇"，却没有解答"辄生二卿"。而陈俊卿的答案一语双关，不仅解答了皇帝的疑问，还讲出了科举的底层逻辑，感觉特别能搔到皇帝的痒处。

林馆长： 您看，郭院长，您又跟皇帝想到一块儿去了。听了两个人的回答，宋高宗干净利落地下了个结论："公不如卿。"

郭英龙（笑）： 哎呀，这么想也不能当众这么说啊，有权就是任性，看来在这个问题上皇帝还是跟我们普通人不一样。

莆田"地瘦栽松柏，家贫子读书"（林明基　摄）

我： 陈俊卿一生忠正清严，直言敢谏，后来成为南宋名相；"榜幼"龚茂良后来也官至参知政事，代理宰相。而陈俊卿廷对时的那句名言——"地瘦栽松柏，家贫子读书"也从此成为历代莆阳学子发奋读书的座右铭，时至今日依旧回响不绝。

郭英龙： 刘教授，我猜这句话应该也是您当年读书时的座右铭吧？

我： 那当然。在我很小很小的时候，父亲就跟我讲了这个故事。那时候家里没有电灯，姐弟仨就围着一盏小油灯，听着父亲一字一句地给我们解释，什么叫"地瘦栽松柏"，什么叫

"家贫子读书"。这句话曾经伴随我走过了整个读书生涯，现在又跟随我奔赴祖国的边疆和大山，在更多的孩子心中生根发芽。

郭英龙：原来这句话是整个莆田的千年家训啊！难怪莆田的科举会如此发达。

陈义忠：林馆长，陈家还有一个人，您应该介绍的。

林馆长：嗯，我不会忘记的，这就是我今天要跟郭院长分享的第五个故事。公元 1268 年，南宋咸淳四年，陈俊卿的五世从孙陈子龙承继家族文脉，在殿试中一举夺得状元。宋度宗十分高兴，特为其改名陈文龙，赐字君贲。此时的南宋王朝已是风雨飘摇，生不逢时的陈文龙虽然两度出任参知政事，多次领兵杀退元军，然而大厦将倾，狂澜既倒，最终也无力回天。1276 年，元军南下福建，势如破竹。八闽大地上，上四州的建州、汀州、南剑州、邵武军和下四州的福州、泉州、漳州全部或败或降，唯有小小的兴化军在回乡出任知军的陈文龙率领下，以孤城独旅与数十万元军死磕。陈文龙知道兴化城早晚必破，但他早已抱定为国尽忠、与兴化城共存亡的决心。他将抗元义军的行辕设在了先祖陈俊卿旧第；让长子随陆秀夫护卫少帝南下，代其尽忠朝廷；让仲子随家眷藏匿深山，保存陈家血脉。然而，老母亲、妻子、仲子都不愿意藏匿，坚持留在城中，与陈文龙共赴国难。

郭英龙：真是满门忠烈，可敬可佩！我有种感觉：陈文龙之所以将行辕设在了陈俊卿旧第，不仅是血脉使然，更是文脉传承——家国危难时刻，他一定想从先祖那里汲取精神的力量。

林馆长：公元 1276 年 12 月，忽必烈下令元帅唆都进军兴化，限令两个月内攻下兴化城。元军逼迫陈文龙的部下、好友、姻亲轮番派人劝降陈文龙，怒不可遏的陈文龙见一个斩一个，并在城头竖起"生为宋臣，死为宋鬼"的大旗，誓与兴化城共存亡。这是一场以卵击石的战斗，大厦将倾之际，小小的兴化城与大兵压境的元军展开了殊死搏斗，并在囊山伏击战和守城大战中歼灭了大量敌军。然而，结局没有任何悬念，在元军和叛徒的联合夹击之下，兴化城最终力竭城破，目眦尽裂的陈文龙自杀未遂，为元军所执。

郭英龙：英雄末路，生不逢时。那种时代对于陈文龙这样的英雄来说，真的是太残酷了——时代注定要崩溃，英雄却注定要担当。

林馆长：元军将陈文龙向北押至福州合沙，元将董文炳令左右"百般凌挫"，陈文龙以手指腹曰："此皆节义文章也，可相逼邪？"左右凛然，不敢造次。陈文龙自离开兴化即已开始绝食，决心以身殉国，乃赋诗《元兵俘至合沙·诗寄仲子》，与家人诀别：

> 斗垒孤危力不支，书生守志定难移。
> 自经沟渎非吾事，臣死封疆是此时。
> 须信累臣堪衅鼓，未闻烈士竖降旗。
> 一门百指沦胥尽，唯有丹衷天地知。

小徐："一门百指沦胥尽，唯有丹衷天地知"，这句诗让我想起了文天祥的《过零丁洋》——"人生自古谁无死，留取丹心照汗青"。刘教授，我真的能够感受到陈文龙当时绝望无助的心情。

我：小徐，真的英雄，往往就是在绝望中坚持战斗的人。直到生命消逝的那一刻，他们都不曾看到希望的亮光，然而他们的精神光芒却注定要穿越至暗的时代，激励无数的后人去完成他们未竟的使命——陈文龙是这样的人，文天祥也是这样的人，这就是为什么他们会在生命的最后时刻，将自己的精神托付给了天地和汗青。

林馆长：陈文龙被械送到了临安城，囚禁在太学里。那里是他梦想启航的地方，如今却成了囚禁他的牢笼。公元1277

杭州岳庙里的岳飞塑像和"还我河山"牌匾

年春，自知大限已至的陈文龙要求拜谒岳庙。当看到岳庙里的岳飞塑像与"还我河山"匾额时，虚弱不堪的陈文龙再也无法控制自己，在岳飞像前失声痛哭。当晚，陈文龙夜宿岳庙，在断断续续诵完岳飞的《满江红》之后，这位状元郎挣扎着爬到了香炉旁，伸手抓了一把香灰吞咽了下去，渐渐气绝身亡，时年46岁。

小徐：教授，我真的好想哭！

郭英龙：小徐，别难过。

陈义忠：唉！恨不早生，不能追随陈家先祖，为他执鞭坠镫。

林馆长：陈文龙死后，陈母痛不欲生，含恨离世。陈文龙从叔陈瓒率族人和义军继续抗元，一度夺回兴化城，诛杀了叛徒。元军破城后，又与元军巷战终日，直至全部战死。陈瓒力竭被俘，骂声不绝，被车裂于五门。面对如此刚勇难降的兴化，唆都狂性大发，下令元兵屠城。这场大屠杀进行了整整3个时辰，死难者3万余人，兴化城内血流有声。

郭英龙：我的天啊，兴化城第二次被大屠杀啊？！

我：元军大屠杀在前，倭寇大屠杀在后。

郭英龙：不管谁在前谁在后，被屠杀的都是兴化老百姓。动不动就来个"血流有声"，这小小的兴化城如何承受得了啊！

我：郭院长，其实这样的故事在明末清初又上演过一次。相同的还是出仕乡贤领导的激烈反抗与"血流有声"的残酷屠城，不同的是这次清廷一不做二不休，对沿海地区实行了极其野蛮的"截界"。

郭英龙：什么叫作"截界"？

我：就是清廷为了阻断沿海地区与郑成功的联系，在沿海划界筑墙，强迫沿海居民内迁，界外区域村庄尽毁，田地荒废，海堤坍毁，盐碱遍地。"截界"导致兴化共豁田地 4500 余顷，人口死亡过半，莆阳大地就此"一剖两半"，界外经济崩坏，文教尽毁，曾经的鱼米之乡沦落为蛮荒之地，所造成的严重后果至今难以消除。

郭英龙：教授，我真是没有想到，原来历史上的莆田还承受过这么多的苦难！而这就更加让人感到不可思议了：就是在这样的条件下，莆田居然还能考中那么多的进士，这个地方的人实在是太勇了！

我：郭院长，其实影响还是很大的。我给您报一组数据，您就会明白的。在莆田的 2400 多名进士中，唐和五代算是起步，共 13 名；宋代大爆发，共 1760 名左右；到了元代，骤降为 7 名；到了明代，又突然爆发，共 534 名；进入清代，又熄火了，仅 64 名。莆田县作为中国进士第一县，宋明两代都是全国第一，元清两代却寥寥无几，郭院长，您觉得是为什么呢？

郭英龙：我完全理解了。我没有说错，这个地方果真是太勇了：第一是勇在整整两个朝代拒绝出仕的骨气；第二是勇在居然仅仅凭借宋明两代发力，就夺得了全国进士数量第一。这个神奇的地方真无愧于"文献名邦""海滨邹鲁"的称号。

我：莆田民风的确从骨子里刚勇难降，否则这地方也不会有南少林寺了。民风如此刚勇，唯有以文化之，以教导之，方可利国利民；倘若文教毁弃，必将弊病丛生，甚至"泛滥成灾"——科举之于莆田，犹如木兰陂之于木兰溪。因此，"文献名邦""海滨邹鲁"的背后，其实是这个地方重教尚学的优良学风。唐代莆阳进士翁承赞的两首《书斋谩兴》，正是对这种优良学风的生动描绘：

其一

池塘四五尺深水，篱落两三般样花。

过客不须频问姓，读书声里是吾家。

其二

官事归来衣雪埋，儿童灯火小茅斋。

人家不必问贫富，惟有读书声最佳。

林馆长："过客不须频问姓，读书声里是吾家"，郭院长，刘教授是在用这首诗提醒我：研究地方文史不能"只缘身在此山中"，只顾着絮絮叨叨地数家珍，还要学会站在全局的高度看地方，站在未来的角度看历史，才能更好地把握规律，以古鉴今。我一直很赞同他的这个观点，所以关于莆田科举的故事，我就暂时讲到这里吧。

我（笑）：林馆长，今天我可没这个意思哦！

林馆长（笑）：我很自觉的好不好。

郭英龙：我也很赞同刘教授的这个观点。正所谓"不谋万世者，不足谋一时；不谋全局者，不足谋一域"，其实回想起来，作为一个外来的朋友，我的确也是站在这个角度来听您讲科举故事的。

我：既然你们都这么说了，那我就插播一个"广告"吧：前不久，有一家从事革命传统教育的单位来上海交流，很真诚地希望我们提供一些意见建议，于是我就以一句话概括之——"不知古便不知今，不知今便不知古"。

陈义忠："不知古便不知今，不知今便不知古。"嗯，前半句好理解，后半句似乎不大好理解。

我：没错，"不知古便不知今"的确很好理解：如果我们不知道自己从哪里来，就不知道自己要到哪里去——这就是我们今天大力加强革命传统教育的意义所在。

陈义忠：那为什么"不知今便不知古"呢？历史对未来肯定会有影响，难道未来也会对历史有影响吗？时光难道会倒流吗？

我：时光当然不会倒流，我说的是"知"。举个例子：上海是党的诞生地，伟大建党精神是中国共产党人精神谱系的源头——这个大家都知道；不过，上海除了是"源头"，其实还是"潮头"，是中国改革开放与中国式现代化建设的前沿阵地——这个大家也都知道。但是大家可能不太注意的是，其实"源头"与"潮头"之间是有必然因果关系的：当年人们之所以会选择在上海建党，就是因为当年的上海就是那个时代的

"潮头"——那个时代几乎所有最先进、最开放、最革命的因素都聚集在了这座城市里。因此，可以这么说：正因为当时站在了"潮头"，所以才有资格成为今天的"源头"。

小徐：反过来是不是也可以这么说：如果当年不能成为"潮头"，今天也就不可能成为"源头"？

我：是的，小徐，其实还可以这么说：要想继续成为未来的"源头"，那就必须继续勇立今天的"潮头"。

陈义忠：源头与潮头，潮头与源头，这个绕口令绕得有意思。

中共一大会址纪念馆

我：1921 年前后的上海，各种革命思潮涌动，无数仁人志士在这座城市里集会结社，寻求救亡图存的道路。完全可以想象的是，在这座城市的石库门房子里，一定曾经召开过无数的"一大会议"。然而时至今日，绝大多数的"一大会议"都不再被纪念，甚至都没有被记住，原因其实很简单，那就是这些组织早已消失在了历史的尘埃之中——因为没有赢得未来，所以历史没有被记住。

林馆长：我明白了，这就好比一个人如果没有子孙后代，那么清明节的时候自然也就没有人给他扫墓了。

郭英龙：林馆长这个比喻很形象！现在我明白了，什么是"不知今便不知古"：如果我们输掉了今天的竞争，那么所有的历史荣光都将黯然失色，即便没有沦为历史的笑柄，最多也只作为历史的镜鉴，用来警醒后人罢了。

我：这个道理，对于革命传统教育是适用的，对于历史文化研究同样也是适用的。说得直白一点，"不知今便不知古"有两层意思：第一，如果子孙后代做得不好，就会愧对祖先的荣耀；第二，如果不知道未来需要什么，就不知道历史要研究什么。

小徐："如果子孙后代做得不好，就会愧对祖先的荣耀"，教授，我记住这句话了。

林馆长："如果不知道未来需要什么，就不知道历史要研究什么"，教授，您的这句话很让我深思。

郭英龙：我理解了。所谓"以古鉴今"，说到底，"以古"是手段，"鉴今"是目的，研究"古"不是为了沉迷于"古"，而是为了更好地建设"今"。教授，可不可以这么说，这其实是一种面向未来的历史观？

我：郭院长总结得很到位——一种面向未来的历史观。既然大家都对历史观感兴趣，那要不要听我再插播一个"广告"？

小徐：要！

陈义忠（笑）：小徐这反应快。

林馆长：您想插播多少个都可以。

我：郭院长，这个故事跟边疆有关。8年前，我负责培训一批来自边疆的干部。全班交流的时候，一位民族干部发言："昨天刘教授给我们讲了一堂课，把大家讲得热血沸腾。可是，历史是任人打扮的小姑娘，如果让我来讲一堂课，我也可以把大家讲得心灰意冷。"

郭英龙：我应该知道他的潜台词。他想说的是：刘教授您想倡导民族团结，所以尽挑一些民族团结的历史素材来讲。如果让他来讲，他也可以尽挑一些民族矛盾的历史素材来讲——是不是这个意思？

我：就是这个意思。既然他当众这么说了，那我就当众回应他。我说，刚才阿校长说，历史是任人打扮的小姑娘。没错，从某种意义上讲，历史就是任人打扮的小姑娘。但是，今天我要给大家讲的，不是历史，而是历史观。什么叫作历史观呢？曾经有人说，过去的历史学家写史，往往摆脱不了自己的主观偏见，因此他要写一部不带主观偏见的历史书，只是客观地还原历史的真相。

郭英龙：只是客观地还原历史的真相？

我：我说，好吧，那就让我们一起看看，什么叫作"客观地还原历史的真相"。我打个比方：某年某月某日，龟兹国王决定攻打疏勒国。这件事算是客观的历史吧？可为什么龟兹国王要攻打疏勒国呢？原来昨晚他和王后吵了一架，所以心情不好，想打人。这也算是历史真相的一部分，对不对？那么，为什么王后要和国王吵架呢？原来王后昨晚被一只猫给挠了，所以心情不好，想吵架。那么，为什么猫要挠王后呢？原来有个东西突然掉了下来，把猫给惊了。为什么那个东西会掉下来呢？原来昨晚刮起了一阵大风。为什么会刮起大风呢？原来，在遥远的亚马逊森林里，有只蝴蝶扇动了一下翅膀……

小徐：哇，我明白了。

我：我说，这就叫作"客观地还原历史真相"。历史是一种全时空的存在，是无穷变量交相耦合的结果。如果历史能够完全客观地还原，必将占据全部时空，那现在的我们应该去哪里呢？因此，从科学意义上说，所有的历史书，其实都是历史学家自觉不自觉地根据自己的历史观来遴选历史素材，进而编织出来的历史故事罢了。历史真相只能无穷接近，不可能完全还原。

林馆长："历史真相只能无穷接近，不可能完全还原"，刘教授，这个观点应该是科学的，我同意。

我：我说，如果大家还不太理解这种历史观，那我再打个比方，讲讲婚姻观。结过婚的人都知道：但凡做夫妻，必定有

蝴蝶效应与混沌理论

蝴蝶效应指在一个动力系统中，初始条件下微小的变化能带动整个系统的长期且巨大的连锁反应。这是一种混沌现象，表明事物的发展具有复杂性。这个概念最早由气象学家爱德华·洛伦兹提出。1961 年，爱德华·洛伦兹利用计算机进行有关天气预报的一系列计算。为了节省时间，洛伦兹便在第一次计算结束后，改从程序中间开始执行第二次计算。计算结果出来后，洛伦兹傻眼了：第二次计算产生的结果跟第一次完全不一样。原来，洛伦兹的第二次计算所用的数据精度只到小数点后三位。两次计算的中间值仅有极微小的误差，没想到就是这极微小的误差导致结果面目全非。经过缜密的演算推导之后，洛伦兹总结了他的发现，提出了著名的"混沌理论"。根据这一理论，完全精确的天气预报是不可能的，而较为精确的天气预报也具有时间限制，超过 10 天的预报已基本不具有可信度。1963 年，爱德华·洛伦兹正式向纽约科学院提交了一篇名为《决定性的非周期流动》的论文，指出大气动力学数值计算所产生的混沌现象。最初，洛伦兹用"海鸥效应"形容混沌现象带来的不确定性，后来在一次演讲中，他又把"海鸥效应"换成了更富诗意的"蝴蝶效应"：巴西亚马逊森林的一只蝴蝶扇动翅膀，能够在美国得克萨斯州产生一场龙卷风。如今，随着计算机技术的飞速发展，混沌理论已发展成为一门影响深远、发展迅速的前沿科学。

过甜蜜的历史；但凡做夫妻，也必定有过痛苦的历史。这个时候就要考验你的婚姻观了：你们究竟是想离婚呢，还是想继续过下去？如果想离婚，那就不妨多回忆些痛苦的历史；如果想继续过下去，那就多回忆些甜蜜的历史。我说，阿校长，咱们要"离婚"吗？他说，不不不，咱们不"离婚"。我说，好呀，那咱们就一起多回忆些甜蜜的历史吧。

陈义忠：我的天，绕来绕去的，最后才发现被您绕进去了。

郭英龙（笑）：这个我早就领教过了。

我：从科学意义上说，最早的历史其实不是用文字来记载的，甚至也不是用语言来口口相传的——文字和语言的存在时间都很短，最早的历史应该是用脑神经来记忆的。那么，为什么这个世界要进化出会记忆的脑神经呢？进化学家认为，这是因为动物要记住天敌的模样，否则下次再遇到天敌的时候，你还是不懂得躲避，还是有可能被吃掉。因此，从科学上说，记住过去，目的就是让未来更加美好。

小徐：有道理呀！原来"面向未来的历史观"是有科学依据的。

郭英龙：刘教授，我很好奇的是，这位民族干部后来怎么样了？

我：这位民族干部其实是本民族历史学的一位权威学者，从那以后他就像变了一个人，成了中华民族共同体的坚定维护者，当然也就成了"三股势力"的眼中钉、肉中刺。

郭英龙：我明白您的意思了。

小徐：林馆长，您在思考什么呢？

林馆长：我一直在思考教授前面说的那句话——"如果不知道未来需要什么，就不知道历史要研究什么"。结合刚才教授所讲的边疆故事，我忽然大受触动：原来在科学的历史观指导下的历史研究，真的可以产生这么大的战斗力。所以我就在想：科举的历史能不能总结出更多的规律来为未来服务？莆田的科举能不能总结出更多的规律来为全局服务？

我：林馆长，您的这两个问题特别好。第一个问题"科举的历史能不能总结出更多的规律来为未来服务"，其实是一个十分重大的理论问题，需要我们一起坐下来认真探讨；第二个问题"莆田的科举能不能总结出更多的规律来为全局服务"，其实咱们已经不知不觉地在探讨了。当然了，关于莆田的科举故事，如果你们还想听的话，我可以总结几句。

郭英龙：太好了，我已经等待很久了。这样吧，刘教授，您先总结一下莆田科举，然后咱们一起认真探讨第一个问题，怎么样？

林馆长：就这样安排，刚才咱们聊得兴起，不知不觉已经在木兰陂上站了好久。咱们听教授总结一下莆田的科举，然后一起去南岸的木兰陂纪念馆坐下来，我已在那里备好了茶，咱们边喝茶边继续聊。

陈义忠：就这么安排。

我：你们不要期待过高，我只是想用大家都熟悉的语言，总结一下咱们今天达成的共识。我们知道，党的十八大以来，"五位一体"总体布局已经深入人心。所谓"五位一体"，就是指经济建设、政治建设、文化建设、社会建设和生态文明建设。我常将这 5 个方面的内容理解成为一座 3 层楼的金字塔：金字塔的一楼，是生态文明建设；金字塔的二楼，是经济建设和社会建设；金字塔的三楼，是政治建设与文化建设。

陈义忠：哦，这种理解倒是第一次听说。

我： 莆田的科举故事，正是这座 3 层金字塔的典型写照：木兰陂的修建，是人类与大自然的第一次对话，是在顺应自然中改造自然，构建人类在自然中的生存空间——这就是生态文明建设，也是其他一切建设的基础，堪称金字塔最基础的第一层。木兰陂修成之后，引水七分灌溉南洋平原，主要解决农业用水；引水三分给了北洋平原，主要解决生活用水——这就是经济建设与社会建设，堪称金字塔中间的第二层。经济繁荣了，社会安定了，莆阳学子"有余力，则学文"，于是科举爆发，出仕为官——这就是政治建设与文化建设，堪称金字塔最高的第三层。

林馆长： 这个总结有意思，我还真是第一次听说。

小徐： 很清晰啊，可生动了——我喜欢这个总结。

我： 谢谢小徐，那我就再清晰点儿，再生动点儿。我们可

壶山兰水

以用 3 句话来概括这座 3 层金字塔：第一句话是"道法自然"，说的是生态文明建设；第二句话是"安居乐业"，说的是社会建设与经济建设；第三句话是"政通人和"，说的是政治建设与文化建设。

郭英龙： 道法自然、安居乐业、政通人和。3 句话，3 层楼，"五位一体"——小徐，我也很喜欢这个总结呢！

我： 作总结不算本事，说个预言才算本事呢。唐代莆田有个妙应禅师，在南北洋还是白茫茫一片盐碱地的时候，就早早地下了个著名的谶语："白湖腰欲断，莆阳朱紫半。水绕壶公山，此时大好看。"《莆阳比事》记载："城东南五里有港曰白湖，自熙宁断水为桥，莆之登第始倍于前；自木兰创陂疏渠，引流南绕壶山，而族望益多显者。"你们看，说来说去，不就是"生态文明—经济社会—政治文化"的发展逻辑吗，只不过上千年的艰难困苦也就尽在其中了。所以，如果你们喜欢这 3 句话，那就算是我们对先辈的一种致敬吧。

林馆长： 这是规律——预言是规律，总结也是规律；这也是传承——历史是传承，未来也是传承。

我： 没错，是规律，也是传承。

陈义忠： 那么，关于莆田科举的讨论，是不是就先告一段落？咱们现在就去木兰陂纪念馆，一起开启第二阶段的讨论吧。

林馆长： 纪念馆就在木兰溪的南岸，咱们沿着陂顶走过去吧。

郭英龙：我们要从北岸走向南岸，科举要从历史走向未来。

小徐：那就出发吧，大家跟在我的后面。一半翡翠绿，一半豆沙粉——郭院长先别抬头看天，低头看路哦！

3

从某种意义上说，一切社会的政治进步，事实上都是一场从贵族化走向平民化的斗争。哪个社会能够率先赢得这场斗争，哪个社会就能在治理和发展中赢得先机。

踏着千年古陂穿越木兰溪，宛如穿越千年的历史记忆。南岸的回澜桥旁立了一块明正德四年的石碑，上书"木兰山"。原来眼前的这座不起眼的小山包，就是传说中的木兰山。相传，开莆来学的郑露三兄弟钟情木兰花，爱其皎洁无瑕，爱其清香素雅，因此遍栽于湖山书堂之畔。后来，郑露奉诏入仕，乡亲们在木兰山下为他送行，便采来了他最喜欢的木兰花瓣，撒在了船头，撒在了先生远行的水路之中。这条溪，从此被称为木兰溪。原来，修筑木兰陂的地方与送别南湖先生的地方是完全重叠的；原来，道法自然与政通人和是完全统一的。木兰陂纪念馆坐落在木兰山的山坡上，一尊钱四娘石像静静地伫立在纪念馆前的小庭院里，她凝视着西北的方向，那里是她当年建陂的地方。庭院里早已摆好了桌椅，各色茶具一应俱全。恰是午后时分，阳光暖暖地落在了庭院里，落在了钱四娘的身上。

小徐：这个地方真好啊——背靠木兰山，面朝木兰溪，身在木兰馆，心系木兰陂。刚才在陂上站了好久，正好坐下来休息会儿。这阳光暖暖的，我喜欢。

坐落在木兰山上的木兰陂纪念馆

郭英龙：这个位置真好，背山面水，整个木兰陂尽收眼底。

我：纪念馆嘛，就是要让建陂的先贤们坐在最前排的 C 位，好好看着木兰陂如何大显身手，拦洪挡潮，界分溪海；好好看着木兰溪水如何分流而去，滋润大地，泽被万世。

陈义忠：那咱们今天就背靠建陂先贤，俯瞰千年伟陂，一起聆听刘教授讲古代科举制度的时代价值。林馆长，您今天准备请大家喝什么茶呀？

林馆长：今天我想请大家品尝我们福建的岩茶，这种茶因生长于武夷山的岩石上而得名，兼得红茶和绿茶之优点，有"岩骨花香"之性。俗话说，"香不过肉桂，醇不过水仙"，我就先给大家来一泡肉桂吧。诸位请上座，我负责泡茶，教授负责讲课。

我（笑）：我可不负责讲课，如果想一起讨论，那倒是可以。

郭英龙：那就一起讨论，我保证积极参与。

小徐：虽然我的任务是学习，但也保证积极参与。

林馆长：您看我这么殷勤地煮水泡茶，就知道我有多期待了。

陈义忠：好家伙，气氛都烘托到这儿了，您不想讲也不行了。

我（笑）：我可不是在故意搞气氛，而是基于对方法论的认知。真理是越辩越明的，拒绝讨论和辩驳的学术理论，从方法论的角度看，是与真理无缘的。我常害怕自己慢慢走向谬误而不自知，因此常告诫自己，要紧紧地抓住科学方法的衣袖不松手。

郭英龙：我明白了，教授，我一定认真参与，平等对话。

我：不久前我调任行政岗位，同事见我若有所思的模样，就问我在想什么。我说，虽然这只是一个普通的管理岗位，但我很害怕自己会慢慢"腐败"掉。他吓了一跳，说刘教授您怎么可能腐败呢？我说，其实腐败有两种，一种是从立场上腐败，一种是从方法上腐败。从立场上腐败很好理解，那就是贪污腐败，这个大家都是有警惕心的；但是对于从方法上腐败这件事，很多人是没有什么警惕心的。比方说，如果一个治理体系允许你拥有权力且不用参与实践，你还会像过去那样始终坚持把双脚踩在泥里吗？如果一个治理体系赋予你很大的话语权且没有人反对你，你还会像过去那样始终坚持实事求是的调查研究吗？有些人可能永远不会从立场上腐败掉，但是他能始终保证不会从方法上腐败掉吗？

林馆长： 教授，您的这段话让我大受震动！

陈义忠： 作为一名基层政府的公务员，我举双手赞成您这段话，却忽然又很警醒：自己会不会在成为一名受害者的同时，又不知不觉地成为一名加害者呢？

郭英龙： 刘教授，我注意到您刚才说，"如果一个治理体系允许你拥有权力且不用参与实践""如果一个治理体系赋予你很大的话语权且没有人反对你"。这个前提说明，治理体系对于在其中的人具有十分强大的塑造能力。如果一个治理体系不好，我相信绝大多数人是很难摆脱其影响的。

我： 没错，这就是这些年来党中央一再强调要加强国家治理体系和治理能力现代化研究的原因所在。郭院长，您记不记得咱们在新疆的时候，我曾经跟您分享过的"国家治理四要素"观点吗？

郭英龙： 当然记得了，我的印象十分深刻：力量、利益、理论、情感——国家治理四要素。

我： 那今天我跟您分享另一个关于国家治理的理论模型：定魂、定模、定人。我称之为国家治理的"三定方案"。

郭英龙： 定魂、定模、定人？

我： 所谓"定魂"，就是奠定一个国家治理体系的科学理论基础；所谓"定模"，就是构建一个科学合理的国家治理结构；所谓"定人"，就是找到一批最合适的人来担当国家治理重任。

林馆长：哦，有道理！

郭英龙：嗯，这个模型有点"上帝视角"的感觉，想想也对：如果一个国家治理体系能够做到"魂好、模好、人好"，那的确没有什么事情是搞不定的了。

陈义忠：嗯，我也觉得很有道理，可是会不会很难做到啊？

我：当然很难做到了。国家治理本来就是全世界最难的头等大事，因为这是人类认识自我、驾驭自我的一场伟大斗争。《道德经》说："知人者智，自知者明；胜人者有力，自胜者强。"国家治理本质上就是一群彼此平等的人，如何达成共识，如何构建治理结构，又如何将权力委托给最合适的人的过程。

小徐："如何达成共识"就是"定魂"，"如何构建治理结构"就是"定模"，"如何将权力委托给最合适的人"就是"定人"，对不对？

我：是的，关键问题还在于：人与人之间本质上是平等的，而国家治理却要人为赋权，以便形成纵向的金字塔结构。这是整个社会以集体的力量为某些个人进行赋能和加持，就好比驾驶一辆坦克是十分危险的，交给谁来驾驶，要十分慎重，实乃"国之大事，死生之地，存亡之道，不可不察也"。

林馆长：所以说啊，究竟谁来驾驶坦克？凭什么是你不是我？你要是乱来怎么办？可是如果换我会不会也乱来呢？——这些问题的确都要想清楚。

郭英龙：一群平等的人要达成这样的共识确实很难，难怪过去很多治国者都要假借"神的旨意"。

小徐：可事实上并没有"神的旨意"，假的就是假的，一旦被戳破了，最终还是要回到刘教授讲的问题上来——一群平等的人究竟应该如何"定魂、定模、定人"？刘教授，我现在理解为什么您会说"国家治理是全世界最难的头等大事"——国家治理是人类在驾驭自己。

我：是的，在国家治理问题上，人类已经探索了很长时间，有不少成功的经验，也有无数失败的教训。关于中国古代的国家治理，习近平总书记曾经有过重要论述，"中国特色社会主义制度和国家治理体系具有深厚的历史底蕴。在几千年的历史演进中，中华民族创造了灿烂的古代文明，形成了关于国家制度和国家治理的丰富思想"，"中国在人类发展史上曾经长期处于领先地位，自古以来逐步形成了一整套包括朝廷制度、郡县制度、土地制度、赋税制度、科举制度、监察制度、军事制度等各方面制度在内的国家制度和国家治理体系，为周边国家和民族所学习和模仿。"在这一整套制度里，科举制度无疑占据着基石和轴心的地位，因为所有的制度都需要人去运行，而选人这件事是取决于科举的。可以说，在那个时代，科举制度本身就是一套以自己的方式同步解决"定魂、定模、定人"三大问题的国家治理"三定方案"。

小徐：哦，科举有这么厉害吗？

我：是的，科举就是这么厉害。如果横向比较同一个时代的西方国家治理，科举的治理效能真不知道要强出他们多少倍；即便纵向比较今天，中国古代科举制度所蕴含的传统治理智慧，依然可以为当下和未来的中国乃至全人类提供相当的镜鉴价值。

林馆长：刘教授，对于这个问题，我非常非常的感兴趣。

郭英龙："中国古代科举制度所蕴含的传统治理智慧"，没错，刘教授，我要的就是这个，今天您一定要给我多讲点儿。

陈义忠：我也十分期待呢！过去说到科举，往往负面形象居多，比如范进，比如孔乙己。后来正面的评价才慢慢多了起来，不过基本上是在肯定其历史意义，很少有听说科举对未来也有启迪作用的。所以，老同学，今天机会难得，我愿洗耳恭听。

小徐：教授，您喝口茶，润润嗓子。

我：谢谢小徐，大家请喝茶，今天这岩茶不错。我们都知道，科举制度始于隋唐，一般认为，以隋大业二年（公元606年），隋炀帝设立进士科为标志，科举制度正式确立。

小徐：教授，为什么是"一般认为"呢？

我：因为科举这么重大的制度，不可能是从石头缝里突然蹦出来的。科举有十分漫长的前身：周代是"乡举里选"，汉代是"察举制"，魏晋是"九品中正制"。而在不同制度的交替阶段，界限往往并不是十分清晰，因此科举制度准确的确立时间，是有不同说法的。至于科举的结束时间，倒是十分清晰，那就是 1905 年 9 月 2 日，清廷下诏，宣布"自丙午科为始，所有乡会试一律停止"——从公元 606 年到公元 1905 年，这个伟大的制度整整运行了 1300 年之久。

小徐：好吧，那您能不能用简单的语言，给我这个小白介绍一下这几个前身制度？我怕自己待会儿跟不上你们的讨论。

我：周代的"乡举里选"，简单说，就是由乡老选拔本乡的贤士，然后由乡大夫（也就是地方官）通过乡饮酒礼（也就是古代乡学）贡举给诸侯或天子。选拔人才的标准分为三等：德行为上；其次治事；再次言语，一律采用平日的素行。"乡举里选"的推广实行，对于周代的"世卿世禄"逐渐形成了挑战。

小徐：我明白了。那么汉代的"察举制"呢？

我：如果周代"乡举里选"还带有自下而上的特点，那么汉代的"察举制"就开始带有自上而下的特点，是由皇帝下诏命令各级官员举荐贤才——这也是汉代走向大一统的必然反映。公元前 196 年，汉高祖刘邦下了一个著名的《求贤诏》："盖闻王者莫高于周文，伯者莫高于齐桓，皆待贤人而成名。今天下贤者智能，岂特古之人乎？患在人主不交故也，士奚由进？今吾以天之灵，贤士大夫，定有天下，以为一家。欲其长久，世世奉宗庙亡绝也。贤人已与我共平之矣，而不与吾共安利之，可乎？贤士大夫有肯从我游者，吾能尊显之。布告天下，使明知朕意。"

郭英龙："患在人主不交故也，士奚由进？""贤士大夫有肯从我游者，吾能尊显之。"刘邦的话总是直来直去，不过感觉他确实挺急切，也挺诚心的。

我：《求贤诏》的后面还跟了句很重要的话："有而弗言，觉免。"如果官员有贤人而不举荐，被发现之后是要免官的。这句话事实上为后来的察举制定了个调：察举贤人不仅是官员的权力，更是官员的责任。公元前 178 年，汉文帝即位第二年，下诏举贤："天下治乱，在予一人，举贤良方正，能直言极谏者，以匡朕之不逮。"这个诏书，一般被视为察举制度的开始。

林馆长：教授，我对这句话很感兴趣——"以匡朕之不逮"，皇帝居然公开承认自己是有缺点的。

我：皇帝也是人，哪能没有缺点？再说不承认就没有缺点了吗？反而是承认有缺点，让人觉得更可亲，其实也更自信。汉文帝后来又下了个诏，要求诸侯、公卿、郡守"举贤良能直言极谏者"，由皇帝亲自考试，也就是"对策"，对策的内容有 4 项："朕之不德，吏之不平，政之不宜，民之不宁。"你看，第一项就是"朕之不德"。

郭英龙：真的挺意外的，没想到皇帝还有这一招。

我：皇帝还有好多招呢！到了汉武帝时期，察举制初步实现了制度化，主要举荐两类人才：贤良方正和孝廉茂才。从实际操作来看，"贤良方正"偏"贤良"，一般称"举贤良"——

董仲舒《春秋繁露》

董仲舒就是通过"举贤良",直接迁授江都相的;"孝廉茂才"偏"孝廉",一般称"举孝廉"——华佗就是被"举孝廉"了,不过他"不就"。

小徐:既然如此,那为什么"贤良"还要加上"方正","孝廉"还要加上"茂才"呢?

我:你可以理解为古人对"德才兼备"的一种渴望吧——贤良最好要方正,孝廉最好有茂才。到了公元 132 年,也就是东汉阳嘉元年,尚书令左雄改制,察举制真正实现了制度化,对察举的人口比例、察举者的资格、被察举者的资格、不举和谬举的处罚等都作了详细规定,尤其还规定了考试之法,只不过是作为举荐的辅助。因此有人认为,左雄改制就是后世科举制的雏形。

小徐： "谬举的处罚"，教授，举错了也要承担责任吗？

我： 那当然了，《汉书》就有很多这方面的记载，比如"张汤会孙勃举陈汤'茂才'，以汤有罪，削户二百"；又如"绥和元年，遂义子赣为左冯翊，坐选举免"，等等。不过，风险和收益是对等的，如果举荐得人，皇帝也会奖赏你的。

陈义忠： 这个对官员确实有压力了。教授，我觉得这种连带责任其实也挺好的，总比那种"集体负责，就是集体不负责"的用人制度要好吧。

阳嘉新制

阳嘉新制，是东汉顺帝在阳嘉元年（公元132年）推行的察举制改革，首倡者为当时的尚书令左雄。十一月辛卯，汉顺帝正式下诏："初令郡国举孝廉，限年四十以上，诸生通章句，文吏能笺奏，乃得应选；其有茂才异行，若颜渊、子奇不拘年齿。"阳嘉新制的改革内容有3个：第一，限制察举年龄。不满四十岁的不得应选，限制滥举"年少"孝廉。同时，也为特别杰出者留下了灵活的余地，以防埋没人才；第二，引入考试机制。阳嘉新制的考试之法分初试和复试，初试在五府，主要为三公之府加太傅府和大将军府，复试集中在端门进行；第三，进一步明确了人才标准。考试的内容与要求实际上就是孝廉的标准，即循家法通章句的儒生和会公文的文吏。"诸生通章句，文吏能笺奏"为阳嘉新制的精华。总体而言，阳嘉新制使得"察举清平，多得其人"，阳嘉二年拜郎中的陈蕃、李膺、陈球三人皆成一时名臣。和帝永元之后，岁举廉可有200余人，阳嘉二年，所举仅30余人，"济阴太守胡广等十余人皆坐谬举免黜"，"自是牧守畏栗莫敢轻举"。阳嘉新制与科举制的考试内容不同，但考试之法相同，已接近科举制的门槛，标志着察举制达到顶点，也被视为科举制的萌芽。

我：得人，乃国家治理头等大事。子曰："为政之要在于得人。"《贞观政要》云："为政之要，惟在得人，用非其才，必难致治。"在我看来，举荐得人，本来就是官员最大的政绩；举荐非人，当然就是官员最大的失职了。既然其他的政绩都有奖惩，那么用人的政绩又怎能不奖惩呢？

小徐：教授，我是小白啊，我觉得察举制也很有意思！

我：要相信自己的直觉，小徐。察举制的生命的确比我们想象的还要长，我们前面讲到的科举时代的"制科"，事实上就是察举制的延续，只不过是由选拔人才的"正兵"变成"奇兵"罢了。

陈义忠：教授，既然察举制这么好，为什么后来又被取代了呢？

我：义忠，任何制度都是有弊病的，更何况是被无数人琢磨的用人制度——但凡有个针眼大的空子，时间久了都会被扯成大象可以进出的洞子。察举制虽然很好，但是还有两个问题没有解决：第一，还没有实现"标准化"；第二，还没有实现"平民化"。

陈义忠：怎么理解呢？

我：察举制十分依赖于高级官员的举荐，虽然有奖惩措施，但只要不触及底线，举荐者就有很大的自由度。因此，在缺乏明确标准约束的情况下，察举最终还是逃不过庸俗化和贵族化的用人大坑——"姑举容悦软滑之流，以图塞责，不致大为偾事；或选门阀贵胄，借以交欢当道，纵有蹉跌，彼辈自能救护，不致连坐"。

林馆长： 您说得没错，庸俗化和贵族化，真是用人两大坑。庸俗化至少不会出大错，贵族化至少可以先得利——一个不会输，一个能对冲。

郭英龙： 如此说来，一旦官员联合起来忽悠皇帝，那么察举就十分依赖皇帝的判断力了。这就有点讽刺了：察举制的初衷是要把压力给到官员，没想到官员一通太极拳，又把压力还给了皇帝。

小徐： 我怎么觉得，当皇帝的其实也很可怜，那么多聪明人一起忽悠他，他的脑子够用吗？

郭英龙： 所以我怀疑在察举时代，皇帝英明神武的时候，察举就运行有效；皇帝昏庸无能的时候，察举就陷入疲软。

我： 不用怀疑，就是如此。所以汉代的察举就像是段誉的"六脉神剑"，时灵时不灵的，灵的时候天下无敌，不灵的时候武功全失，搞得后世的许多研究者也糊里糊涂的。

陈义忠： 那说明作为一项制度，察举制还是有缺陷的。

我： 这是第一个问题：标准化缺失。还有第二个问题：平民化缺失。举荐这件事都是有名有姓的，谁是谁家的孩子，能不知道吗？这就不是个隐性漏洞了，而是个显性漏洞了。在这种情况下，只要贵族家的孩子不是特别差，基本上也就没有平民家的孩子啥事了。所以最终的结果还是那两个：庸俗化和贵族化——加起来就是"庸俗的贵族化"。到了东汉后期，随着主昏政谬，察举基本上成了反义词——"举秀才，不知书；察

111

孝廉，父别居；寒素清白浊如泥，高第良将怯如黾"。

陈义忠： 难怪察举制最终还是被九品中正制替代了。

小徐： 教授，那您给我讲讲九品中正制吧。

我： 一般认为，九品中正制是魏文帝曹丕采纳尚书陈群的意见所建立的。所谓"中正"，就是负责选官的官员，"郡邑设小中正，州设大中正"，大中正需是在中央任职、德高望重的人。选官的时候，中央会分发一种人才调查表，把人才分为九品——上上、上中、上下、中上、中中、中下、下上、下中、下下。然后，由中正将各地因战乱流亡在外的人才，各按本籍记载下来，分别品第，加具评语，逐级核实上报——"以小中正品第人才，以上大中正；大中正核实以上司徒；司徒再核，然后付尚书选用"。

陈义忠： 听上去，九品中正制好像要比察举制更标准化？

我： 没错，九品分才，三级核报，九品中正制的确是在解决察举制的标准化问题。

小徐： 教授，请原谅我这个小白哈，这九品中正制，我怎么听上去没什么感觉呢？

郭英龙（笑）： 小徐，要相信自己的直觉。教授，九品中正制对于标准化的问题解决得怎么样？

我（笑）： 解决得不怎么样。小徐，请说说你的感觉。

小徐： 九品中正制的标准似乎是更细了，可是说白了还是一种主观评价，而主观评价权掌握在官员手里啊！只要这点不改变，不管用什么标准，贵族都有办法做手脚。所以，我觉得标准化和平民化这两个问题，关键还在于平民化。只要不解决这个问题，选人就是在贵族里兜圈子。

我：小徐，你的话跟西晋刘毅的《宜罢中正疏》所抨击的简直如出一辙："今之中正定九品，高下任意，荣辱在手，操人主威福，夺天朝权势。爱恶随心，情伪由己。上品无寒门，下品无世族。公无考校之负，私无告诉之忌。"刘毅在疏中还罗列了好多条理由，不过这条我觉得是最致命的。

小徐：那九品中正制存在了多久呢？

我：九品中正制基本上贯穿了魏晋南北朝 400 年，不比汉代察举制的时间短呢。

小徐：那我就有点不明白了，既然效果不怎么样，为啥还存在了这么久呢？

我：九品中正制与魏晋南北朝是相互匹配的。魏晋南北朝长期处于分裂战乱状态，究竟是"马上得天下"还是"马上治天下"都没有搞清楚，文官治国的原则能不能得到认同还两说呢，当然没有条件出台像科举那样的制度了。而只要科举制度还没有横空出世，要想找到比九品中正制更好的制度，似乎也不太容易。可以这么说，只要分裂战乱不结束，科举就不会登场；只要科举不登场，九品中正制就不会退场。"天下大器，一安难倾，一倾难正"，于是九品中正制就这么差强人意地拖着，一直拖了 400 年时间。历史正在以惊人的耐心，孕育着一个空前绝后的"胎儿"，一旦降生，它将注定改变这个世界。

郭英龙：所以能不能这样讲，是隋朝的统一，为科举的诞生铺就了产床？

我：可以这样讲。刚才小徐说，选人的关键在于平民化。没错，从某种意义上说，一切社会的政治进步，事实上都是一场从贵族化走向平民化的斗争。哪个社会能够率先赢得这场斗争，哪个社会就能在治理和发展中赢得先机。平民化最大的障碍，无疑就是门阀贵族。而要打破门阀贵族的垄断与控制，分裂战乱时期的君主那是指望不上了。这些君主内忧外患，要想坐稳位置，本身还需要门阀贵族的支持。因此，当时的希望只能寄托在大一统时期的皇帝身上。

林馆长：至少在那个时代，这的确是唯一的希望，毕竟贵族的利益立场是局部的，而皇帝的利益立场却是全局的——自家的江山，当然希望找到最能干最肯干的人来替他打理了。

我：也许有人会以今非古地说，希望应该寄托在人民的身上。但是，当时整个人类社会的政治理论都没有推进到这个程度，即便换了坐金交椅的人，那时候的人们也不可能想到换掉这把金交椅的。

林馆长：我同意这个观点，这也是一种实事求是的历史观。

我：我把它称为"回到历史现场的历史观"。但凡要评价历史事件或者历史人物，一定要学会回到历史现场，设身处地地想想如果当时是你，你会怎么做；然后再来判断什么是对的？什么是错的？

郭英龙："回到历史现场的历史观"，我又学到了。

我： 公元 589 年，隋朝灭陈，统一中国，结束了西晋末年以来中国长达数百年的分裂局面。在大一统权力的加持之下，隋文帝杨坚下决心对"贵族化"动手，于是下令取消九品中正制，开始试行分科举人制度。这种改革自然遭到了贵族的强烈抵抗，代理吏部尚书卢恺和吏部侍郎薛道衡拖着不办，依然坚持以门第高低为选才标准，结果被杨坚毫不客气地削职为民。

林馆长： 吏部的一把手、二把手一致反对，可以看出贵族集团的力量究竟有多强了。您说得对，如果没有大一统体制的加持，根本就不可能打破门阀贵族的垄断与控制。

郭英龙： 我有点明白了，为什么古代中国最终能够进化出科举制度，而西方社会却始终进化不出来？看来逻辑起点还是要回到"中国的统一"与"欧洲的分裂"这对永恒的矛盾体上去。在长期分裂的地缘政治条件下，欧洲的国王根本就不具备对贵族的压倒性力量优势，又怎么可能打破政治权力的贵族化垄断呢？

我： 公元 606 年，隋炀帝杨广始置进士科，策试诸士，科举制度正式登上了历史舞台。科举制与察举制、九品中正制的本质区别，在于解决标准化和平民化两大问题。在那个时代，唯有通过公开、公平、公正的考试，才有可能做到。真正办成这件事的，还是唐朝。公元 621 年，武德四年，唐高祖诏令考试取才，"诸州学子及早有明经及秀才、俊士、进士，明于理体，为乡里所称者，委本县考试，州长重复，取其合格，每年十月随物入贡"。武德五年，又诏令士人可以"投牒自应"，"苟有才艺，所贵适时，洁己登朝，无嫌自进""有志行可录，才用未申，亦听自举"。

小徐：我理解了：考试解决标准化问题，自举解决平民化问题，这样的科举才能最终走出察举制和九品中正制的窠臼。刘教授，我怎么觉得，真正意义上的科举应该是从唐高祖武德五年起算的。

我：小徐，你抓住问题的本质了。不仅如此，在随后的近1300 年时间里，科举制度的各种变革，基本上都是围绕着这两大问题的深化解决而逐步展开的。唐朝的科举考试的确做到了向全社会开放，也做到了以考试成绩作为录取标准，但是最大的问题是考试没有匿名，这就为"行卷"和"通榜"提供了土壤。

小徐：什么叫作"行卷"和"通榜"？

我：开元二十九年，韦陟以礼部侍郎知贡举。此人"好接后辈，尤鉴于文"，认为以一场考试成绩定胜负，难以充分反映考生的真才实学，因此"先责旧文，仍令举人自通所工诗笔，先试一日，知其所长，然后依例程考核，片善无遗，美声盈路"——韦陟要求考生把平时的代表作交到礼部，让他先有所了解，再综合考试成绩，确定录取名单。由于旧作要交到尚书省的礼部，因此这种做法被称为"纳省卷"，又称"公卷"。

小徐：这样啊！既然有"公卷"，那是不是还有"私卷"？

我：没错。既然没有匿名，那就可以"行卷"；既然可以行"公卷"，那就可以行"私卷"——也就是向其他的达官贵

古代读书人勤奋备考的场景

人投献自己的代表作，请这些有影响力的人来帮忙推荐。

小徐：哦，我想起来了，电影《长安三万里》里就有这个情节：青年李白到处去"行卷"，结果屡屡碰壁，最后搞得心灰意冷，索性放弃科举了。教授，行卷真的有用吗？

我：还是有用的。唐代进士科注重诗赋，可是士子考试时心情紧张，时间紧迫，又不能触景生情，往往没啥灵感——1000多年的科举考试，产生了那么多的诗文作品，流传于世的却少之又少。因此，考察代表作也不失为一种可行的方法。杜牧的《阿房宫赋》和白居易的《赋得古原草送别》就是行卷作品，两人也都因此进士及第。

小徐：《赋得古原草送别》是不是那首"离离原上草，一岁一枯荣。野火烧不尽，春风吹又生"？

我： 就是那首。既然杜牧和白居易因此进士及第，你就不能说行卷没用；但是李白、杜甫又因此终生不得其门而入，你又不能说行卷就很公平——有真本事，还要有高官推荐才行，这就有很大的偶然性了。还有，由于不是现场考试，行卷就有作弊的可能性，历史上的确有很多人抄袭或假冒他人的作品去当敲门砖——所以说到底，行卷还是不公平。

小徐： 我也同意的，教授。那什么是"通榜"呢？

我： "通榜"就是在科举考试之前，主考官会综合各方推荐，按照士子的文名，预先拟定一个录取名单给权贵们看，这个名单与最后的录取名单往往不会有太大的差异。

陈义忠： 权贵的意见是照顾到了，可是这样真的很公平吗？

林馆长： 我觉得"通榜"跟"行卷"的性质是一样的，对于那些有幸进入权贵视野的士子来讲是比较公平的，可是对于那些不幸没有进入权贵视野的士子来讲，那就太不公平了。

小徐： 恐怕不止吧，我怎么觉得"通榜"还有可能被权贵操纵呢？还是那句话：只要有空可钻，权贵就可以做手脚。

我： 你们都说对了。事实上，"通榜"的确给权贵干预科举提供了操弄空间。当年杨国忠的儿子杨暄参加科举考试，估计水平不怎么样，可是主考官达奚珣忌惮杨国忠的权势，不敢录取，也不敢不录取，就派儿子去问杨国忠的意思。杨国忠一听大怒："生子不富贵耶？岂以一名为鼠辈所卖！"——我的儿子还怕没有富贵吗？你小子竟敢拿这个虚名来卖我人情！达奚珣吓坏了，赶紧把杨暄录取为上等。没过多久，杨暄就当上了户部侍郎，而达奚珣也从礼部侍郎平调为吏部侍郎，两人算是平级了。就这样，杨暄还抱怨自己升官太慢，而达奚珣升迁太快。

陈义忠： 如此用人，焉能不败。

我： 所以报应来得快啊：马嵬驿之变，杨国忠被愤怒的士兵乱刀砍死，悬首示众；至于那个抱怨自己升官太慢的杨暄，"闻乱，下马蹶，弩众射之，身贯百矢，乃踣"——杨暄被射成了刺猬，不用升官，直接升天了。

林馆长： 所以说这用人啊，真的是太关键了。

郭英龙： 如此说来，唐朝的科举一方面通过考试和自举，正式跨入了标准化和平民化的历史门槛；另一方面由于考试不匿名，又重视显贵推荐，从而导致公平性始终得不到有效保证。对不对？

我： 没错，这也可以理解为贵族化对科举制度的残余影响吧。选人实在是太重要了，但凡还有机会，权贵阶层就绝不会甘心退出游戏的。

小徐： 如此看来，除了标准化和平民化，我们恐怕还应该为科举加上第三个标签——公平化。

郭英龙： 有道理的，尽管标准化和平民化已经含有公平化的意思，不过鉴于公平对于科举是如此的重要，的确可以将其单独出来，形成并列关系。综合起来说，真正的科举就应该是"通过最公平的标准化考试，在全民中选拔最优秀的人才"。

我: 完全正确！要想彻底实现这个目标，那就得等到宋代了。

小徐: 我有种预感，宋代的科举应该很厉害。

我: 宋代的科举的确很厉害。不过最厉害的地方，还是宋代为了科举的公平化而展开锲而不舍的改革。美国汉学家贾志扬（John W.Chaffee）说："在悠久的科举史上，使宋朝和其他各朝有最大区别的是它的特别喜爱改革。科举制度在其他任何朝代都没有像在北宋那样从根本上受到挑战或进行过如此果断的试验。"宋太祖赵匡胤"杯酒释兵权"之后，需要大量提拔文人来替代武将，同时由于他本人出身低微，更是一开始就为宋代的科举奠定了"平民化"的基调。宋太祖的第一项改革措施是彻底禁止"通榜公荐"。公元962年，建隆三年，宋太祖下诏"今后及第举人不得辄拜知贡举官""不得呼春官为恩门、师门，亦不得自称门生"。公元963年，乾德元年，宋太祖又下诏："礼部贡举人，自今朝臣不得更发公荐，违者重置其罪。"

陈义忠: 这是正式废除权贵干预取士的路径了，这应该没什么好说的，理所当然的事情，关键在于决心。

我: 没错。宋太祖的第二项改革措施是设立"特奏名进士"。唐代进士名额十分稀少，科场失意者多如牛毛，黄巢、王仙芝就是屡试不中而走上造反道路的，令宋朝的统治者深以为戒。公元970年，开宝三年，宋太祖在录取礼部正奏名进士张拱等8人以后，下令审查考试记录，发现参加15次省试而不第的举子共有 106 人。宋太祖乃特赐他们本科出身，这就是特奏名进士制度的开端。后来，特奏名进士也须参加殿试，只是考试相对容易和简单。

陈义忠：也就是说，正式被录取的进士叫"正奏名进士"，因为坚持考了很多次而被特赐出身的进士叫"特奏名进士"，对吧？

我：是的，义忠。

郭英龙：林馆长，前面你所说的进士数量里，是不是就包含了正奏名进士和特奏名进士？

林馆长：没错，科举研究说到进士数量，只要不专门注明正奏名进士，就一定包含特奏名进士，各种文献皆是如此。比如，宋代兴化军共有 1760 名进士，其中有 740 名为特奏名、诸科、恩赐、舍选等。

我：宋太祖的第三项改革措施是殿试制度化。公元 973 年，开宝六年，翰林学士李昉知贡举，下第举人徐士廉等击登闻鼓，举报李昉取士不公。于是，宋太祖在讲武殿亲自主持复试，亲自阅卷，从而部分证实了徐士廉的举报，李昉也因此被贬为太常卿。赵匡胤不无得意地说："昔者，科名多为势家所取，朕亲临试，尽革其弊。"从此以后，殿试正式制度化，科举考试也正式改为地方乡试、礼部会试、殿试三级考试，遂成定制。

郭英龙：可不可以这样理解，通过殿试的制度化，皇帝正式从权贵手中夺取了选人的最高权力，从而为科举的平民化、公平化铺平了道路。

我：正是如此，既然理论上皇帝拥有比贵族更加全面的立场，那么在实践中就必须配以相应的选人方法。殿试制度看似多此一举，事实上意义十分重大，因为这意味着所有进士从此成为"天子门生"，也标志着延续上千年的门阀政治对选人的影响和控制正式终结。

陈义忠：那是不是也意味着宋代科举制度的改革大功告成了？

我：还早着呢。宋太宗赵光义继位后，继续大力推动科举制度改革。他的第一项改革措施是扩大进士录取名额。唐代科举每年举办一科，每科录取的进士数量只有 27 名左右；宋太祖时期共开科 15 次，平均每科录取 30 名左右；而宋太宗即位次年第一次科举考试，就录取进士 109 名，诸科 207 名，他还觉得不够，又增加录取了特奏名进士和诸科 184 名，总共录取了 500 名。

小徐：从数十名到数百名的变化，这就不是数量提升的问题，而是一个数量级提升的问题了。教授，以后科举都是这样的吗？

我：是的，宋太宗的取士风格影响到了后世，从此以后每科录取的进士数量基本上都保持在了几百名的数量级，所以称得上是一项改革措施了。

陈义忠：可是有那么多的官给他们做吗？刚才讲到特奏名进士的时候我就想问这个问题了。

中式长廊上挂有古代科举的目标

我：根据统计，北宋开科 81 榜，共取士 60035 名，南宋开科 49 榜，共取士 49915 名；再加上武举、制科等，两宋科举共取士 11 万多名。每科如此取士，的确导致宋代冗官现象越来越严重。正奏名进士授官都有点吃力，特奏名进士就更得不到什么好职位了，主要是到州府官学里当老师什么的，或者得了功名就回乡去了。许多大臣因此对宋太宗的做法颇有微词，不过皇帝的心思不是臣子能猜的。从皇帝的视角来看，这么做的好处，第一是笼络士子，收买人心——"士之潦倒不第者，皆觊觎一官，老死不止"；第二是提拔寒士，抗衡权贵——"庶使田野无遗贤，而朝廷多君子尔"。

林馆长：有道理的。平民化怎么体现？首先得体现在人多势众啊！

郭英龙： 那倒是，西方社会的投票不也得数人头吗？

我： 你们说对了，这些无官可授的进士即便回到家乡，也是有身份有地位的乡贤，对家乡的文教和民风会产生很大的影响。别忘了，科举的头号敌人就是门阀贵胄对政治的垄断和控制，因此宋代通过不断选拔读书人充斥朝野，不知不觉间，推动了中国社会在平民化道路上取得根本性进展。可以说，中国平民社会的基础正是在宋代奠定的。

郭英龙： 我同意。您前面不是说了吗，一切社会的政治进步，事实上都是一场从贵族化走向平民化的斗争。如此看来，唐代虽然有了科举，但是这两种力量依然在较量之中，只有到了宋代，这场较量才终于分出了胜负。

我： 除了平民化，其实还有知识化。科举是通过最公平的标准化考试在全民中选拔最优秀的人才，因此科举带来的平民化，不是庸俗的平民化，更不是反智的暴民化，而是崇尚知识、崇尚公平的平民化——只有这样的平民化，才是值得倡导的。所以，郭院长，在政治的进化上，中国其实走对路了。

郭英龙： 我完全同意。

我： 宋太宗的第二项改革措施十分关键，那就是"糊名"，也就是把考卷上的姓名、籍贯等信息密封起来，又称弥封或封弥。科举考试至此终于摆脱了请托之风，正式进入了"匿名时代"。

小徐： 教授，我觉得糊名太重要了，没有匿名，就不会有真正的公平。这个主意是谁想出来的，一定要给他加个鸡腿。

我（笑）：这个主意是一个莆田人想出来的。

小徐：啊，真的吗？

我：糊名法在唐代时曾用于吏部铨试，不过没有得到推广应用。公元992年，宋太宗淳化三年，参加壬辰科省试的举子达到了1.3万多人，有举子击登闻鼓举报阅卷不公。于是将作监丞陈靖上疏，建议今后在科举考试中使用糊名法，得到了宋太宗的采纳，并在随后的殿试中予以采用。由于糊名法十分符合科举公平化的改革方向，因此被迅速运用到了省试和解试，从此成为科举考试的标准操作，以至于后来"糊名"都成了科举的代名词——"唯有糊名公道在，孤寒宜向此中求"。小徐，这个提出糊名建议的陈靖，就是莆田人。

林馆长：陈靖的确是莆田人。史书记载，陈靖"敏而好学，颇通古今，秉性慈孝，忠诚质直，任事无私，而好为惠，尝捐家宅建兴化军治"。他是北宋著名的农学家，"靖卒后，熙宁元年，谏臣以靖之《奏请务农积谷疏》进呈，得神宗嘉奖，赠尚书左仆射"。

陈义忠（笑）：小徐，你这鸡腿早不加晚不加的，一加就加给了乡贤。

小徐：我是觉得糊名很重要啊！不过，教授，我又在想：古人以书法见长，各有风格，考官会不会认得自己熟悉的举子的笔迹呢？

我：的确如此，所以宋太宗的儿子宋真宗赵恒才要继续推动改革。宋真宗的第一项改革措施就是实行誊录法，也就是试卷在糊名之后，由书法吏以朱笔誊抄，并将誊抄后的"朱卷"送考官评阅，将考生的"墨卷"封存备查。誊录法在景德二年（公元1005年）首次采用。景德四年，宋真宗颁布《亲试进士条例》，殿试誊录正式制度化。誊录最早是由弥封官负责的。公元1015年，又专门设立了誊录院，由专职书吏誊抄试卷，从此省试也开始誊录。公元1037年，誊录法推广到了解试和其他考试中。为了避免誊录出错或有意篡改，又设立了对读官，负责校对"朱卷"和"墨卷"。这次改革，为后世科举考试的标准工序奠定了基础：考试结束，由受卷所负责收卷；交弥封所负责糊名；再交誊录所负责誊抄；最后交对读所负责校对。每道工序皆由专人运作，并签名负责。誊录过的"朱卷"交同考官批阅；同考官批阅后分为"荐卷"和"落卷"；其中"荐卷"交副主考再次批阅；最后交主考批阅。每次批阅须有评语，并签名以示负责。

小徐： 我的天，这么严密啊？

陈义忠（笑）： 小徐，是不是比你想象的还要严密？

小徐： 的确比我想象的还要严密。

我： 宋代之后科举制度的严密程度，超过了正常人的想象，这是亿万人的智慧在长达2000多年的时间里协同进化的结晶，只有你想不到，没有它做不到。我刚才只是简单地拉了个框架，里边的"软硬装修"不知道还有多少。比方说，同考官只将"荐卷"交给主考官，可万一"落卷"中有遗珠怎

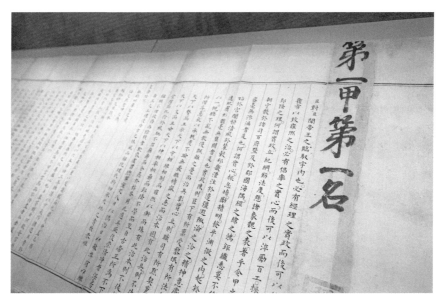

明代科举状元卷

办？于是就有了"搜落卷"制度：主考官还要到同考官的房间"再行搜阅，如有佳卷，照样取中"。明代著名科学家徐光启和清代著名政治家左宗棠，就是"搜落卷"搜出来的举人，徐光启还被搜成了解元。

林馆长：教授，说到"搜落卷"，我突然想起了一个人。

我：没错，陈俊卿。

小徐：不会吧，"地瘦栽松柏，家贫子读书"的陈俊卿也是"搜落卷"搜出来的？他可是榜眼啊！

林馆长：陈俊卿的确是搜出来的榜眼。绍兴八年会试时，陈俊卿的卷子已经被同考官判定为"落卷"。起居舍人勾龙如渊出来"搜落卷"，翻到了陈俊卿的卷子，认为此赋"词工而晦"，细细阅读，方见工处，于是就将此卷送与主考官阅读。

两位主考官读后，都叹曰："公，辅器也！"由于已取黄公度为头名，遂定为第二名。那年由于宋高宗居丧期间，依祖宗旧例，不临轩策士，遂以会试名次作为最后等级。

郭英龙：教授，我觉得"糊名"和"誊录"这对组合拳确实不一般，再加上一系列配套制度，科举的公平化问题应该可以得到根本性的解决。反正我自己在脑子里模拟了一下攻防，感觉这套制度的确很难破解。即便这会儿还能想象出一些小漏洞来，估计也早被古人堵得严严实实的了，所以不提也罢。

我：即便我们这会儿想象不出来的小漏洞，也早就被古人堵得严严实实的了——论公平化，宋代科举那可是玩真的。这套制度的运行成本相当之高，如果不是因为公平有效，我们的祖先根本不可能坚持900年之久。关于糊名，有个经典的故事：宋仁宗嘉祐二年，苏轼参加礼部省试，主考官欧阳修看到苏轼的文章《刑赏忠厚之至论》，"惊喜，欲擢冠多士，犹疑其客曾巩所为，但置第二"——欧阳修本来是要把苏轼定为头名的，又觉得天下能写这么好文章的，除了自己的弟子曾巩之外，不可能有其他人了。为了避嫌，遂定为第二名。结果最后拆封一看，是苏轼的。

郭英龙（笑）：还有这事啊！如此说来，苏轼本来省试可以得个头名的，却被这"糊名法"生生地"糊"成了第二名。

我：元祐三年，轮到苏轼知贡举了，他也有一个心仪的举子——李廌。当年苏轼被贬黄州最落魄的时候，李廌曾拜谒过他。苏轼对李廌的才华极为欣赏，认为他的文章"笔墨翻澜，有飞沙走石之势"，乃拊其背曰："子之才，万人敌也，抗之以高节，莫之能御也。"此科李廌也参加考试，苏轼决心帮助他高中。结果呢，这"糊名法"照样糊住了苏大学士的眼睛：苏轼看到一份卷子，以为是李廌的，立即手批几十字，推为头名，并十分笃定地对黄庭坚说："这一定是我的李廌了。"结果拆封一看，是章惇的儿子章援的，李廌名落孙山了。

郭英龙：看来这套制度确实有效。如此看来，宋代科举的公平化改革，应该是在宋真宗年间基本完成的？

我：可以这么说。宋真宗的第二项改革措施是双重定等第法。虽然糊名法和誊录法摆脱了人情因素，但是"文无第一，武无第二"，文章这东西"各花入各眼"，评价还是带有主观性的。为了解决这个问题，宋真宗天禧三年规定了双重定等第法：初考官阅卷后，将评定的等第标识弥封起来，交给复考官再阅评，双方都不知道对方所定等第。然后由详定官拆封查看，如果两位考官所定等第相同，则依此等第；如果不同，则再详细阅评其程文，或按初考或按复考定等第，以较近者为最后成绩。嘉祐六年，王安石为详定官，因为初考和复考所定第一人皆不允当，于是另立一人为状元。

郭英龙：宋代的科举改革，真是刀刀见血。教授，还有吗？

我：当然还有。宋真宗的第三项改革措施是别头试和锁厅试。如果考官的子弟、亲戚要参加科举考试，须另立考场，别派考官，称为"别头试"；如果现任官员要参加科举考试，也须另立考场，专门考试，称为"锁厅试"。"锁厅试"考生不得为状元，考不好要受惩罚，其上级还要承担连带责任——反正就是各种歧视。

陈义忠：可是这个"歧视"歧视得好啊！

小徐：教授，我怎么听得都有点感动了呢？不知道你们怎么看，我个人觉得，宋代科举的公平化改革是真诚的。

郭英龙：小徐，我跟你的感觉是一样的。教授说得对，看来在科举的公平化问题上，宋代的确是玩真的。

我：总体而言，经过宋太祖、宋太宗、宋真宗三朝的不断努力，科举改革的标准化、平民化、公平化三大价值从根本上得到了实现。其实，宋代科举的配套改革还有很多：淳化三年，确立了锁院制度，"翰林学士苏易简权知贡举，径由殿陛入贡院，以避请托，后遂为常制"；嘉祐二年，确立了殿试免黜落制度，从此殿试不淘汰进士，只是重新排名；治平三年，确立了三年一贡举制度，从此"三年大比"成为定制，节奏科学，影响深远；熙宁四年，王安石主持制定"贡举新制"，罢明经等诸科，只保留了进士科。

郭英龙（笑）：我怎么感觉宋代简直要把科举改革全都完成了，后面的朝代估计都没得改了吧？

陈义忠：我也很好奇，宋代之后的科举还能有什么新花样？

小徐：教授，元代的科举怎么样？

我： 元代的科举不怎么样。

小徐： 怎么说呢？

我： 元朝成立后，贵族化重新占据上风，科举中断了。一直等到延祐元年，元朝才重新开科取士，此时距离元世祖攻灭南宋已经过去了 36 年，是中国科举史上中断时间最长的一次。自延祐元年始，先是开了 7 科，接着又停了 2 科，然后又开了 9 科——真是三天打鱼两天晒网。有元一代，共开殿试 16 科，总共才录取了进士 1139 名，导致元代科举出身的官员只占入仕总人数的 4.3%。

郭英龙： 这么少啊！光是看数量，就感觉有点乏善可陈了。既然心不诚，估计也不会产生什么有意义的改革了。

我： 要说改革那倒也有。元朝统治者将全国人民分为四等：蒙古人、色目人、汉人、南人。这也影响到了科举，元代的科举因此分为"左右榜"：蒙古人和色目人合为"右榜"，汉人和南人合为"左榜"。

小徐： 教授，我猜"右榜"要比"左榜"的考试难度低。

我： 是的，要低很多。所以，如果蒙古人、色目人愿意参加"左榜"的考试，那么授官时可以高汉人、南人一等。

陈义忠： 算了吧，这可不是啥好改革。

小徐： 教授，那么明代呢？

我： 明代科举是对宋代科举的继承和发展，主要改革都是在朱元璋手里完成的。朱元璋和刘邦一样起于寒微，也和刘邦一样求贤若渴，他有段话说得很好："世有贤才，国之宝也。古之圣王，恒汲汲于求贤，盖贤才不备，不足以为治。鸿鹄之能远举者，为其有羽翼也；蛟龙之能腾跃者，为其有麟鬣也；人君之能致治者，为其有贤才而为之辅也。"洪武十五年，有儒士上治平策，洋洋数千言，却只字不提用贤之事。朱元璋不高兴了："此

链 接

明初四大案

　　明初四大案，是指明太祖朱元璋为处理权贵和贪污而发动的著名案件，分别为洪武十三年的胡惟庸案、洪武十五年的空印案、洪武十八年的郭桓案、洪武二十六年的蓝玉案。

　　胡惟庸案：胡惟庸任左丞相7年，遍植朋党，打击异己，淮西朋党集团势力膨胀。洪武十三年正月，明太祖下令逮捕胡惟庸等人加以处死，并不断牵连、扩大化。洪武二十三年，朱元璋再兴大狱，借机又杀了几十家权臣勋贵。胡惟庸被杀，朱元璋罢左右丞相，废除中书省，其事由六部分理，从此中国再无宰相一职。

　　空印案：明朝每年各布政使司下属府州县都需派出审计官吏前往京师户部，核对其所在衙门缴纳的钱粮、军需事宜。由于钱粮在运输过程中会有损耗，只有到户部申报之时才能知道其中的差额，所以派京官员都习惯用空印文书，直到京城才填写实际的数目。朱元璋获知此事后大为震怒，认为这是官员相互勾结的欺君重罪，因而下令诛杀数百名相关官员。

　　郭桓案：朱元璋怀疑北平承宣布政使司、提刑按察使司的官吏李彧、赵全德伙同户部侍郎郭桓等人共同舞弊，吞盗官粮，于是下旨查办。此案牵连全国12个布政司，"自六部左、右侍郎以下，赃七百万，词连直、省诸官吏，系死者数万人""核赃所寄借遍天下，民中人之家大抵皆破"。

　　蓝玉案：蓝玉多次北征蒙古，战功赫赫，被封为凉国公，位居大将军之职。自恃功高势大，骄横不法，在军中擅自黜陟将校，进止自专，甚至不听君命；在地方霸占民田，私蓄奴婢，纵奴作恶乡里。洪武二十六年二月，锦衣卫告发蓝玉谋反。朱元璋将其处斩，诛三族，被牵连诛杀者多达1.5万人，骁勇将领大多被杀戮殆尽。朱元璋借蓝玉案彻底铲除了将权对君权的潜在威胁。

人不识道理，岂有涉数千言论治而不及用贤。天下之大，欲朕一人自理之乎？虽有至圣之君，犹以用人为重，何尝谓人无足用也。盖独智自用，所见者狭，资贤而任，则所及者广。"

小徐：教授，虽然我知道皇帝这么做也是为了自家的江山，但是不知道为什么，每次听到这种话，我还是挺感动的。不管是什么朝代，也不管是什么时代，选贤任能这件事，总是有益的。

陈义忠：我同意！选贤任能，在任何时代都是硬道理。

我：朱元璋称帝之后，曾停办科举10年，反复比较科举与察举的优劣，最后确认科举的确优于察举，乃下诏："中外文武，皆由科举而选，非科举，毋得与官。"——朱元璋这个人，向来是一不做二不休的，既然认准了科举，那就把科举推向极致。

林馆长：没错，朱元璋的确是这种性格，看他在"胡惟庸案""空印案""蓝玉案"中的手段，就可以知道了。

郭英龙：可是，宋代科举已经如此发达，朱元璋还能有什么重磅改革吗？

我：朱元璋的第一项改革措施是建立了完备的三级学校制度，并把学校与科举捆绑在一起，规定"科举必由学校"。由于元朝轻视文教，又经元末战乱毁坏，明初的人才储备其实是十分匮乏的。有点本事的人早都荐举出来了，再要荐举，水平就很一般了；换成科举，水平还是很一般，搞得朱元璋很郁闷。不过，他很快就明白过来了：几十年浩劫，整个社会早就人才凋零了，想要合格的人才，看来得自己从头培养了。于是，朱元璋转过身来就抓学校，抓教育。

林馆长："教育为本"这个道理，看来古今都是相通的。

我：其实停办科举那10年，朱元璋正忙着建学校呢。他完善了县学—府学、州学—国子监三级学校制度，并诏令地方立社学，也就是乡村小学。有了学校，就有了入学资格考试——童子试。童子试包括县试、府试、院试3个阶段。县试由知县主持。通过后，参加由知府主持的府试。再通过后，参

太学（国子监）沿革

《礼记·王制》："天子命之教，然后为学。小学在公宫南之左，大学在郊，天子曰辟雍，诸侯曰頖宫。"辟雍，相传即西周的太学。《大戴礼记·保傅》："帝入太学，承师问道"，直称太学。汉武帝元朔五年，为博士置弟子员，汉太学始于此。博士弟子经考试合格，可补文学掌故缺，其高第可为郎中。后科目及人数渐增，东汉桓帝时达3万人。汉末丧乱，魏、蜀、吴仍立学。晋武帝立国子学，自此既有太学，又有国子学。晋国子学隶属太学，祭酒只设国子祭酒一人，博士则分国子博士与太学博士。晋迁都南京后复设太学，以后南朝太学数度废置。北魏立太学。隋制国子监（先称寺，继称学，炀帝定为监）统有太学。唐制以国子监领太学等六学，太学掌教五品以上及郡公、县公子孙、从三品曾孙为生者；北宋除了在东京汴梁设立国子监，还在陪都西京（今河南洛阳）、南京（今河南商丘）、北京（今河北大名）陆续置国子监。宋熙宁新政，分太学为上舍、内舍、外舍，确立太学生依年限等条件，由外舍升内舍，再升上舍，再经考核，定其出身并授官职。绍圣中，一度废科举，专以三舍法取士。辽国曾在五京设国子监。金亦有国子监及太学博士。元朝只设国子学。明朝洪武元年在南京设国子学，洪武十五年改为国子监，国子监内设太学。永乐元年又在北京设国子监，因此有南北两监。清朝设立国子监。

加由各省学道主持的院试。通过院试的童生，被称为生员，也就是我们俗称的秀才。生员有资格进入府学、州学、县学读书，为后面的乡试乃至会试做准备。

郭英龙： 教授，我记得唐代科举就已经有秀才科了，此"秀才"非彼"秀才"吧？

我： 是的，郭院长。唐代的秀才科，是常科中最高端、最难考的科目，整个唐代共放21榜，只取了29名，最后索性把自己给"难"没了——宋代干脆取消了秀才科。秀才这个称号，明代被老百姓挪到了生员的身上，索性从最高变成了最低，我也不知道是什么原因，也许是觉得这个名字好听吧。

陈义忠： 也就是说，到了明代，"秀才—举人—进士"的科举三级台阶正式形成，对吧？

我： 没错，科举三级考试制度至此完成了标准化，一直到科举时代结束。

郭英龙： 刘教授，我发现了一个问题：朱元璋似乎特别喜欢标准化。上次在新疆的时候，您给我们讲过秦始皇的标准化运动，给我留下了深刻印象。我刚才听着听着，突然意识到，朱元璋似乎也特别喜欢标准化——实现大一统的政治强人是不是都有这个倾向？

我： 大一统的政治强人有没有这个倾向我现在不好说，不过朱元璋的确是很喜欢标准化的——南京城垣的每块砖头都刻着建造者的名字呢。洪武十七年，朱元璋颁布"科举程式"，事实上就是对科举进行标准化。清朝编撰的《明史》对此评价还是很高的："十七年始定科举之式，命礼部颁行各省，后世以为永制。"

小徐：标准化重出江湖了。前面我们讨论过科举对察举的优势，其中之一就是标准化。现在再提标准化，看来朱元璋是要把科举的标准化推向极致了。教授，科举至此应该已经进化了七八百年了吧，朱元璋还能有什么招吗？

我：小徐，朱元璋还有一招很厉害的。

小徐：啥招？

我：八股文呀！

小徐：哦哦，原来是这个啊！可八股文不是很僵化吗？

陈义忠（笑）：就是，毛主席说了，反对党八股。

郭英龙：哈哈，教授，看来大家对八股文印象不佳啊！

林馆长：其实不是的，八股文在科举史上的地位还是很重要的。

小徐：教授，我也就是听说八股文僵化，真正的八股文长啥样我都不知道，您给我们讲讲吧。

我（笑）：我就知道一说八股文，大家都会跳起来。其实，八股文也是伴随着科举实践进化出来的历史产物。唐代科举，进士科最初考"时务策"五条，后加试帖经、杂文，形成了杂文、帖经、策问三场考试制度。

郭英龙：杂文包括诗赋吗？唐代不是很重视诗赋吗？

我：杂文就是指诗赋辞章，主要考察应试者的文学才华。宋代科举初期也继承了唐代的考试科目；后来王安石改革，废除了诗赋和帖经墨义，改试经义、论、策；等到司马光主政时，又恢复了诗赋，再后来，两派争执不下，索性把进士科一剖两半，分为诗赋进士和专经进士；元代科举，蒙古人、色目人写不来诗赋，只需要试经义、对策二场；汉人、南人还要加试一场，赋和杂文各一篇。

郭英龙：似乎有点复杂，不过听下来，主要就是 3 样东西——诗赋、经义、策论，只不过不同的朝代有不同的侧重罢了，对不对？

我：没错。在这三样东西里，策论其实就是经义与时政的结合，所以科举考试的内容本质上还是经义与文学之争。经义派主张考试内容应以儒家经典为重；文学派主张考试内容应以诗赋文学为重。

郭英龙：要我说，我觉得两个都很重要，如果能结合起来，那就最好不过了。

我（笑）：谢谢您的建议，朱元璋也是这么认为的，所以他发明了八股文——他在科举方面的第二项改革措施。

陈义忠（笑）：郭院长今天的想法总是跟皇帝的一模一样。

郭英龙（笑）：我可不是故意的啊！我又不知道朱元璋怎么想的，只是按照常理推论而已。

我：这大概就是规律使然，所见略同吧——所以说对历史要有点敬畏心。八股文是以经义为内容，以文学为形式，杂糅了古文的章法、骈文的排偶和近体诗的格律而形成的一种文体。经义可堪经世济用，文学易于辨别工拙，二者结合，遂成八股。

典型的八股文每篇由破题、承题、起讲、入手、起股、中股、后股、束股8个部分组成。破题要用两句话说破题目要义，承题是承接破题的意义而阐明之，起讲就是开始议论，入手为起讲后入手之处，后面4股就是正式议论，每股都有两股排比对偶的文字，总共8股，故称八股文。八股文的命题，限于四书五经，写作时要模仿圣人的口气说话，此所谓"入口气代圣人立言"。

小徐： 我明白了：八股文是一种超级标准化的文体。可是，为什么要标准化到这种程度呢？有这个必要吗？

我： 科举考试经过宋代的平民化改革之后，全社会的科举热情都被调动起来了，"家有弦诵之声，人有青云之志"。读书人日众，出路却只有科举入仕一途，从而导致考试人数急剧膨胀。我不知道你们参观过贡院没有？比如江南贡院，共有号舍20646间，可以容纳2万多名考生同时进行考试。江南贡院的乡试配备的考官算是最多的了，也就是正副主考加上18名同考官。你设身处地想想，这么多的卷子，这么少的考官，估计要拼老命才能评阅完吧，要求认真评阅你就甭指望了，根本没那时间和精力。

小徐： 那为什么不能增加考官人数呢？

我： 不能。科举的灵魂就是公平，文科的卷子，不同的人看，标准尺度是不一样的。所以，同考官的荐卷，最后都要交到正副主考那里，由主考官用同一把尺子来衡量；就算是落卷，主考官也要想办法去翻翻看。所以，同考官再多，也不能解决主考官的问题；况且，同考官越多，初评的标准就越不一

江苏省南京市江南贡院（中国科举博物馆）

样，公平就越得不到保证。科举关涉多少考生的前途命运，稍有不公就有考生告状，后端还有十分严格的复核、磨堪程序，谁敢拿公平开玩笑？制度不会，人又不敢。那么多的卷子，那么少的考官，还要保证阅卷公平，小徐，如果是你，你觉得该怎么解决这个问题呢？

小徐：我会将考试内容进行高度标准化，在保证阅卷公平的前提下，大大加快阅卷速度——刘教授，我懂了。

林馆长：八股文从破题开始，每个部分层层推进。哪个部分没做好，马上就可以黜落，可谓一目了然，又快捷又公平。倘若每篇文章都要考官反复阅读，细细咀嚼，那么几万份卷子何时是个尽头？更何况科举考试的八股文不止写一篇，每名考生都要写好几篇呢，而阅卷时间又非常有限，大概也就十几二十天吧。

郭英龙：刘教授，现在我明白您为什么会经常使用"进化"这个词了。其实这一切都是一场进化，在特定环境条件下的进化。在没有其他重大变量介入的情况下，这条进化之路最终会呈现出某种必然性来。从这个意义上说，科举的进化之路最终走进八股文的时代，的确是一种历史的必然。

我：八股文在内容上圈定四书五经，同时要求考生以圣人心为己心，在形式上将经义与诗赋完美融合，同时实现了高度的标准化，因此一经诞生，就统治了整个科场，成为明清数百年科举史上的王者。桐城学派的方苞对八股文的经学意义看得十分清楚："制义之兴七百余年，所以久而不废者，盖以诸经之精蕴，会涵于四子之书，俾学者童而习之，日以义理浸灌其心，庶几学识可以渐开而心术归于正也。"至于八股文的文学意义，吴敬梓也在《儒林外史》中借鲁编修之口予以肯定："八股文章若做得好，随你做什么东西，要诗就诗，要赋就赋，

链·接

八股文名篇——《民既富于下，君自富于上》

百姓足，君孰与不足（试题）

王鏊（明成化年间乡试、会试第一）

民既富于下，君自富于上。（破题）

盖君之富，藏于民者也；民既富矣，君岂有独贫之理哉。有若深言君民一体之意以告哀公。（承题）

盖谓：公之加赋，以用之不足也；欲足其用，盍先足其民乎？诚能百亩而彻，恒存节用爱人之心；什一而征，不为厉民自养之计，则民力所出，不困于征求；民财所有，不尽于聚敛。（起讲）

间阎之内，乃积乃仓，而所谓仰事俯育者，无忧矣。（第一股）

里野之间，如茨如梁，而所谓养生送死者，无憾矣。（第二股。以上起二股）

百姓既足，君何为而独贫乎？（出题）

吾知藏诸间阎者，君皆得而有之，不必归之府库，而后为吾财也。（第三股）

蓄诸田野者，君皆得而用之，不必积之仓廪，而后为吾有也。（第四股。以上中二股）

取之无穷，何忧乎有求而不得？（第五股）

用之不竭，何患乎有事而无备？（第六股。以上中二小股）

牺牲粢盛，足以为祭祀之供；玉帛筐篚，足以资朝聘之费。借日不足，百姓自有以给之也，其孰与不足乎？（第七股）

饔飧牢醴，足以供宾客之需；车马器械，足以备征伐之用，借日不足，百姓自有以应之也，又孰与不足乎？（第八股。以上后二股）

吁！彻法之立，本以为民，而国用之足，乃由于此，何必加赋以求富哉！（收结）

都是一鞭一条痕，一掴一掌血，若是八股文章欠讲究，任你做出什么来，都是野狐禅，邪魔外道！"然而，正所谓物极必反，标准化走向极端的恶果，就是禁锢，不管是从经学意义还是文学意义上讲，都是如此。

小徐：嗯嗯，我还记得中学时读过顾炎武抨击八股文的那句名言："故愚以为八股之害等于焚书，而败坏人材有甚于咸阳之郊所坑者，但四百六十余人也。"

我：嗯，这句名言出自顾炎武的《日知录》。郭院长，如何治理好中国这样一个天下国家，的确是古往今来的第一难题。泱泱大国，没有一定的标准化，是不可能治理得住的。可是标准化的成功，又很容易迷惑住古代治理者的心智，从而形成路径依赖，激励他时时处处照单抓药，最后将标准化推向极端——超极标准化。殊不知"亢龙有悔，阳极阴生"，事物一旦走向超级标准化的极端，就会形成禁锢，从而排斥了其他的美好，甚至排斥了其他的一切可能性。从科学意义上说，超级标准化有两个致命性的缺陷：第一，人不是上帝，不可能设计出完美无缺的东西，因此超级标准化不仅会排斥其他的美好，还会固化自己的缺陷；第二，人不是上帝，不可能完全预知和控制未来的发展，超级标准化如果不容许其他可能性的存在，就等于排斥了未来变革的一切可能性。一旦颠覆性技术的时代来临，再完美的超级标准化都将遭受到降维打击。因此，超级标准化即便能够赢得一个时代，也注定要输掉下一个时代。

郭英龙： 刘教授，您的这段话讲得太好了，我十分同意。

林馆长： 我也十分同意。教授，我发现您的思维方式往往是历史思维和科学思维的相互交织，看来我不仅要向您学习历史观，还应该向您学习科学思维。

陈义忠： 我也十分同意。这段话不仅适用于八股文，更适用于整个国家治理领域，真的应该让更多的人听到这段话，明白这个道理。

小徐（笑）： 教授，怎么说呢，既然大家都说"十分同意"，那也就不缺我一个了。所以，为了避免"超级标准化的禁锢"，我也就不跟着夸奖了，还是留点空间给未来的"颠覆性技术"吧。虽然我现在也不知道未来会有啥技术，但是从方法论上说，想必是会有的——这也许才是您今天教给我的最好的东西。

我（笑）： 小徐，你有这想法我就放心了。

小徐（笑）： 没有啦，教授，我就是耍个嘴皮子逗你们开心而已。其实我早就在心里大喊了：我同意，我很同意，我超级同意！

我： 我们言归正传。从历史上看，八股文堪称中国古代科举制度进化的最高峰。说实话，如果不是因为下一代颠覆性技术的降维打击，我也不知道中国能不能走出这个超级标准化的禁锢。所以，清代的科举其实并没有太多特别有意义的重大改革，基本上全盘继承了明代的科举制度，然后对其进行查漏补缺，把一个已经臻于完美的封闭系统修补得更加完备而已。不过，如果外国人要静态地了解中国的科举制度，倒是可以直接以清代的科举制度作为标准模型进行研究，最典型、最完备，可谓2000年进化之集大成也。

林馆长：实事求是地说，同样作为游牧民族入主中原的朝代，清代对待科举的态度那可比元代强太多了，元代是有一搭没一搭的，清代则是不折不扣照单全收。虽然兴化学子在两个朝代都不愿意科举入仕，但是这点我们还是要肯定的。

我：所以从朝代持续时间的长短就可以看出差别啊，从

辽、金政权的科举

公元938年，辽太宗夺取燕云十六州。为了笼络本地的士人和权贵，辽朝仿照中原政权实施科举制，不过主要集中在幽州。自辽圣宗始，科举从幽州扩展到全国，重视程度大大加强。不过，辽朝的科举只针对汉族士子，其目的是保持游牧民族的尚武骑射精神。《辽史·卷十九》记载，契丹贵族子弟耶律蒲鲁"应召赋诗"，辽帝一方面嘉赏他，另一方面又对旁人言道："文才如此，必不能武事。"后来，耶律蒲鲁擅自应试，"主卫以国制无契丹试进士之条，闻于上，以庶箴擅令子就科目，鞭之二百。"从辽圣宗在全境实施科举以来，开科仅50余次，没有改变贵族制的主导地位，"辽起唐季，颇用唐进士法取人，然仕于其国者，考其致身之所自，进士才十之二三耳"。

金朝是由原来辽与北宋的领土组成，因此金朝的科举在初期实施南北选制度，即在原辽代疆域主要实施辞赋进士，而原北宋疆域实施经义进士。随着南北文化差异的缩小，南北选又改为南北通选，即将南北考试科目和内容统一，令南北士子同台竞技。历经数十年，"世宗、章宗之世，儒风丕变，庠序日盛，士由科第位至宰辅者接踵。"与辽不同，金朝允许少数民族科举入仕，大定十三年（公元1173年）正式实施女真进士科，规定只要考过一场策问，即可免除乡试、府试而直接进入会试和殿试。

1279 年忽必烈攻灭南宋，到 1368 年明朝攻占大都和上都，元朝真正治理中国的时间只有 89 年，放在整个中国历史上只能算是"短命王朝"；而从 1644 年清兵入关，到 1912 年溥仪退位，清朝真正治理中国的时间长达 268 年，放在整个中国历史上也算是"长命王朝"了。

郭英龙：如果当年没有西方工业文明的降维打击，清朝的治理时间恐怕还会更长吧。

我：那是。如果我们跳出元朝和清朝的比较，以科举为主线来考察各个朝代持续时间的长短，就可以看得更加清楚了：唐朝科举做得不错，治理时间 289 年；宋朝科举做得很好，治理时间 320 年；元朝科举做得不好，治理时间 89 年；明朝科举做得不错，治理时间 276 年；清朝科举做得不错，治理时间 268 年。郭院长，您发现什么规律了吗？

郭英龙：嗯，我发现规律了：科举做得不错的朝代，治理时间都达到了 300 年左右；科举做得不好的朝代，治理时间只能持续几十年——原来科举才是中国古代国家治理的第一重器。

林馆长：科举是贴药，谁用谁知道。

陈义忠（笑）：不看广告，看疗效。

我：如果我们继续回溯到科举的前身时代，还是会发现这个规律在发挥作用：汉朝的察举做得不错，西汉治理时间 210 年，东汉治理时间 195 年，两汉相加，共 405 年；魏晋南北朝的九品中正制效果一般，因此绝大部分时间都处于分裂战乱状态，只有西晋实现了短暂的统一，治理时间也只持续了51年。

陈义忠：选贤任能，果然是国家治理的第一要素。

小徐：难怪孔子会说"为政之要在于得人"，历史用长达2000年的大数据，证明了至圣先师的话是对的。教授，我现在有种紧迫感，特别想恶补自己的人文社会科学知识。

郭英龙：300年和几十年，的确是本质上的区别。不过，教授，这个规律同样显示：即便科举做得不错，也只能帮助一个王朝治理300年左右，对吧？

我：是的，科举不是万能的，当然有其历史局限性。

郭英龙：您的意思是，科举最终也破不了历史周期率，对吧？

我：没错，科举最大的遗憾，的确是无法破解历史周期率。不过关于这个问题，我得先澄清两点：第一，历史周期率并不是专指300年的王朝轮回，而是泛指王朝轮回本身。没有科举帮助的王朝，历史周期率几十年之内就发动了；而有了科举帮助的王朝，则可以成功撑住300年左右。科举破不了历史周期率，但是可以为王朝成功续命300年——你们觉得，科举对于国家治理有没有意义呢？

陈义忠：当然有意义了，300年和几十年的区别呢！

林馆长：几十年太短了，前面乱一段，后面乱一段，掐头去尾之后，老百姓又能有几年的安稳日子过呢？

郭英龙：我同意。正所谓"兴，百姓苦；亡，百姓苦"，短命王朝的有效治理时间，比它的持续时间短得多。所以林馆长提醒得很对：长命王朝和短命王朝在有效治理时间上的差距，其实比纸面上的差距还要大得多。

我： 第二点需要澄清的是，历史周期率这个账，其实不能算在科举的头上，而应该算在皇权的头上。在"皇帝与士大夫共治天下"的帝制时代，科举虽然最终解决不了皇权的问题，但是冤有头债有主，历史周期率这个账，科举是不背的——就像大股东要干坏事，小股东劝不住，最后公司搞砸了，这个账总不能算在小股东的头上吧，他自己已经够倒霉了。

郭英龙： 教授，您的这段话令我遐想联翩，仅仅是科举与皇权的互动，背后就蕴含着无穷的道理，值得我们认真研究。我就在想，在科举的时代，中国人尚未睁眼看世界，也没有与西方文明真正接触过。那时候的中国人，根本不知道何为民主，何为法治。然而，就算没有这些东西的帮助，我们的祖先居然凭借着科举的力量，将一个王朝独力撑住达 300 年之久，这背后所蕴含的治理智慧又该是何等的深厚。如果今天我们能够将这些传统治理智慧挖掘出来，相信一定会对未来的国家治理起到十分重要的借鉴参考作用。毕竟，今天的中国社会依然是从古代的中国社会进化而来的，虽然中间经历了"三千年未有之大变局"的冲击，但是我相信历史的根基是不可能被动摇的，根如果断了，魂也就断了——这个信念，我始终坚守。

我： 郭院长，您对国家的忠诚，香江两岸无人不知，无人不晓。只不过，我比其他人更知晓的是，您的忠诚，不仅发乎情感，见诸行动，更求诸真理，明心见性——有问题了，你就一定要想明白；想明白了，你就一定会坚信笃行。所以，如果您愿意的话，接下来我们可以就"科举背后所蕴含的中国传统治理智慧"这个命题进行一次深度探讨。与您一样，我也始终相信：如果我们不知道自己从哪里来，就一定不知道自己要到哪里去。既然我们从祖先的手中继承了这个举世无匹的天下国家，那么我们就有责任有义务搞清楚：在数千年的历史长河中，我们的祖先究竟是如何治理住、治理好这个大国的？以科举为基石和轴心的中国传统治理体系，究竟蕴含着多少传统治理智慧，值得今天的我们加以继承和发扬？又究竟潜藏着多少的传统治理缺陷，值得今天的我们加以警惕和改进？

郭英龙：刘教授，我十分愿意就这个问题向您请教，与您探讨。如果今天能够就这个问题求得较为满意的答案，那一定是我此次来莆田的最大收获。这里是科举时代最超卓的"文献名邦"，一定蕴藏着科举时代最深刻的基因密码。你们都是状元的后代，血脉中都流淌着祖先的治国基因。既然木兰溪水能够孕育出"地瘦栽松柏，家贫子读书"的科举之树，就一定能够浇灌出"修身齐家治国平天下"的智慧之花。所以，我对接下来的讨论充满了期待，也充满了信心。

小徐：郭院长，您的这段话忽然让我心潮澎湃。虽然我感觉自己现在除了建筑学，其他什么也不懂，但是我现在终于知道了：自己究竟是从哪里来的，未来又要到哪里去。"壶公山

莆田延寿桥

下千钟粟，延寿桥头万卷书"，原来"千钟粟"里蕴含的是治国的责任，"万卷书"中隐藏的是治国的密码。不去继承这份治国的责任，不去破译这套治国的密码，我们就会愧对祖先的血脉，我们就不配称为状元的后代。

林馆长："'千种粟'里蕴含的是治国的责任，'万卷书'中隐藏的是治国的密码"，小徐，你的这句话太触动我了。今天我才真正明白，自己研究历史的意义究竟在哪里，原来一切意义就在责任的担当中，在未来的启迪里。郭院长，刘教授，对于接下来的讨论，我也充满了期待，充满了信心。

陈义忠：郭院长，您的话是对我们每个人的鞭策和鼓舞。

刚刚您在说那段话的时候，我的眼前忽然闪过了好多杰出乡贤的形象——是开莆来学的郑露，是忠国惠民的蔡襄，是仁者之勇的陈俊卿，是救苦救难的林默娘……我就在想，在属于他们的时代里，他们都勇敢地承担了治国的责任，也留下了治国的智慧。那么作为他们的后代，我们究竟应该怎么做，才能真正继承这份责任，领悟这些智慧呢？"科举背后蕴含的中国传统治理智慧"，您很期待，我们也很期待。

我：既然共识已经达成，那么今天的讨论就正式进入第三个阶段。接下来我们将认真探讨，以科举为基石和轴心的中国传统治理体系，究竟蕴含着怎样的传统治理智慧？这些曾经光耀历史的智慧，究竟能否温暖我们的当下，照亮我们的未来？

陈义忠：林馆长，上茶上茶，刚才的肉桂果然香气馥郁，接下来是不是应该给大家来泡水仙呢？

林馆长：没问题，"肉桂喝新，水仙喝陈"，那我就给大家来泡陈年水仙吧。清代的周亮工有首《闽茶曲》："雨前虽好但嫌新，火气难除莫近唇。藏得深红三倍价，家家卖弄隔年陈。"说的是新茶虽好，火气却太大，还是陈年的岩茶香气内敛，口感绵柔，细细品尝之，可收去火化郁之功效也。

4

当他在兴化城头竖起『生为宋臣，死为宋鬼』旗帜的时候，当他在福州以手指腹说『此皆节义文章也，可相逼邪』的时候，当他在临安城岳庙里挣扎着吞下香灰自尽的时候，我的确听到了一种声音，一种专属于中国士大夫的思想钢印的铿锵之声。这个声音，是寒窗前蒙童诵读的书声琅琅；这个声音，是金殿里胪名传唱的悠悠回荡。在我的心目中，无论这个声音里布满了多少旧时代的铁烙印，它依然能够穿越千年的时空于无声处响惊雷。

不知不觉间，游春的人多了起来。木兰陂两岸的小山坡上，盛开了一朵又一朵的露营帐篷。笑语嫣然的人们在草坪上三两成聚，欢享明媚春光，如同一群无忧无虑的孩儿，自由地依偎在母亲木兰陂的身旁。午后申时，恰是海上涨潮时分，淡灰色的海水溯溪而上，直抵木兰陂脚下。适才还满是海泥的袒露河床，已然悄无声息地被海水淹没。就连那台阶式的陂基巨石，此时也在海水的不断亲吻下，一阶一阶地，逐渐没入水中。林馆长为每个人斟上了一杯水仙茶，琥珀色的茶汤沐浴着正春的阳光，散发出淡淡的茶香。

林馆长：白居易的《山泉煎茶有怀》曰："坐酌泠泠水，看煎瑟瑟尘。无由持一碗，寄与爱茶人。"刘教授，虽知您是爱茶人，我却不是"无由持一碗"，我现在的理由很充分，目的也很明确——听您论科举讲智慧。

我（笑）：谢谢馆长的好茶，看来水仙杯里有乾坤。既然想听我讲科举，何不引用元稹的《自述》更切题："延英引对碧衣郎，江砚宣毫各别床。天子下帘亲考试，宫人手里过茶汤。"

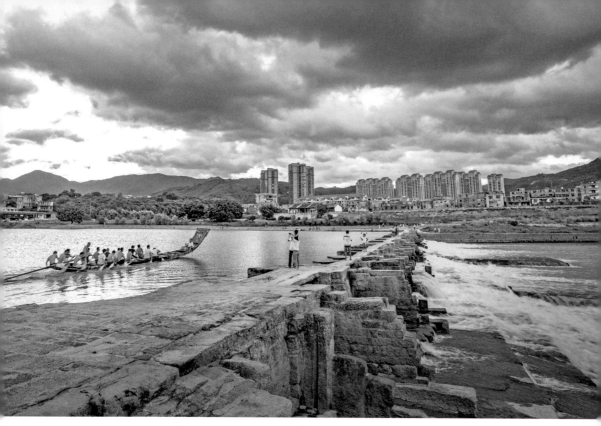

木兰陂上游玩的人（陈英　摄）

林馆长（笑）： 哎呀，元白不分家嘛，反正他俩关系老铁了。

我： 那是，新乐府诗歌的两位领袖。都说唐诗三百，前有李杜，后有元白。不过，若论科举出仕，李杜是失意的，元白则是幸运的。元稹8岁时父亲就去世了，书都读不起，是母亲自己教的。为了迅速摆脱贫困，元稹15岁就投考了相对容易的明经科，以明经擢第，不过基本上无官可做；于是25岁时又参加了制科考试，与白居易同登"书判拔萃科"，从此二人成为生死不渝的挚友；3年后，元白再次同登"才识兼茂明于体用科"，元稹这次还得了第一名，牵强附会地说，算是制科的"状元"了。"天子下帘亲考试，宫人手里过茶汤"——元稹的这首《自述》，十有八九就是这个时候写的。

陈义忠： 嗯嗯，唐诗真是了得，寥寥数笔，一个寒门子弟"朝为田舍郎，暮登天子堂"的喜不自禁，就已跃然纸上。

我： 其实论描摹登科之后的心态，元稹的《自述》算是比较内敛的了。最喜不自禁的那首诗，应该是孟郊的《登科后》。

小徐： 哦，我想起来了——"昔日龌龊不足夸，今朝放荡思无涯。春风得意马蹄疾，一日看尽长安花。"刘教授，读大学之后，我感觉自己小时候背诵的许多诗词都冬眠去了，不过这首诗我倒是记得很牢，原因就是对孟郊登科之后的那份得意劲儿印象十分深刻。

链·接

新乐府运动

新乐府相对于古乐府而言，是一种用新题写时事的乐府诗，不再以入乐与否为标准。新乐府诗始创于杜甫，中唐时期由白居易、元稹大力提倡。白居易在《与元九书》《新乐府序》《寄唐生》《伤唐衢》《读张籍古乐府》等诗文中，元稹在《和李校书新题乐府序》《乐府古题序》等诗序中，阐述了新乐府运动的理论主张。所谓"文章合为时而著，歌诗合为事而作"，"为君、为臣、为民、为物、为事而作，不为文而作"，明确提出了新乐府运动的基本宗旨；所谓"救济人病，裨补时阙"，"上以补察时政，下以泄导人情"，"风雅比兴外，未尝著空文"，强调了诗歌的社会功能和讽谕作用；所谓"惟歌生民病"，"但伤民病痛"，"讽兴当时之事"，反对"嘲风雪、弄花草"，是主张诗歌要有社会内容，要反映民生疾苦和社会现实弊端；所谓"根情、苗言、华声、实义"，"其辞质而径""其言直而切""其事核而实""其体顺而肆"，"非求宫律高，不务文字奇"，则是要求诗歌的形式与内容统一，为内容服务，表达直切顺畅，让人容易接受。

我： 那是。不过客观地说，孟郊的得意劲儿也是可以理解的。他6岁时父亲就去世了，与母亲相依为命，家境十分贫寒；42岁首次应进士试，落榜；43岁再落榜；46岁第三次应试，才终于如愿以偿登进士第——你想想看，他能不开心吗？

陈义忠： 那是，换作是我，肯定也是一样的心态。"春风得意马蹄疾，一日看尽长安花"，虽然我写不出这么好的诗句来，但是心花怒放那是一定以及肯定的了。

小徐： 教授，元稹和孟郊后来都当官了吧？官当得大不大呢？

我： 元稹28岁以从八品的左拾遗起步，虽然几起几落，但最后还是官至同中书门下平章事，也就是当了宰相；孟郊51岁才以溧阳县尉起步，年龄偏大，无心做官，只爱写诗，不爱曹事。不过即便如此，还是有好朋友不断地照应他，引荐他担任了一些清闲的职务。

郭英龙： 刘教授，我在英国留学过，又在香港工作，对英国皇家贵族那套东西还是比较熟悉的。刚才您在讲元稹、孟郊的时候，我就在想，英国人到现在都还舍不得扔掉贵族血统那套东西，而我们中国人居然在1000多年前就已经有了如此不可思议的阶层流动，这其实是一件非常非常了不起的事情——如果没有科举，的确是不可想象的。

我： 没错，郭院长，这就是科举所蕴含的第一大传统治理智慧：机会公平的阶层流动——天下国家最强大的稳定器。

郭英龙： "机会公平的阶层流动——天下国家最强大的稳

定器"，嗯，有道理的，我也觉得这点最重要，的确可以列为传统治理智慧的头名"状元"。

小徐（笑）：哈哈，我怎么觉得郭院长这会儿的口气有点像科举的主考官。

郭英龙（笑）：听了一下午的科举，不知不觉受影响了。不过我可当不了主考官，要当那也是刘教授来当。

林馆长（笑）：那就刘教授当主考，郭院长当副主考，我们几个就厚着脸皮当个同考官吧，科目就叫"科举之传统治理智慧科"，考生就是科举他自己。这名"考生"，考了我们中国读书人多少年，制造了多少的悲喜人生。所以，今天我们也来考考他，看他究竟又有多大的本事，居然能够端坐历史上千年，独领风骚世无双。

陈义忠（笑）：哎呀，当考官这事儿我喜欢啊！

我（笑）：你们可真会玩儿，还"科举之传统治理智慧科"呢。我之所以要把"机会公平的阶层流动"列为科举的第一大传统治理智慧，大家从前面的讨论中就可以看出端倪了。整部中国科举发展史，事实上就是一场从贵族化走向平民化的斗争，就是标准化、平民化、公平化三大价值观在选人体制上的不断深化与实现。

小徐：教授，您能不能给我讲讲，为什么阶层流动很重要？

我：好的，小徐。柏拉图的《理想国》中有句话我一直很喜欢："当一个国家最最像一个人的时候，它是管理得最好的

希腊学院外的柏拉图雕像

国家。"一个人的生命，是一个命运共同体，所以一个国家的进化方向，也应该成为一个命运共同体。命运共同体有两个要素：有差别有层次，却又命运与共。对于一个人的生命来说，大脑就是全身的指挥官，它只占全身 2% 的重量，却消耗了全身 20% 的血氧和 25% 的葡萄糖——这就叫"有差别有层次"；然而，大脑获得如此优越的地位，绝不是为了自己开心，更不是为了欺压身体，它的全部立场，就是全心全意为身体的利益服务，如果身体受了伤，大脑比谁都着急——这就叫作"命运与共"。

郭英龙：柏拉图的这段话，刘教授上次在新疆的时候也给我们说过，我印象十分深刻。把一个国家比作一个人，的确是十分贴切的，可以帮助我们理解很多东西。

我： 既然人是由大脑和身体其他部分共同组成的，那么社会自然也就是由精英和平民共同构成的。既然管控身体的大脑是由全身最聪明、最自觉的脑细胞组成的，那么管理平民的精英阶层自然也应该由全社会最聪明、最自觉的人组成。小徐，你说对不对呢？

小徐： 毫无疑问，对的！

我： 所以，一个社会最首要的任务，就是想方设法找到这些最聪明、最自觉的人，然后委以治理国家的重任。所谓最聪明，说的就是"才"；所谓最自觉，说的就是"德"。

小徐： 嗯嗯，合起来，就是"德才兼备"。

我： 没错。一个人要想做到德才兼备，往往需要两个条件相互结合：一个是天赋异禀，一个是艰苦奋斗。天赋异禀是个概率问题，必须在全社会范围内进行细心搜寻；艰苦奋斗是个环境问题，往往需要在逆境中磨炼人的心智与心志。

郭英龙： "天赋异禀是个概率问题，艰苦奋斗是个环境问题"，这个观点我十分同意。既然天赋异禀是个概率问题，那么平民阶层的人口基数无疑是最大的；既然艰苦奋斗是个环境问题，那么平民阶层无疑最具备逆境中奋斗的条件。所以，刘教授，结论就是一个社会最德才兼备的人，往往大量潜藏在平民阶层里，对不对？

我： 科学的推导，合理的结论。因此，一个理想的社会，应该通过某种合理的方式，常态化地在全社会范围内遴选最德才兼备的人。而实现这个目标的最大障碍，就是门阀贵族的封闭和自私。

小徐：嗯嗯，因此阶层流动对于一个社会来说十分重要。

我：其实从本心上说，我是很不喜欢阶层流动这个提法的。完全是因为门阀贵族自己制造出了特权阶层，力图垄断治理国家的权力和资源，最后沦为公器私用，所以才不得不借用所谓的阶层流动，以此来抗衡阶层固化带来的恶果。

陈义忠：我知道的，您甚至都不喜欢阶层这个概念。

我：是的，人类在本质上应该是命运与共的，"有差别有层次"说的是分工，而不是阶层——大脑与身体之间的关系难道是阶层吗？当然是分工了。既然天赋异禀是个概率问题，说明不管是贵族阶层还是平民阶层，都同样会有天才和庸人、好人和恶人。所以，所谓阶层流动是没有阶层原罪的，只要公平、实事求是就好。贵族阶层的教育资源更好，出人才的概率的确会更大一些，但是平民阶层人口基数太大了，这个社会只要为他们提供基础的教育资源，平民阶层就能源源不断地为国家输送优秀人才。

郭英龙：嗯，所以一个好社会一定要提供公平的基础教育资源，这样才能够最大限度地将"天赋异禀"的概率从理论变为现实，而不让人才夭折在摇篮里，对吧？

我：是的，郭院长。如果从艰苦奋斗的角度来看，平民阶层固然会有"地瘦栽松柏，家贫子读书"的好男儿，但是贵族阶层衣食无忧，那些家教好、有志向的贵族子弟，也可以心无旁骛地发奋努力，不见得就不会成才，但是这需要一个前提，那就是贵族子弟必须被抛入一场低概率的公平竞争。

陈义忠：哦，怎么理解呢？

我：如果贵族可以世袭，那么老子的位置自然就由儿子来继承，大不了贵族们在集团内部搞搞"对敲交易"，总量基本上还是平衡的。贵族子弟如果只是因为出身贵胄就可以妥妥地身居高位，那么这种不劳而获对人的腐蚀性实在是太大了。所以，如果所谓的竞争只局限在贵族集团内部的话，那么结果必然就是整个集团的日益腐朽，日益堕落。人是环境的产物，一旦环境形成，那么个别人的自觉，是挽救不了整个集团的。

陈义忠：我明白了，所以一定要开放平民参与竞争，拉低概率，从而让"竞争"真正成为竞争，这样就能够激励每个人发奋努力，整个社会自然也就活力满满，不断向上了，对不对？

我：是的，义忠。平民阶层参与竞争的最大意义，就是人口基数太大了，职位远远不够用，所以只要平民阶层公平地参与竞争，那么不管是贵族还是平民，就都必须全力以赴，选人的这潭水，就会始终是活水。

林馆长：也就是说，平民参与公平竞争，不仅可以保证选出两个阶层中的优秀人才，而且可以防止贵族阶层中的优秀人才堕落，对不对？

我：是的，林馆长，除此之外，还可以有效防止平民阶层暴力革命的发生。

郭英龙：刘教授，我终于听明白了：原来您所说的"阶层流动"的初心，是不带有阶层原罪的，您的立场既不是贵族阶层，也不是平民阶层，而是整个社会命运共同体。您的观点是公平而实事求是地选拔出最聪明、最自觉的人来为国家服务，不论他是贵族还是平民——不管是白猫还是黑猫，只要能抓住老鼠的就是好猫。

我：是的，郭院长。可是，超越阶层，公平且实事求是地选人，大概是天底下最困难的事情了吧。古往今来，多少哲人也只能是想想而已，不管是理想国还是乌托邦，不要说过去和现在，就是在未来相当长的一段时间里，都是很难实现的。可是，就是这么难的事情，我们的祖先居然在某种意义上做成了，在长达 1300 年的时间里。

小徐：科举！

我：没错，科举。1000 多年以前，我们的祖先正是凭借这一套标准化、平民化、公平化的选贤任能制度，在全世界率先做到"机会公平的阶层流动"，真可谓"前不见古人，后难有来者"。

小徐：教授，有没有什么数据可以支撑这个结论呢？举元稹、孟郊的例子当然是对的，但这些毕竟只是孤立的点，还不能代表整个面上的情况。科学的结论，是需要科学的数据作支撑的。

我：好的，小徐，那我给你几个面上的数据——这些数据，许多外国汉学家已经作过研究了。公元 1148 年，南宋绍兴十八年同年小录，总共录取了 330 人。其中直系祖上三代有人当过官的，总共有 137 人，占该科全部进士的 41.5%。相对应地，直系祖上三代均无仕宦经历的，有 153 人，占 46.4%；另有宗室、不明者 40 人，占 12.1%。

郭英龙：基本上一半对一半，平民子弟略占优势。

小徐：嗯嗯，这个数据就比较有说服力了。

陈义忠：直系祖上三代，那就是从曾祖父开始算起了。

我：公元 1256 年，宝祐四年登科录，总共录取了 601 人。其中直系祖上三代有人当过官的，总共是 283 人，占该科全部进士的 47%。相对应地，直系祖上三代均无仕宦经历的有 237 人，占 40% 左右；另有宗室、不明者 81 人，占 13% 左右。

郭英龙：这次是官宦家庭的略占优势，不过基本上还是一半对一半。看来两种家庭出身的进士，总体上是一半对一半。

小徐：嗯，我同意。

陈义忠：我有个不太一样的观点。

郭英龙：哦，什么观点呢？

陈义忠：我觉得，不能把直系祖上三代有过官宦经历的家庭，简单地等同于贵族家庭。因为这些家庭的祖上之所以当官，又不是因为天生是贵族，而是去参加科举考试，公平地考出来的；现在这些家庭的孩子之所以能够中进士，也不是因为他们祖上当过官，同样也是去参加科举考试，公平地考出来的。所以，就算是占到了一半份额，那也只能证明书香门第的平均教育水平的确要优于耕读传家的寒门子弟，不能证明家庭背景会让他们不劳而获。所以，在科举时代，中国的官宦家庭与西方的贵族家庭，完全是两个本质的东西，绝对不能理解为：西方是全部贵族化，而中国是一半贵族化，一半平民化。

林馆长：义忠的这个观点我很赞同。这两者的确有本质上的不同，不能混为一谈。

郭英龙：义忠说得对，我们往往简单比较了家庭出身，却忘了在科举时代，不管是什么家庭出身，都要面对公平的考试。

小徐：看来只有真正的公平化，才能带来真正有意义的平民化。其实在公平面前，是贵族出身还是平民出身，已经不是最重要的了，英雄是不论出身的。

我：嗯嗯，这些观点我都很赞同。

陈义忠：所以要我说，中国就是全部平民化——即便是官宦家庭的孩子，在科举面前还是要推倒重来的，所以本质上也就是一介平民。而祖先不管是多大的官，子孙要是考不上，那也只能干瞪眼。

我：在科举的世界里，这个说法应该是对的。不过，如果跳出科举的话，那就不能说得这么绝对了：在那个年代，如果直系祖上当大官的话，那么子孙还是可以照顾到一点的——这就是荫补制度。

小徐：荫补制度？就是不用参加科举也可以当官吗？

我：可以这么说。说白了，荫补就是世卿世禄制度在科举时代的遗存和变种；再说直白点儿，就是贵族化与平民化的斗争在科举时代的延续和体现。科举出仕的官员固然都是科举考试的受益者，但是人性中一样有照顾子孙的倾向。所以，为了让这些官员更加死心塌地地为自己卖命，皇帝会通过荫补制度，给这些官员的私心留下一点空间。

小徐： 这也可以理解。问题是：这个荫补制度对科举制度造成的冲击大不大？我的观点是：如果不大，那也就算了；如果太大，那科举制度的价值就会大大下降。

我： 从量的角度，是有很大影响的；从质的角度，基本上是没有什么冲击的。

小徐： 怎么理解？

我： 以南宋的《嘉定四选总数》为例：公元 1213 年，嘉定六年，荫补出身的官员占 57%，科举出身的官员占 28%，其他出身官员占 15%——所以说，从量的角度，是有很大影响的。但是，在进入《宋史》列传的官员中，包括常科、制科、舍选等科举正途出身的官员占到了 70%，而荫补出身的官员只占 17%，其他出身的官员占 13%——所以说，从质的角度，基本上是没有什么冲击的。

小徐： 我明白了，看来荫补出身的官员只能当小官。

我： 历朝历代的荫补制度都不太一样，但是总体而言，荫补的职位是很低的。比如，宋神宗熙宁年间，宰相之子只能荫补到正九品的大理评事，其他官员的儿子更是只能荫补末等京官或选人阶。而且，需要特别说明的是，历朝历代荫补的大头都是武官，文官只是小头，所以适才所列的荫补官数量主要是武官，这涉及古代武官制度的特殊性，后面有时间我再来讲。

郭英龙： 刘教授，我对武官制度也很感兴趣的，来的路上您给我讲戚继光的时候，我就想问了。您记得后面找时间给我讲讲，别忘了。

我： 好的，不会忘的。

陈义忠： 教授，荫补的官员起步低，估计进步也慢吧？

我： 是的，同样是升迁至一个职位，荫补出身的官员至少要比科举出身的官员多花一倍的时间，再加上荫补出身的官员往往本身能力就不如进士出身的官员，因此最后有成就的人很少。唐朝的贵族化痕迹还比较重，然而在全部 369 名宰相中，荫补出身的也只有 59 名，只占总数的 16%；到了科举为王的宋代，在全部 135 名宰相中，荫补出身的仅有 4 名，还不到总数的 3%。其实不要说宰相了，就是台谏之类的重要职务，荫补官如果想要染指，都会被群起而攻之；至于翰林学士、中书舍人这样的清要之职，荫补出身的那就甭想了。

陈义忠： 哈哈，我怎么感觉科举时代对荫补也是各种歧视啊。不过要我说，这个"歧视"也歧视得好！

林馆长： 其实还有一点很重要：荫补虽然被"歧视"，但也是凭借出身不劳而获的，单从这点来看，还是占了小便宜的。但是问题就在于，这一切都是摆在台面上的：荫补制度是公开的，占小便宜是公开的，后续被歧视也是公开的。我觉得，这总比在台面上伪装成铁面无私，在台面下又私心泛滥要好得多。

陈义忠： 完全赞同。是公是私，干脆都摆出来，不要装——越是装，就越是假。

小徐：我明白了，看来荫补制度并没有动摇科举制度的价值，科举依然牢牢掌握着选官制度的主导权，我们前面的那些判断依然是成立的。

我：所以，即便是官宦子弟，报考进士也永远是首选，实在没有办法了，才会选择走荫补的路子。《唐摭言》曰："缙绅虽位极人臣，不由进士者，终不为美。"其实，何止当官的和老百姓对进士着迷，就连皇帝也着迷得不行。唐宣宗李忱酷爱读书，以自己不能参加科举为憾，对科举中第的进士十分

一日看尽长安花

羡慕，曾在殿柱上自题：乡贡进士李某。《唐语林》记载："宣宗爱羡进士，每对朝臣，问'登第否'？有以科名对者，必有喜，便问所赋诗赋题，并主司姓名。或有人物优而不中第者，必叹息久之。"李忱临终前，下诏裁放了大批宫女，准许她们嫁给文武百官，但就是不许嫁给没有考中进士的举子。

郭英龙： 看来是真着迷了。教授，我怎么有种感觉：喜欢读书人的皇帝应该不会太差——这位唐宣宗李忱怎么样啊？

我： 唐宣宗是唐朝第十七位皇帝，在位 13 年，史称"大中之治"。《旧唐书》记载："洎大中临驭，一之曰权豪敛迹，二之曰奸臣畏法，三之曰阍寺詟气。由是刑政不滥，贤能效用，百揆四岳，穆若清风，十余年间，颂声载路。"司马光评价道："故大中之政，讫于唐亡，人思咏之，谓之小太宗。"

郭英龙： "谓之小太宗"，评价这么高啊，居然跟唐太宗李世民相提并论了——喜欢读书人的皇帝，果然不会太差。

我： 唐宣宗的确努力效仿唐太宗，以"至乱未尝不任不肖，至治未尝不任忠贤"为自己的座右铭，将《贞观政要》书于屏风之上，每每正色拱手拜读。他纳谏的程度仅次于唐太宗，不管是谏官论事，还是门下省封驳，他大多能够顺从；每每得了大臣的奏议，必洗手焚香再阅读。太宗纳谏，得了魏徵；宣宗纳谏，得了魏徵的五世孙、有乃祖之风的魏谟，并拜其为相。所以，郭院长，您的判断是对的：喜欢读书人的皇帝，的确不会太差。

郭英龙： 皇权与科举之间的互动，的确也很值得深思。教授，一会儿您就这个问题也给我们讲讲吧。

我： 好的，您不说，我一会儿也要讲到的。

郭英龙： 嗯嗯，那您继续讲阶层流动吧。

我： 宋代进士汪洙有首十分有名的《神童诗》，对当年的科举社会产生了很大的影响。这首诗的主旨，就是赞颂科举带来的阶层流动，其中有几段是这么写的：

朝为田舍郎，暮登天子堂。

将相本无种，男儿当自强。

学乃身之宝，儒为席上珍。

君看为宰相，必用读书人。

年少初登第，皇都得意回。

禹门三级浪，平地一声雷。

一举登科日，双亲未老时。

锦衣归故里，端的是男儿。

林馆长： "朝为田舍郎，暮登天子堂"，当年这些话不知道激励了多少蒙童少年，"男儿若遂平生志，六经勤向窗前读"。

我： 其实从本质上说，这首诗之所以能够流传千年，并不是因为诗写得有多好，而是因为诗里写的都是真事，而且是在 1300 年时间里不断重复发生和重复印证的真事——因为是真事，所以才真信。北宋名相吕蒙正自幼被父亲赶出家门，与母亲住在山洞里，饥寒交迫，然而他在逆境中发奋读书，于太平兴国二年高中状元，一生三度拜相；范仲淹2岁丧父，母亲改嫁。少年范仲淹寄宿寺庙，划粥割齑，在逆境中发奋读书，于大中祥符八年考中进士，最后官至参知政事；欧阳修4岁丧父，母亲贫困守寡，因为买不起纸笔，就以荻画地，教他读书识字。少年欧阳修在逆境中发奋读书，于天圣八年进士及第，最后也官至参知政事。

林馆长：在科举时代，这样的人生逆袭实在太多了，由不得你不信，只要肯努力，每个人至少都有公平的机会。所以，在全世界都沉迷于血统而不能自拔的年代里，这句"机会公平的阶层流动"，我们的老祖宗的确还是说得起的。

郭英龙：教授，我记得您前面在讲"机会公平的阶层流动"时，还跟了一句话——"天下国家最强大的稳定器"，对吧？

我：是的。机会公平的阶层流动，的确是这个天下国家最强大的稳定器。国家稳定的底线之一，是不能发生颠覆性的平民革命。而平民革命要想成功，须有两个条件相互结合：第一，要有大量跌穿底线的平民；第二，要有许多失去机会的精英。第一个条件其实不难实现，因为即便在所谓盛世，史书也常有记载："人相食，死者过半""河水溢于平原，大饥，人相食"——这便是跌穿底线的平民。然而，即便有再多这样的流民，倘若没有读书人的加入，这反也是造不成的。因为要把几十个人、几百个人组织起来并非难事，可是要把几万人、几十万人高效组织起来，那就不是开玩笑的事了，思想、战略、组织、纪律、宣传、统战，样样都不能少，样样都需要文化，所以一定要有读书人的参与才行。

林馆长：我同意这个观点。不管是起义还是革命，其实都离不开知识分子。1921 年建党的时候，13 名代表其实都是知识分子。至于"南陈北李"，那就更是大教授了。

我：现在大家理解了，为什么长命王朝动辄 300 年，因为读书人是不会轻易参与革命的。只要科举在，读书人就有机会，3 年不行，那就再来 3 年——读书人要么在科举，要么在去科举的路上，他们是没空造反的。那为什么后来读书人参加农民起义了呢？答案非常简单：他们没有机会了。

林馆长：我同意。王朝末年，朝政往往堕落到败坏科举、驱逐良币的地步，导致读书人愤然投身义军。按照您的说法，跌穿底线的平民与失去机会的精英一旦结合，腐败王朝的末日也就来临了。

我：从某种意义上说，没有李岩，就没有李自成；没有刘伯温，就没有朱元璋。李岩，天启丁卯年举人，乱世之中，无官可做；刘伯温，元统元年进士，因朝政腐败，被迫辞官隐退。他们都是失去机会的读书人，他们都是旧王朝真正的掘墓人。

陈义忠：证据确凿，事实充分。

我：《唐摭言》曰："盖文皇帝修文偃武，天赞神授，尝私幸端门，见新进士缀行而出，喜曰：'天下英雄入吾彀中矣！'"又云："其有老死于文场者，亦无所恨。故有诗云：

'太宗皇帝真长策，赚得英雄尽白头。'"

郭英龙：这句话太有名了——"天下英雄入吾彀中矣"。这李世民是真有眼光，庸人都以为读书人文弱，此君却视读书人为英雄。是啊，天下英雄都被他网罗了，这天下国家还能不稳定吗？

我：清朝在入关后之所以能够迅速稳定局面，并超越元朝成为长命王朝，与接受范文程的建议迅速开科取士有着密切的关系——"顺治二年，江南既定，文程上疏言：治天下在得民心，士为秀民。士心得，则民心得矣。请再行乡、会试，广其登进。从之。"于是"江以南士子毕集，得人称极盛云"。

郭英龙："治天下在得民心，士为秀民。士心得，则民心得矣"，范文程的这句话的确深得治国之旨要：读书人归心，老百姓就稳定。

我：所以，为了彻彻底底地得到士心，历代统治者都会通过各种极具仪式感的典礼，给予中第进士无上的荣耀。比如，殿试取士之后，往往会有隆重的金殿传胪。

陈义忠：教授，什么叫金殿传胪？

我：金殿传胪，始于宋代——"进士在集英殿唱第日，皇帝临轩，宰相进一甲三名卷子，读毕，拆视姓名，则曰某人，由是阁门承之以传于阶下，卫士凡六七人，皆齐声传其名而呼之，谓之传胪。"宋代诗人杨万里写过一首七言律诗《四月十七日侍立集英殿观进士唱名》，描述了当年金殿传胪的盛况：

殿上胪传第一声，殿前拭目万人惊。

名登龙虎黄金榜，人在烟霄白玉京。

香满乾坤书一卷，风吹鬓发雪千茎。

旧时脱却银袍处，还望清光侍集英。

陈义忠：明白了。可以想象，当听到自己的名字在庄严的金殿传唱回荡，那些"朝为田舍郎，暮登天子堂"的读书人的心情一定是无以言表的。

小徐：这个诗人杨万里，应该就是那首《晓出净慈寺送林子方》的作者吧？

毕竟西湖六月中，风光不与四时同。

接天莲叶无穷碧，映日荷花别样红。

我：没错，就是那个杨万里，南宋中兴四大诗人之一。小徐，那你知道他晓出净慈寺所送的那个林子方是谁吗？

小徐：哦，那还真不知道，这首诗的意境如此之美，想来应该是在送别一位感情深厚的挚友吧？

我（笑）：小徐，你没有发现林子方也姓林吗？

小徐：啊，九牧林啊？

林馆长：林子方是莆田阙下林的后代，绍兴二十一年进士，官至福州知州。阙下林的始祖就是林披的哥哥林韬，所以准确地说，九牧林和阙下林是兄弟关系。宋代阙下林科举爆发，林杞居晋江生九子，九子皆为知州，世称"宋九牧"。

郭英龙： 哇，我还能说什么呢？

林馆长： 咱们继续听教授讲吧。

我： 金殿传胪之后，一路浩浩荡荡来到东长安门外，将金榜张挂出来，状元带领新科进士们观榜。观榜后，顺天府会准备伞盖仪从，导引三鼎甲进士到顺天府参加宴会，之后送他们"归第"。

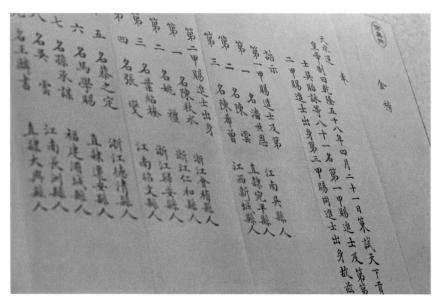

乾隆年间科举金榜

陈义忠： 教授，这是不是就是传说中的"跑马游街"？

我： 俗话是这么说的。游街传统始于宋代。范仲淹考中进士的那科，状元叫蔡齐。宋真宗见他相貌堂堂，举止得体，进退有法，十分高兴，特诏给金吾卫 7 人清道送回住处。不久又下诏："自今第一人及第，金吾给七人当值，许出两对引喝。"状元从东华门出去送归住处时，街上围观者把街道都堵死了，还有人爬到屋顶上去观看，把屋顶都踩烂了。比蔡齐晚9年进士及第的尹洙感慨地说："状元登第，虽将兵数十万，恢复幽蓟，凯歌劳还，献捷太庙，其荣亦不可及矣。"

林馆长：那可不是，古人真是把状元当成文曲星下凡了，能看上一眼那就是福气。我觉得，这种仪式既是对进士们的无上恩宠，也是对老百姓的无声教育，多少孩子这会儿正骑在大人的肩上耳濡目染着呢！从小就看着这种事情在眼前真实地发生，你说他们能不信吗？

我：翌日，赐状元及进士宴于礼部，又名琼林宴。赐宴传统始于唐代的曲江会。曲江宴不仅是新科进士的狂欢时刻，也是长安城的一大盛事，连皇帝都会在曲江边的紫云楼上垂帘观看。曲江宴后又是杏园宴，最年轻的两位新科进士要担任探花郎，骑马游遍长安名园，采摘各色名花，以供宴会赏花——这就是后来三鼎甲之探花名称的由来。

小徐：难怪孟郊会说"春风得意马蹄疾，一日看尽长安花"，原来出处在这儿啊。

我：曲江宴之后，新科进士还要到慈恩寺的雁塔下题名留念，也就有了白居易的那句诗："慈恩塔下题名处，十七人中最少年。"雁塔题名传统到了元代之后，演变成了在国子监为新科进士立石题名。北京的孔庙和国子监博物馆现在还保存有198通进士题名碑，刻有5万多名进士的姓名、籍贯和名次。

每次去看，我都会在碑林前徘徊甚久，感慨良多。

郭英龙：我觉得这是对古代读书人最高的精神奖赏，您这个现代读书人当然会很感慨了。

我：项羽说："富贵不归故乡，如锦衣夜行，谁知之者。"既然国子监里都能题名，那么老家就更应该题名了。新科举人和新科进士，户部会发给一笔旗匾银，用于回乡竖旗、挂匾、建牌坊、立桅杆。清代进士的标准是 30 两银子，后来一甲进士增至 80 两，估计是立牌坊比较贵。

陈义忠：我参观过一些进士村，看到门前立有桅杆，上面还有斗。不过有的桅杆是一个斗，有的桅杆是两个斗，这个有什么讲究吗？

孔庙进士题名碑

我：单斗桅杆是举人，双斗桅杆是进士。

林馆长：直到今天，人们都还以这些进士村为荣，更何况是那个年代。要我说，古代皇帝是真懂心理学的，这一整套手段下来，这些士子必感念无上荣耀，又怎能不死心塌地报效君恩呢？

我：其实科幻小说《三体》里有一个词，特别适合用来概括林馆长的这段话。

林馆长：什么词？

小徐：思想钢印！

陈义忠（笑）：小徐，你这是在抢刘教授的台词。

小徐：我是下意识的第一反应，教授，对不对呢？

郭英龙：我觉得特别贴切！以我对教授的了解，我觉得他就是这个意思。

我（笑）：既然你们都这么说了，那就是了。南宋庆元五年殿试，宁宗擢泉州曾一龙为状元，并亲自改其名为"曾从龙"。面对如此

················ **链··接** ················

思想钢印

思想钢印是中国科幻作家刘慈欣科幻小说作品《三体II：黑暗森林》中的一个机器，由面壁者比尔·希恩斯和妻子山杉惠子发明。地球人为了对抗三体人的智子对人类的偷窥，决定选出4个面壁者，每一个面壁者在不受任何干扰的情况下独立思考和设计对付三体人的计划。第三位面壁者比尔·希恩斯发明了思想钢印机器，被打上思想钢印的人，思维方式就被控制了。行星防御理事会面壁计划听证会决定，把思想钢印作为一种公共设施向全社会开放，愿意借助思想钢印获得这种信念的人，可以在完全自愿的情况下，在严格监督下使用这个设施。思想钢印命题全文是："在抗击三体世界入侵的战争中，人类必胜，入侵太阳系的敌人将被消灭，地球文明将在宇宙中万代延续。"事实上，希恩斯偷偷制造了5台思想钢印，并将思想钢印的命题设置为人类必败。

"稀世宠遇"，曾从龙当即赋诗《对御唱第》："惭无高论裨天听，愿有微衷动帝尊。王陛传胪叨首选，誓坚一节报君恩。"一咏一叹，恰是思想钢印的铿锵之声。

陈义忠：教授，我又想起了陈文龙——也是南宋状元，也是皇帝改名，也是思想钢印。

我：是啊，义忠。当他在兴化城头竖起"生为宋臣，死为宋鬼"旗帜的时候，当他在福州以手指腹说"此皆节义文章也，可相逼邪"的时候，当他在临安城岳庙里挣扎着吞下香灰自尽的时候，我的确听到了一种声音，一种专属于中国士大夫的思想钢印的铿锵之声。这个声音，是寒窗前蒙童诵读的书声琅琅；这个声音，是金殿里胪名传唱的悠悠回荡。在我的心目中，无论这个声音里布满了多少旧时代的铁烙印，它依然能够穿越千年的时空于无声处响惊雷。

小徐：这个声音，是寒窗前蒙童诵读的书声琅琅；这个声音，是金殿里胪名传唱的悠悠回荡。

郭英龙：无论这个声音里布满了多少旧时代的铁烙印，它依然能够穿越千年的时空于无声处响惊雷。

陈义忠：教授，这个声音其实在我的心中已经响了很久很久。还在我的蒙童时代，陈文龙的故事就已经深深地烙印在我的心灵深处。这么多年来，我时常能够听见他的呐喊，也时常能够感受到他的绝望。现在我明白了，其实对先祖最好的纪念，就是赋予这个思想钢印以时代的新内涵，继承他们对于家国的责任，开创我们更加美好的未来。

林馆长：义忠，我们能感受到您的心。

陈义忠：教授，您继续讲下去吧。

我：关于机会公平，关于国家稳定，其实科举还有一招挺厉害的，那就是反向倾斜。

郭英龙：反向倾斜？就是照顾弱者吗？

我：是的。天下国家最大的特点，就是地大人多差别化。没有公平搞不定，但还要懂得统筹协调，和谐共进。反向倾斜有两种：一是阶层的反向倾斜，二是地域的反向倾斜。宋太祖赵匡胤说："贵家子弟，唯知饮酒、弹琵琶耳，安知民间疾苦？"开国皇帝如此定调，的确对宋代取士产生了很大的影响。比如，荫补官如果要参加科举，那就要接受"有官人不得为状元"的规则。公元1049年，宋仁宗皇祐元年，大科学家沈括的从侄沈遘殿试第一，由于是"有官人"，宋仁宗曰："朕不欲以贵胄先天下寒畯"，遂以殿试第二的冯京为状元，也成就了冯京解元、会元、状元"连中三元"的奇迹。其实，即便不是"有官人"，只要是贵胄子弟，在决定状元归属的时候，多多少少也是要被皇帝"歧视"的。仁宗朝13榜状元中，有12人出身平民家庭，大大超过了宋代进士书香门第与耕读传家一半对一半的概率，想来不见得全是水平的问题，应该有向平民阶层反向倾斜的考虑——考进士各凭本事，但是状元这个具有高度政治意义的称号，还是要留给平民子弟的。

陈义忠："有官人不得为状元"，这句话真是令人感叹良多。

我：当然，偶尔也有例外发生。公元 1118 年，宋徽宗政和八年，殿试成绩拆封，赵楷夺得头名。赵楷何许人也？宋徽宗赵佶第三子，是亲儿子，其母为王贵妃。

小徐：啊，皇子啊，那怎么能参加考试呢？

我：宋初有规定，宗室子弟不得参加科举。后来随着宋祚日长，子孙日众，于是允许远房宗室参加科举。不过皇族子弟依然不允许，况且他们不需要科举也一样身份高贵、前途光明。可是宋代疯狂推崇进士、状元，赵楷虽贵为皇子，也羡慕得不得了。偏偏他又遗传了父亲的基因，天分极高，文采非凡，琴棋书画，样样精通。于是，17 岁的赵楷以化名偷偷报考，在糊名制的掩护下，一路过关斩将，居然夺得了殿试第一。不过，最后点状元的时候还是瞒不住了。看到自己最喜欢的儿子这么有出息，宋徽宗也是既高兴又发愁。高兴的是，这事儿证明咱基因不错啊！发愁的是，自己的儿子要是当了状元，又该怎么跟天下人交代呢？思虑再三，还是决定不能让"宗室魁天下"，于是忍痛割爱，擢第二名王昂为状元。没想到忙中出错了：这个王昂也出身名门，乃神宗朝宰相王珪的侄子，是个"有官人"。

小徐：为了紧急避开一辆大卡车，结果剐蹭到了一辆小轿车。

郭英龙（笑）：小徐这个比喻很生动。

林馆长：虽然出错，却成佳话。

我：这就是阶层的反向倾斜，除此之外，还有地域的反向倾斜。乾隆二十六年，殿试初拟名单进呈，江苏常州赵翼第一，浙江杭州胡高望第二，陕西韩城王杰第三。适时，乾隆皇帝刚刚平定大小和卓叛乱，正在思考如何经略西北，看到王杰乃西北子弟，且书文俱佳，不由赞不绝口；又虑及西北与江南文教水平悬殊，王杰能有如此成绩殊为不易，遂将赵翼与王杰对调，擢王杰为第一，赵翼第三，清代第一位陕西籍状元由此诞生。

郭英龙：陕西清代第一位状元啊？看来西北子弟得个状元委实不容易，与江南的教育资源差距太大了。我觉得乾隆这么做是有道理的：江南子弟拿状元都已经拿到手软了，偶尔向西北反向倾斜一下，对西北子弟绝对是一种巨大的鼓舞。

小徐：那为啥要把赵翼改为第三呢？顺延为第二不可以吗？榜眼胡高望也是江南子弟啊！

我（笑）：说实话我也很纳闷，想来想去，大概是乾隆皇帝为了方便，御笔一勾就把两个对调了吧？

小徐：好吧，反正榜眼和探花差别也不大。

我：其实，状元头衔偶尔向西北倾斜只是一种象征，进士名额的地区分配才是关键。这个问题从元代开始就有点端倪了：左右榜的分置，固然发乎贵贱之别，亦是文教差异使然。而北方文教经过元代几十年的折腾，水平直线下降，最终恶果在明初暴露，以至发生了明洪武三十年的南北榜案。公元1397年，洪武三十年丁丑科殿试，刘三吾、白信蹈为主考官。发榜后，所有人惊讶地发现，所取的51人均为南方举子，北方举子全部落榜。北方举子联名上书控告，认为刘三吾是南方人，因此"私其乡"。于是，朱元璋下诏成立调查组，重阅落第试卷，要求增录北方士子。结果发现，这些卷子确实文理不佳，且有犯忌之语。由此判断，虽然结果悬殊，但并非主考徇私，而是南北水平差异所致。可是北方士子岂甘罢休，不依不饶，越闹越大。

陈义忠：为啥呢？这好像就有点那个了吧！

我：义忠，这事要这么理解：第一，每个人都会觉得自己比较厉害，所以这么悬殊的结果，北方士子是不太可能完全相信的；第二，即便北方士子相信是公平的，也不可能就这么接受的。如果真是由于不公平导致的，那么就算这科吃了亏，下科还可以再来过；可正因为这是公平的，所以知道自己以后彻底没得玩了——打牌如果注定要输的话，那就只有掀牌桌了。

陈义忠：哦，有道理呢！那朱元璋是怎么处理这个问题的？

我：这个道理是帝王术问题，连我这个书呆子都懂，朱元璋能不懂吗？于是他借机发怒，指斥刘三吾等人是"蓝玉余党"，将85岁的刘三吾发配西北，另有11人被凌迟处死。6月，朱元璋再次殿试，录取了61名北方士子，独立成榜——这就是洪武三十年的"南北榜案"。

陈义忠：我懂了，朱元璋这是借十几颗无辜的人头，来笼络北方士子的心——这就是皇权，翻脸比翻书还要快。

郭英龙：所以，还是前面那句话讲得对：不要装。既然地域有差距，平衡有需求，那就索性摆上桌面，一起想个两全其美的办法，兼顾效率和公平。越是装，就越是糟糕——朱元璋这帝王术，我不欣赏。

小徐： 教授，那后面怎么弄？总不能都搞南北榜吧？

我： 要是都搞南北榜分立，大一统怕就保不住了。朱元璋第二年就死了，南北榜也就不搞了。可是北方士子的水平上升没那么快，南方士子依然拥有压倒性优势，所以这事还得解决啊！到了仁宗朝，根据杨士奇的建议，实行南北分卷制度，也就是分配名额，北方录取四成，南方录取六成——完全分裂的"南北榜"，变成了有分有合的"南北卷"；到了宣宗朝，又进一步演变为"南北中卷"，南卷55%，北卷35%，中卷10%。明朝基本上就这么操作下来了。

郭英龙： 的确是摆上桌面了，而且感觉越来越细了。那么，清朝呢？

我： 清初一开始继承明制，到了康熙五十一年，进一步细化了：实行分省录取，也就是根据省籍分配名额。

小徐： 呀，现在高考不就是这样的吗？原来是从这里来的呀！

我： 清代不仅会试的中式名额在各省之间进行综合平衡，而且各省的乡试也采用这种方法，在省内各地区之间进行综合平衡，尤其是对少数民族考生予以名额保证。就拿台湾来说吧。公元1683年，康熙统一台湾之后，在台湾设立府、州、县学，并推行科举制度；4年之后，台湾正式纳入了福建乡试。

台湾考生编为"台"字号，以保证从中录取 1 名举人。是科仅有 5 名台湾秀才来闽应试，在名额保障之下，凤山县苏峨幸运地成为台湾第一位举人。台湾士子欢欣鼓舞，科考之风从此大盛。嘉庆十二年，台湾举人名额增至 3 名；咸丰九年，台湾举人名额增至 8 名；乾隆四年，规定如果 10 名台湾举人参加会试，就录取一名进士，如果不足 10 人参考，就加入闽籍竞争。

郭英龙：哇，原来台湾是参加福建乡试啊，真是闽台一家亲！教授，台湾历史上一共考出了多少名举人，多少名进士？

我：从公元 1687 年到 1894 年，前后 208 年时间，台湾共考取福建文举人 305 名，武举人 270 名；从公元 1694 年陈梦球成为台湾第一位进士开始到 1894 年，前后 201 年时间，台湾共考取文进士 33 名，武进士 12 名。

郭英龙：成绩还是很不错的。这些台湾籍举人、进士在增强台湾对祖国的文化向心力和政治向心力方面，一定起到了中流砥柱的作用。

我：那是！台湾被日本占领之后，台湾秀才高选锋依然冲破重重阻碍，携家眷返回祖国大陆，参加了光绪二十八年的福建乡试并考中举人。那年是 1902 年，距离科举的正式落幕，也只有 3 年时间了，海峡彼岸的台湾士子却依然如同候鸟返乡，书生归家，真是令人感叹不已！

郭英龙：候鸟返乡是一种生命本能，书生归家是一种文化本能。

我： 名额保证只是科举惠台的第一项措施。第二项措施是实行官送制度：海峡风急浪高，还常有台风肆虐，台湾考生渡海应试是冒着生命危险的——咸丰三年和同治四年就各有 4 名台湾士子在赶考途中遇风沉溺。为了保护台湾考生安全，同治十三年，台湾知府专门派官船将台湾考生由台湾淡水港护送至福州参加乡试，从此"官送"成为定例。

郭英龙： 那是应该！还有其他的惠台措施吗？

我： 第三项措施是在福州和北京建造试馆和会馆。乡试、会试的时候，台湾士子要在福州或北京逗留数月，吃住都是问题。光绪九年，分巡台湾道刘璈筹银在福州贡院附近建造台南、台北两郡试馆，可供 300 余名台湾士子居住；又在北京建造"全台会馆"，供参加会试的台湾举子居住。

郭英龙： 哦，这些建筑现在还在吗？

我： 台湾两郡试馆于 2018 年在福州三坊七巷的黄巷 51 号和麒麟弄 3 号复建完毕；北京全台会馆的原建筑还在，地点就在天安门广场南端的正阳门附近，2010 年修缮扩建完毕，由原来的 400 平方米增加到了 3800 多平方米。这些珍贵的历史印迹，是台湾与祖国文脉相通、血脉相连的历史见证，郭院长有兴趣的话，不妨找机会去看看。

郭英龙： 我太有兴趣了，一定要找机会去看看。

林馆长： 台湾考生冒着生命危险渡海应试，的确很不容易，理应给予特殊照顾——由此可见，反向倾斜对于大国而言，的确是不可或缺的治理智慧。还有，福建与台湾血脉相

福州台湾会馆

连，闽台本是一家人，所以当年把台湾纳入福建乡试，的确也是顺理成章的事儿。

陈义忠： 那是，每年农历三月二十三妈祖诞辰日、九月初九妈祖升天日，湄洲岛上渡海进香的台湾人简直比莆田人还要多。

林馆长： 只可惜，湄洲岛上人犹在，科举已成昨日花。民间信俗与官方文教，理应相辅相成，缺一不可。

我： 那咱们就一起努力，为这件事情添砖加瓦，多作贡献。

小徐： 教授，别忘了还有我。血脉犹在，文脉再来，我现在知道自己要做什么了，向您保证，我一定会努力的。

我： 我相信的，小徐。

链·接

台南孔庙

台南孔庙落成于明永历二十年（公元 1666 年），是全台湾建成的第一座孔庙，也是郑成功收复台湾后在台湾建立的第一所高等学府，有"全台首学"之称。在此之前，台湾没有任何比较正规的中国文化教育设施，因此台南孔庙的建立，标志着儒学正式进入了台湾，是台湾教育发展史上的一个重要里程碑。孔庙内设立"太学"，时任监军御史陈永华被嗣王郑经任命为"学院"，也就是太学的主持。从此在台湾岛上开始建起了较为完整的教育体系：最高为太学，相当于高等教育；府设府学，州设州学，为中等教育；乡设乡学，即乡塾，为初等教育。所学内容，以讲授三字经、千字文和儒家经典为主。"凡民八岁入学，课以经史文章。"接着在台湾也开始实行科举制度：每三年州试一次，州试入选者又经府试、院试，取进者入太学；最后每三年一大试，成绩佳者即可入朝为官。

郭英龙：我现在理解了：为什么机会公平的阶层流动，是这个天下国家最为强大的稳定器；为什么真正的机会公平，一定要统筹协调，和谐共进。"科举之传统治理智慧科"的头名"状元"，可谓实至名归！

林馆长：副主考同意了，我们这些同考官，自然也是再同意不过了——喂，你们两位也表个态啊！

小徐（笑）：同意同意！

陈义忠（笑）：那就先取个"中"吧，后面不是还有榜眼、探花吗？教授，我现在感兴趣的是："状元"这么牛，"榜眼"又会是谁呢？会不会差距过大啊？

我：科举的第二大传统治理智慧，是"知识政治的长期结盟——'官吏分开'的知识分子主政传统"。

郭英龙："知识政治的长期结盟——'官吏分开'的知识分子主政传统"，教授，我感觉这句话也是大有来头，您给我们详细讲讲。

我：如果说一个社会是由精英与平民两个群体组成的话，那么精英群体大致可以分为 3 类：政治精英、资本精英和知识精英。在不同社会，这 3 类精英之间的关系是不一样的：西方社会是资本在政治之上，中国社会是政治在资本之上。

郭英龙：嗯，有道理。教授，是什么原因导致这个差异呢？

我：原因比较多，就不全部展开了。不过，其中有个原因，恰恰是我们这会儿要讨论的主题，那就是"知识与政治的长期结盟"。在科举时代，中国的政治精英与知识精英是长期结盟，乃至高度合一的。《明史·选举志》有句话："非进士不入翰林，非翰林不入内阁，南北礼部尚书、侍郎、吏部右侍郎，非翰林不任，而庶吉始入时，已是群目为储相。"

郭英龙：这是规定，还是惯例？

我：主要是政治惯例，不过惯例在一定程度上也就是规定。这也不是明朝才有的，在整个科举时代，科举中第基本上就是做官的前提条件。前面已经列举过一些数据了，我再补充几个数据给大家听听：初唐时期的宰相，进士出身的只占总数的 8%；到了晚唐时期，这个比例飙升到了近 88%。到了北宋时期，92 名宰相中，进士出身的有 83 人，占总数的 90%；176 名副宰相中，进士出身的 162 名，占总数的 92%。到了明代就更进一步了，入阁拜相不仅需要是进士，还需要是翰林，明代宰辅 170 余人，翰林出身的比例达到了 90% 以上。

郭英龙：虽然我已经知道大概就是如此，但是这些数据听起来还是很震撼的。所以您说得很对：在科举时代，中国的政治精英与知识精英的确是长期结盟，乃至高度合一的——大知识分子就是大政治家，大政治家就是大知识分子。

陈义忠：在科举时代，大政治家都是进士出身，所以都是大知识分子，这个倒没有什么；关键是，大知识分子好像也的确都是大政治家——以我这点儿文史知识的储备，这会儿要我马上想起来有哪些大知识分子不是大政治家的，我还真说不出几个来。

我：有倒是有，不过真的是不多。唐代的科举之网织得还不够密，漏掉的大知识分子还有那么几个，李白、杜甫、李贺这几位大诗人是摆在桌面上的；可是到了宋代，还能够逃脱科举之网的大知识分子那可就真的不多了，我这会儿马上想得起来的，理学大师程颐算是一个吧。

郭英龙：哦，程颐没有参加过科举吗？

我：参加过一次。嘉祐四年，27 岁的程颐廷试落第，从此不再应试，专心治学。元祐元年，在司马光等人的鼎力推荐下，程颐以布衣受诏，任崇政殿说书，一步登天成为天子之师。

林馆长：虽然程颐没有考上进士，但这位大学问家还是出仕参与政治了，所以这个其实都不能算。

小徐： 教授，还有谁吗？

我： 我再想想。反正唐宋八大家中，除了苏洵屡试不第之外，其余7人都是进士。嘉祐五年，在韩琦推荐下，苏洵任秘书省校书郎，除霸州文安县主簿，也就是当了一个小官。

陈义忠： 教授，明朝不是有江南四大才子吗？他们怎么样呢？

我： 唐寅28岁中南直隶乡试解元，会试时因涉科场案入狱；祝允明也是举人，当过知县；徐祯卿26岁中进士，33岁就去世了；所谓江南四大才子，只有文徵明没有功名，不过他被直接举荐为翰林院待诏，人称"文待诏"。

小徐： 还有吗？

我（笑）： 好吧，我再想想看。

林馆长： 刘教授，我们的夹漈先生算是一个吧。

我： 哦，对的，郑樵没有参加过科举。

林馆长： 郭院长，郑樵是南宋史学大家，他不应科举，无心仕进，深居莆田的夹漈山著书讲学，人称"夹漈先生"。郑樵倾其毕生心血，写成了凡200卷、600多万字的巨著《通志》。这是一部上起三皇，下迄隋唐的综合史料通史，与唐朝杜佑的《通典》、元朝马端临的《文献通考》，被中国传统史学合称为"三通"。

郭英龙： 没想到莆田在科名极盛的宋代，居然还有这样一位不求仕进、一心向学的大学问家。

我： 是的，郭院长，郑樵是"开莆来学"的郑露三兄弟的后裔，在秦桧专权的年代里，他以布衣身份修史，所承受的困难和打击不是一点点的。虽未考取功名，但他心系天下，4 次献书朝廷，我们后人对他是很尊敬的。

郭英龙： 除了郑樵之外，莆田还有没有大知识分子是未曾科考出仕的？——我突然发现"文献名邦"是个很合适的调查样本。

林馆长： 南宋大理学家林光朝本来有可能成为这样的人，不过他后来还是科举出仕了。

我： 说到林光朝，郭院长，您还记得咱们前面提到过的南宋绍兴八年戊午科"一科四异"的事情吗？

郭英龙： 当然记得了！

我： 那年会试，兴化举子去了 15 名，中了 14 名进士，您觉得唯一没有考中的那名举子会不会很郁闷呢？如果他还是 15 人中公认学问最好的，会不会更郁闷呢？

郭英龙： 那是肯定的了。前面我听林馆长讲这个故事的时候就想问了，忽然又觉得好像不太厚道，就没开口。

我： 这名举子就是林光朝，"九牧林"的后代。绍兴五年他已经落第过 1 次了；绍兴八年，状元和榜眼就不说了，连 73 岁的和 18 岁的都中了，他还是没中，确实打击挺大的。回到莆田之后，林光朝不再应试，而是在黄石开办"红泉义学"，从此桃李遍天下，人称"南夫子"，少年朱熹也曾慕名前来学习——"熹久欲有请于门下而未敢以进"。他在 29 年的时间里培养出了 150 多名进士，自己却一直没有功名。本以为故事就要这样结束了，结果没想到隆兴元年，50 岁的老夫子林光朝居然再次应试，终于进士及第，官至国子祭酒兼太子左谕德。淳熙四年，孝宗到国子监听他讲解《中庸》，赞不绝口，面赐金紫，升任中书舍人兼侍讲——一波三折，林光朝终究还是当上了天子之师。

小徐：哇，这个故事好励志啊！

我：如果还要再挖的话，南宋江湖诗派领袖刘克庄也勉强算一个吧。刘克庄的祖父和父亲都是进士，所以他是以荫补入仕的。不过，由于他"文名久著，史学尤精"，60 岁那年还是被宋理宗赐同进士出身，官至工部尚书、中书舍人、侍读等；致仕后，授龙图阁学士。

林馆长：就这么多了，其他的真的想不出来了。

郭英龙：我明白了，整个科举时代，莆田出了 2482 名进士，居然只有这么两三个不太算例外的"例外"，真的够说明问题了。教授，现在我完全相信了，在科举时代，政治精英

刘克庄陈列馆（陈良锦　摄）

与知识精英的确是长期结盟乃至高度合一的，大政治家就是大知识分子，大知识分子就是大政治家。

林馆长：可不是吗，刚才反面举例举得磕磕绊绊的，如果正面举例，那简直就是随便举：欧阳修、范仲淹、苏东坡、王安石、司马光、朱熹、王阳明……哪个不是科举锻造出来的精英？哪个不是知识与政治的统一体？

我：政治与知识的长期结盟乃至高度合一，产生了一连串核聚变般的效应。在政治、资本、知识 3 种精英的"三国演义"中，政治与知识一旦结盟，无疑会形成对资本的压倒性优势——二打一，一打一个准，这就是为什么古代中国"政治在资本之上"。

小徐：教授，我有个问题："政治在资本之上"比"资本在政治之上"更好吗？

我：那当然了。我们前面说了，既然一个社会是由精英来领导平民的，那就一定要找到那些最聪明、最自觉的精英来承担治国的责任——所谓"最自觉"，说的就是"德"，也就是立场。然而，无论是古代还是现代，资本的立场从来都是自私的。所以，如果一个社会是"资本在政治之上"的话，那么这个社会的公共利益就必然要臣服于资本的私人利益，整个社会都必将长期为此埋单。

小徐：哦，我好像有点理解了。不过，我还有一个问题：政治的立场就一定比资本的立场更好吗？

我：理论上的确可以这么说。小徐，我问你一个问题：今天，一个再有权力的人，总还得说一声"一切权力属于人民"吧？而今天，一个很有钱的人，他会说他的钱是属于谁的呢？

小徐： 当然是属于他自己的了。

我： 也就是说，经过漫长的时间进化，政治已经进化出了人民的立场，而资本至今尚未进化出人民的立场。所以，小徐，一个社会理应将自己的主导权交给政治还是资本呢？

小徐： 当然应该交给政治了——教授，我明白了。

我： 不过，这只是我们应然的想法，实然的问题是资本怎么肯拱手让出主导权。因此，资本与政治之间的斗争，其实是贯穿人类社会数千年治理实践的一条主线。西方社会的资本就是经过长时间的斗争，最后将政治牢牢控制住了。我判断在未来相当长的一段时间里，西方的政治估计都是翻不了身的。

郭英龙： 教授，以我对西方社会的了解，我很同意您的这个判断。

小徐： 而中国社会就不一样了，由于科举导致政治与知识的长期结盟，使得政治获得了对资本的压倒性力量优势，从而逐步形成了"政治在资本之上"的社会结构——教授，我说得对不对？

我： 十分正确，小徐，这就是科举的伟大意义之一。这一意义，不仅仅造福于古代的中国，更为后来的中国比西方更早迈入社会主义社会，提前创造了历史条件、奠定了社会基础，因为资本主义恰恰就是"资本在政治之上"，而社会主义恰恰就是"政治在资本之上"。很多人到现在都搞不明白：为什么现代中国的生产力明明比较落后，却会比西方社会更早地迈入社会主义社会——这个问题，除了平面地照搬舶来的理论之外，更需要纵深地到自己的历史文化传统中去寻求答案，如果我们不知道自己从哪里来，就一定不会知道自己是谁，也一定不会知道自己要到哪里去。

陈义忠： 哇，社会主义的历史文化传统渊源，居然跟科举还能扯得上关系，这脑洞开的！

小徐： 教授，我也很同意您的这个观点。不过，我能不能再追问一个问题？

我： 当然可以了，小徐。

小徐： 您刚才说，一个再有权力的人，还得说一声"一切权力属于人民"。我同意，不过这句话好像只适合于现代社会。在漫长的古代社会，政治能有这么先进的立场吗？如果古代的政治还没有进化出人民的立场，那么"政治在资本之上"在古代的意义似乎也就没有那么重要了吧？

林馆长： 小徐可以啊，思考越来越有深度了。

我： 小徐，你的思考是完全正确的，然而这恰恰就是科举的意义所在，也是政治与知识长期结盟的意义所在。为什么这样讲呢？古代的政治的确还没有进化出人民的立场，但是古代的知识却早已进化出了人民的立场呀！早在2500多年前，我们的至圣先师孔子就为儒家知识分子的灵魂里注入了人民的立场、公共的立场、社会的立场，从此以后，中国古代知识分子以天下为己任，夙兴夜寐，心忧天下——"嗟夫！予尝求古仁人之心，或异二者之为，何哉？不以物喜，不以己悲，居庙堂之高则忧其民，处江湖之远则忧其君。"

小徐："是进亦忧，退亦忧。然则何时而乐耶？其必曰'先天下之忧而忧，后天下之乐而乐'乎！噫！微斯人，吾谁与归？"范文正公，划粥割齑，进士出身，官至参知政事——刘教授，我明白了。

苏州天平山范仲淹纪念馆牌坊上刻有"先天下之忧而忧，后天下之乐而乐"字样

我：是的，小徐，虽然古代的政治尚未进化出人民的立场，但是早在 2500 年前，中国的知识分子就已经进化出了人民的立场，因此当知识与政治长期结盟的时候，知识不仅带给政治压倒资本的巨大力量，更带给政治超越资本、超越自我的先进立场——这正是中国古代政治遥遥领先于全世界的根本原

因之一。

郭英龙： 教授，我觉得还有个关键点没有讲：您说知识与政治结盟带给政治压倒资本的巨大力量。在我看来，这种力量并不仅仅是因为结盟之后人多势众，而是因为知识本身就是力量，政治拥有了知识，自然也就拥有了力量。

小徐： 我觉得郭院长讲得很对，培根不是说了吗，知识就是力量——*Knowledge is Power*。

我： 嗯嗯，我完全同意。这3种精英中，政治和资本是两种直接的显性力量，而知识是一种间接的隐性力量。知识分子手无缚鸡之力，一没钱，二没权，很多人是看不起的。其实大谬。3种力量中，恰恰知识才是最强大、最科学、最公平的力量，得知识者得天下。为什么说最强大呢？因为人类之所以能够超越动物，并非由于人类的肌肉进化得比较强壮，爪牙进化得比较锐利，而是由于人类的精神和知识进化得更加完备。所以，拥有知识的人，其实才是最强大的——爱因斯坦能有多少力气？可他的"$E=mc^2$"却为人类打开了一扇不可思议的力量之门。

郭英龙： 我完全同意。

我： 那为什么说最科学、最公平呢？因为政治力量和资本力量的获得，不一定就是科学和公平的，而知识力量的获得，从本质上说是科学和公平的。

陈义忠： 此话怎样？

我： 比如说，如果没有科举的牵制，皇帝看中张三了，只要一纸诏书任命下来，张三就是合法的政治精英，拥有了合法的政治权力，对不对？至于他的能力是不是配得上这个岗位，那就是另外一个问题了；皇帝的儿子出生了，牙齿都还没长齐呢，嫡长子立个储，其他的儿子封个王，一纸诏书封赐下来，儿子们就是合法的太子和亲王了。至于他们的能力是不是配得上这个岗位，那就是另外一个问题了。

陈义忠：没错，政治力量的获得的确不一定是科学和公平的。

我：又比如说，如果一个富翁看中李四了，觉得李四不错，那就赠一笔钱给你去创业吧。只要赠与行为发生，李四就是合法的资本精英，拥有了合法的资本权力，对不对？至于他的能力是不是配得上这笔钱，那就是另外一个问题了；富翁的儿子含着"金汤匙"出生了，国外读个名校回来，先给你一笔本金去练练手吧，后面还有大把的财产在等着你继承呢，一切都是合法的。至于他的能力是不是配得上这笔钱，那就是另外一个问题了。

陈义忠：没错，资本力量的获得也不一定是科学和公平的。

郭英龙：但是，知识力量永远也不能用这种方式获得。

我：是的。如果一个学富五车的学者看中张三了，他能不能把知识直接赠与张三呢？当然不行了。张三要想有知识，就得自己从头学起，天赋和勤奋一样也不能少；这位学者的儿子出生了，他当然希望儿子能够继承自己的衣钵了。那么他能不能通过基因遗传，把自己的知识遗传给儿子呢？当然不行了；那能不能通过财产继承，把自己的知识继承给儿子呢？当然也不行了。儿子要想有知识，就得自己从头学起，天赋和勤奋一样也不能少。

林馆长：嗯嗯，没错。

我：所以，总结一下：在政治、资本、知识3种力量中，知识是唯一一种不可赠与、不可继承、不可遗传的力量，因此也是一种最科学、最公平的力量。知识的获得，本质上就是一种质量体系认证，只要从这个质量体系走出来，基准水平就是有保证的。所以，得知识者得天下，政治与知识的长期结盟乃至高度合一，是政治获得对资本压倒性力量优势的根本原因所在。

小徐："知识是唯一一种不可赠与、不可继承、不可遗传的力量，因此是一种最科学、最公平的力量"，刘教授，这句话我真的非常喜欢，也非常同意。其实Power还有"权力"的意思，培根的那句名言，也可以翻译成"知识就是权力"。所以，您的这句话其实也可以表述成"知识是唯一一种不可赠与、不可继承、不可遗传的权力，因此是一种最科学、最公平的权力"。

我：正是由于知识与政治的长期结盟乃至高度合一，因此基本上可以说，科举时代的中国，就是一个知识分子主政的国家。利玛窦来华后，对此赞不绝口，他说："标志着与西方的一大差别而特别值得注意的另一重大事实是，他们全国都是由知识阶层，即一般称为哲学家的人来治理的，井然有序地管理整个国家的责任完全交付给他们来掌握。"在西方传教士的传播之下，中国科举的理念逐渐漂洋过海，在很大程度上推动了西方社会的文官制度改革。

郭英龙：是的，刘教授。1855年，英国政府颁布枢密院令，成立由3人组成、不受党派干扰、独立主持考选事务的文官事务委员会；1870年，英国政府颁布了第二个枢密院令，确立了公开竞争的考试制度，标志着英国文官制度的正式建立。我在英国留学时研究过这个问题，英国人的确认为，他们的文官制度就是受中国科举制度启发的。

林馆长：知识分子主政，真是遥远而美好的历史记忆——昔人已乘黄鹤去，此地空余黄鹤楼。

小徐：黄鹤一去不复返，白云千载空悠悠。

我：在科举时代，知识分子主政还有一个配套制度，那就是"官吏分开"。"官吏"现在往往被当成一个词来使用，其实在科举时代，"官"和"吏"是两个词——"官"是有品级的官员，叫作"品官"，隋以后由中央统一任命，因此又叫作"朝廷命官"；"吏"是没有品级的底层公务人员，又称"胥吏"，是由官自己辟召并服务于官的。在科举时代，由于吏没有功名，因此基本上不存在"由吏升官"的可能性。

陈义忠：那吏能不能去参加科举，取得功名后升官呢？

我：也不行。虽然各个朝代对于科举报考资格的规定略有不同，但是有一条基本上是共识，那就是胥吏不可以参加科举。

郭英龙： 哦，这么做的初衷是什么？出于对科举制度算无遗策的信任，我想这应该不会是简单地出于对"吏"的歧视吧？

我： 这些规定都立足于那个时代的社会现实，不会无的放矢。比如，朱元璋出身贫寒，从小受到元朝胥吏的欺压。在托钵云游的过程中，他饱尝人间屈辱，受过胥吏隶卒的无数欺凌，深知这些人奸顽刁诈，利用元朝烦琐的法令，瞒上欺下，鱼肉百姓。因此，朱元璋建立明朝后，在科举制度中对胥吏"严防死守"——"洪武四年，令科举，凡词理平顺者，皆预选列。惟吏胥心术已坏，不许应试"。

郭英龙： 看来元末腐败的吏治给朱元璋留下了很深的心理阴影，难怪他会这么规定——"惟吏胥心术已坏，不许应试"。

我： 其实吏这支队伍对于国家机器运作是十分重要的，但是古代对这支队伍的认识、管理和保障是很不够的，导致这支队伍常常行走在灰色的边缘。不过，这并不是科举的问题，而是古代对吏的管理制度问题，不能把这笔账算到科举的头上。如果单纯从科举的角度来看，官吏分开是有其内在价值的，否则科举时代也不可能存续了 1000 多年。

陈义忠： 愿闻其详。

我： 从吏的定位来看，吏要对官负责，也就是对上负责；从官的定位来看，官要对民负责，也就是对下负责。一个人如果长期在强调"命令与服从"的职业环境中工作的话，自然而

书吏出身的名臣——况钟

况钟（公元1383—1443年），字伯律，号龙岗，又号如愚，江西靖安县龙冈洲人。况钟幼时家庭贫困，7岁丧母。他聪颖好学，秉心方直，本想刻苦读书，获取功名。然而，永乐四年，县令俞益需要一名精通文理、能干练达的书吏，千挑万选，选中了况钟。永乐十二年，况钟吏期满九年，按例应允给赴京考职。礼部尚书吕震与俞益相友善，俞益竭力推荐，历陈况钟贤能。永乐十三年春，以其才识优长，录为六品礼部仪制司主事（正六品）。永乐二十一年，况钟九年考满，极得朝廷赏识，例升员外郎，又因其贤劳著称加一等，超升礼部仪制司郎中（正四品）。宣德五年，出任苏州知府。在"仁宣之治"前后，未经科举，由出身低贱的书吏做到知府，并且政绩斐然的官员中，苏州知府况钟是其中最著名的一个。正统六年，况钟在苏州任期十年已满，当地官民2万多人向上级请求留任，最终任职长达13年。在苏州任内，他勤于政事，忠于职守，除奸革弊，为民办事，深得苏州人民的爱戴。他死后，人们悲痛不已，并立祠纪念。苏州人民称他为"况青天"，昆剧《十五贯》就是以歌颂况钟刚正清廉的思想品格和深入实际的求实精神而妇孺皆知。

然会形成对上负责的职业伦理习惯——这并不是什么原罪，而是十分正常的逻辑结果。可是，如果这样的人去当了官，他早已养成的对上负责的职业伦理习惯，是不可能突然来个180度大转弯，变为对下负责的——这也不是什么原罪，而是十分正常的逻辑结果。问题在于，如果整个官场都在对上负责的话，那老百姓该怎么办呢？后人常常抱怨："怎么个个眼睛都朝上看？怎么个个都是对上不对下？"仔细想来，不就是这个逻辑吗？

陈义忠：那倒是！

我： 古人是怎么解决这个问题的？他们让最聪明的孩子从小就去读圣贤书，等到他悟透了圣贤的理，写得出锦绣文章的时候，就让他直接去参加科举；一旦科举中了第，就直接让他去做官，中间不需要经过做吏的阶段。我就问你们一个问题：这样的孩子做了官，他信不信孔子所说的话？

林馆长： 当然信了。他就是因为读了孔子的书，悟透了孔子的理，所以才得了功名，做了官的。至少到目前这个阶段为止，他是不需要溜须拍马，不需要行贿受贿的——因为溜须拍马、行贿受贿也根本没用，你说他能不信吗？当然是死心塌地地相信了。

我： 那么，孔子教导他做什么呢？

林馆长： 孔子教导他，要"修身、齐家、治国、平天下"，要"为天地立心，为生民立命，为往圣继绝学，为万世开太平"——用后世的话来说，就是教导他要以人民为中心，全心全意为人民服务。

我： 没错，虽然入仕之后还有其他干扰因素，环境会变得更加复杂，自然也就会有不少人忘了初心，然而科举的厉害之处，就在于每隔3年就会为这个大染缸注入几百个心怀理想抱负的新晋进士，从而十分执拗地与各种异化力量展开不死不休的缠斗。完全可以想象得出来，如果整个官场都是由这样的知识分子组成的话，那么他们共同的知识背景、理想抱负，必定会构成一种独特的气场——这个气场，我们可以称之为政治生态。

林馆长：我至少想象得出来，在这样的一个政治生态里，圣贤的教导不会毫无位置，曾经的屠龙少年不可能全部变成恶龙。世间万物本来就没有百分之百，我觉得只要能做到这一点，科举的价值就立住了。

我：是的，科学没有绝对，只有概率，科学的本质，其实就是概率。宋太宗曾对宰相薛居正说："朕欲博求俊彦于科场之中，非敢望拔十得五，止得一二，亦可为致治之具矣。"只要有科举在，我估计这点概率应该还是能够实现的；可要是没有科举在，我估计就连这点概率最终也会因为劣币驱逐良币而无从谈起的。别忘了，科举并不是古代政治制度的全部，它还有一个极其强大的对手，那就是皇权。可以这么说，在科举与皇权共同组成的政治生态中，科举是积极因素，皇权是消极因素，如果没有科举上千年的顽强牵制，完全无法想象中国古代政治生态会是一个什么模样。

郭英龙：刘教授，我对"官吏分开"的主要价值是十分认同的，但也觉得这样做其实是有副作用的，科举出来直接做官的人，对基层公务的实际运作很可能并不了解，而这恰恰又是吏的特长，所以官吏截然分开，肯定会产生一些副作用的。也只能说是优点大于缺点，那就顾个大头吧。然而，您刚才提到了皇权，我马上就明白了：原来官吏分开的价值，不仅仅在于向下对着胥吏，更在于向上对着皇权。要知道吏是在官之下的，而皇权却是在官之上的，官员如果没有满腔的理想，根本就无法牵制皇权——如此看来，官吏分开的制度价值其实是双向加持的，所以的确是立得住的。

小徐：郭院长的这段话很赞！

我：郭院长的这段话的确很赞，只有具备战略思维的人，才会这么全面地看问题。没错，官吏分开的确会导致官员的实务能力欠缺，但是面对皇权，若非心怀理想，根本就不敢与之抗衡。完全可以想象的是，如果当时的整个官场都是由一批善于察言观色的老练干吏充斥其中的话，再英明的皇帝最终都有可能被哄得团团转，至于昏庸的皇帝那就更不用提了，你敢要，我就敢给——"吴王好剑客，百姓多创瘢；楚王好细腰，宫中多饿死"。

陈义忠：所以从某种意义上说，科举就是要制造一批心怀理想的，甚至有些书呆子气的读书人，让他们去承担下管胥吏、上谏皇帝的治理责任，以一己之力，弥补皇权时代的体制缺陷，对吧？

我：是的。在皇权时代，如果轻视科举，重用干吏，优点可能是战术层面的，缺点一定是战略层面的；可能会一时赢在部分的方法上，但是最终一定会输在全局的立场上。这并不是理论上的想象，而是有深刻历史教训的。元朝的时候，统治者对科举相当排斥，"凡言科举者，闻者莫不笑其迂阔，以为不急之务"。科举中断几十年不说，即便恢复了，也是选官甚少，整个官场基本上为两种人所充斥：台、省要职多为贵族世家，其余岗位几乎为胥吏出身的所垄断，"大凡今仕惟三途：一由宿卫，一由儒，一由吏。由宿卫者，十一之；由儒者，十分一之半；由吏者，十九有半焉"。"官吏分开"就这样变成了"官吏合一"，而且还是"以吏为官"。至于那"十分一之半"的儒生入了仕，即便侥幸没有被吏化，那么大概也就像柏拉图所说的，"这极少数的真哲学家全像一个人落入了野兽群中一样，既不愿意参与作恶，又不能单枪匹马地对抗所有野兽。"

林馆长：所以史家向来就有"元以吏治国，而终亡于吏"之说，真是"用吏一时爽，最终会灭亡"，教授，这个问题其实很值得我们深思。

我：前车之覆，后车之鉴。虽然朱元璋也是那种说一不二的政治强人，但是他从元朝的覆灭中吸取了教训，因此即便看到了读书人有时也会失之迂阔，但最终还是决定把宝押在科举之上——"自古以来，兴礼乐，定制度，光辅国家，成至治之美，皆本于儒。儒者知古今，识道理，非区区文法吏可比也"。

陈义忠：朱元璋的这段话，基本上算是盖棺论定了——我同意。

小徐：我也同意！而且我觉得，科举筛选出来的人无疑都是非常聪明的，只要肯用心，不见得就不能弥补实务经验的不足；而他们的天分，普通胥吏怕是拍马也追不上了。

林馆长：怎么样，副主考，"知识政治的长期结盟——官吏分开的知识分子主政传统"，够不够资格评为科举的第二大传统治理智慧？

小徐（笑）：对呀，郭院长，这个榜眼您同意吗？

郭英龙（笑）：我十分同意！虽然与状元相比还略有差距，但是中个榜眼，我看是没什么问题的。

陈义忠（笑）：那郭院长是不是又要开始发愁探花的事儿了？

郭英龙：可不是吗，总是把我的胃口吊得这么高，后面怎么办？教授，探花是哪位啊？曲江宴的探花是要"一日看尽长安花"的，"科举之传统治理智慧科"的探花可不好落差太大啊！

林馆长：那可不，曲江宴的探花传统，给后世留下了一个说法：探花郎一定是此科最年轻最帅的进士。所以，举子如果中了探花，往往比中了榜眼还要兴奋呢！

我：科举的第三大传统治理智慧，是"公私合营的权力结构——科举的'公天下'与皇权的'家天下'"。

郭英龙：终于讲到皇权了，果然是我所期待的。

我：探花是紧跟着榜眼的，所以第三大传统治理智慧与第二大传统治理智慧也是紧紧联系在一起的。刚才为了讲清楚官吏分开的双重价值，我们其实已经提前剧透了探花郎的名字。科举时代，同时也是皇权时代，所以如果借用一个经济领域的概念，我们可以把当时整个国家权力结构理解为"公私合营"——公有制为科举，即"公天下"；私有制为皇权，即"家天下"。

陈义忠：确实如此。科举是通过最公平的考试，选拔天下最优秀的人才，的确做到了"天下为公"，因此说它是"公有制"的，我觉得没毛病；而皇权是通过家族血缘传递的，是把天下当成了自家的私有财产，因此说它是"私有制"的，肯定也没毛病。

郭英龙：虽然只是"公私合营"，但是横比当年的西方社会，这项成就已经是不可思议了。1295 年，英国国王爱德华一世召开"模范议会"，平民代表破天荒地走进了英国议会，这大概可以算是西方政治平民化的开始吧。不过，也仅仅是开始而已。当时不要说别的欧洲国家了，就算是在英国，议会的主导权也依然长时间掌握在贵族手里，即便是所谓的平民代表，也都是各个地方的头面人物，这种所谓平民化的穿透力，是远远比不上科举的。

我：虽然关公不能战秦琼，但是如果非要比较的话，我觉得即便是后来的选举，也不见得就比科举更强。也许有人会把民主等同于选举，其实只要真正了解西式选举的台前幕后，你就一定会相信，在科举能够发挥作用的年代里，科举不仅比选举更民主，而且更科学，科举其实是民主与科学的统一体。

陈义忠：那倒是！首先，考试肯定比投票更科学化，更标准化；其次，就算是比民主，谁又敢说投票就一定比考试更民主呢？郭院长刚才提到的那个词我很赞同的——平民化的穿透力。对于寒门子弟来说，就算给他一个投票权，其意义也应该是选举的机会，而不是被选举的机会吧？但是，科举是有机会让他"朝为田舍郎，暮登天子堂"的。

模范议会

1215 年 6 月 15 日，英国国王约翰在内战中被贵族击败，被迫签署《大宪章》，限制国王征税的权力。1258 年，约翰的儿子亨利三世继任后重建王权，遭到贵族"兵谏"，被迫签订《牛津条约》，成立了由 15 个贵族代表组成的"十五人委员会"，未经委员会同意，国王不得随意征税，不得擅自发动对外战争。1265 年，亨利三世在内战中又被西蒙·蒙特福特领导的贵族联军击败。为了进一步限制国王，西蒙召开会议，增加了骑士代表，每个郡两个名额。当年英国有 40 个郡，于是 80 名骑士代表进入会议，与贵族联合起来制衡国王。这就是著名的"西蒙议会"，全世界的第一个议会。1295 年，为了制衡贵族和骑士，亨利三世的儿子爱德华一世宣称，市民阶层也应该参加议会，每个县两个名额。当年英国有 200 个县，也就是增加了 400 名市民议员，大大稀释了贵族和骑士的发言权。由于贵族议员和市民议员的利益和要求各不相同，于是议会逐渐分化为上下两院，即贵族院（House of Lords）和平民院（House of Commons）。到目前为止，世界各国议会基本上是两院制的，因此这次议会又被称为"模范议会"。

林馆长： 我很同意刘教授的这个总结——"公私合营的权力结构"。其实，这在古代就已经有说法了，叫作"皇帝与士大夫共治天下"。但是，刘教授的提法把两种权力的性质都讲出来了，而且借用了一个大家耳熟能详的术语，让人感觉特别生动。

我： 我只是站在前人的肩膀上作了个总结而已。大家设身处地地想想，在皇权时代，能有勇气提出"皇帝与士大夫共治天下"，那是非常非常了不起的。

小徐： 教授，"皇帝与士大夫共治天下"是什么时候提出来的？

我：我们前面提到过刘邦的《求贤诏》，那句"贤人已与我共平之矣，而不与吾共安利之，可乎"算得上是比较早提出这个思想的。不过到了魏晋南北朝，又倒退成了"王与马，共天下"，说的是东晋司马睿东渡之后，主要依靠北方大族琅琊王氏的王导、王敦兄弟的支持，才坐稳了位置。

小徐：这是皇帝与门阀贵族的共治，不是我们要的东西。

我：是的，只有真正的科举时代，才有可能真正实现"皇帝与士大夫共治天下"，而且科举做得越好，这个思想就实践得越好。所以在这方面做得最好的典范，无疑还是宋朝。

林馆长：刘教授，传说宋太祖赵匡胤曾立誓"不杀士大夫"，我看各种说法都有，到底有没有这回事呢？

我：这件事《宋史》没有记载，不过其他史料有记载。当过高宗朝户部尚书的叶梦得在《避暑漫抄》中记载：艺祖受命之三年，密镌一碑，立于太庙寝殿之夹室，谓之"誓碑"，用销金黄幔蔽之，门钥封闭甚严。因敕有司，自后时享及新天子即位，谒庙礼毕，奏请恭读誓词。独一小黄门不识字者从，余皆远立。上至碑前，再拜跪瞻默诵讫，复再拜出。群臣近侍，皆不知所誓何事。自后列圣相承，皆踵故事。靖康之变，门皆洞开，人得纵观。碑高七八尺，阔四尺余，誓词三行：一云"柴氏子孙，有罪不得加刑，纵犯谋逆，止于狱中赐尽，不得市曹刑戮，亦不得连坐支属"；一云"不得杀士大夫及上书言事人"；一云"子孙有渝此誓者，天必殛之"——这就是所谓的"太祖勒碑三戒"。

林馆长： 赵匡胤取天下于后周柴氏，难免心存愧疚，所以有第一条也很正常；第二条与宋朝300多年的实际做法也算比较符合；第三条就是赌咒发誓要做到前面两条。其实说到底，有没有这个碑并不重要，重要的是有没有真正做到这几点。从赵宋300多年历史来看，虽然略有出入，不过基本上也算是做到了。

我： 比较明确提出"共治天下"的，应该是神宗朝的文彦博。熙宁四年，宋神宗在资政殿召对二府大臣议事。三朝元老、枢密使文彦博对神宗说："祖宗法制具在，不须更张，以失人心。"神宗说："更张法制，于士大夫诚多不悦，然于百姓何所不便？"文彦博回答："为与士大夫治天下，非与百姓治天下也。"

陈义忠： 这文彦博的胆子真是够肥的！

我： 可不是吗？皇帝说：变法是让士大夫不爽，可是对老百姓又不妨碍呀！结果他当场就把皇帝给怼了：你是与士大夫共治天下，又不是与老百姓共治天下。

陈义忠： 皇帝就这么接受了？

我： 这话算是当面挑明了，不过皇帝也就这么接受了。所以有人认为，正式接受"皇帝与士大夫共治天下"思想的就是宋神宗。当然了，这件事并不是停留在打嘴仗上，在宋代是有制度保障的。其中有条规定就特别厉害：皇帝的诏敕，须有宰相的副署方可生效——"凡制敕所出，必自宰相"。

郭英龙： 这个规定确实比较厉害，也真正体现出了"皇帝与士大夫共治天下"——"董事长"和"总经理"都要签字才算数。

我：所以，这个权力也就成了士大夫们寸土必争的阵地，瞅准机会就要教育教育皇帝，提醒提醒皇帝——"天下者，中国之天下，祖宗之天下，群臣、万姓、三军之天下，非陛下之天下""政事由中书则治，不由中书则乱。天下事当与天下共之，非人主所可得私也""臣历考往古治乱之原，权归人主，政出中书，天下未有不治""政不出中书，则腹心无寄，必转而他属，奚权之揽！"

小徐（笑）：这帮科举出身的聪明家伙，一个个引经据典，能说会道，还群起而攻之，任谁当皇帝也招架不住啊！

我：当然了，把"皇帝与士大夫共治天下"理念履行得最好的，无疑还是仁宗朝。中国不少朝代都有"仁宗"，不过当这个"仁宗"是宋仁宗，那就是"仁宗"的平方了。这个既有宋仁宗本人特质的原因，也有宋代科举制度改革红利的原因。咱们前面说过了，宋代的科举改革，历经太祖、太宗、真宗三朝之后基本定型，于是第四个皇帝自然而然就吃到改革红利了——这个皇帝就是宋仁宗赵祯。

林馆长：仁宗朝的人才之盛，那可真是没的说了。

我：随便举例——范仲淹、欧阳修、苏洵、苏轼、苏辙、吕夷简、周敦颐、程颢、程颐、韩琦、富弼、张载、范祖禹、柳永、寇准、晏殊、包拯、狄青……

陈义忠：居然还有包拯！

开封市中国翰园景区内宋代书法家苏轼、黄庭坚、米芾、蔡襄雕像

我：还有米芾、毕昇、沈括……

林馆长：教授，别忘了还有我们的蔡襄呢！

我：那是！我们仙游的大书法家、茶学家、桥梁学家、端明殿学士蔡襄。话说宋四家"苏黄米蔡"，究竟谁的书法最厉害呢？苏东坡自己说了："独蔡君谟天资既高，积学深至，心手相应，变态无穷，遂为本朝第一。"苏东坡也许是自谦，不过《宋史·蔡襄传》的确也是这么说的："襄工于手书，为当世第一，仁宗尤爱之。"皇祐六年，宋仁宗最宠爱的张贵妃去世了，仁宗追封她为"温成皇后"，以皇后之礼给她下葬，并罢朝七日以示哀悼。对于这件事儿，群臣都很不感冒。蔡襄的书法最好，于是仁宗敕命蔡襄撰写《温成皇后碑》，没想到被蔡襄一口回绝："此待诏职也。儒者之工书，所以自游息焉而已，岂若一技夫役役哉？"——我写字是自娱自乐的，又不是给你打工的。

陈义忠：这么不给皇帝面子，宋仁宗肯定很生气吧？

我（笑）：生气也只能生闷气，还能怎样？这不是"皇帝与士大夫共治天下"吗？再说了，蔡襄又不是头一回顶撞仁宗，他年轻时就写过著名的《四贤一不肖》，批评仁宗没有进贤退不肖。而且，顶撞仁宗的也不只是蔡襄一个人。皇祐元年，仁宗想封张贵妃的伯父张尧佐为宣徽使，结果引发了群臣围攻，其中尤以包拯反对得最为激烈。包拯指责皇帝"私昵后宫，用人唯亲"，最后越说越激动，唾沫星子喷了仁宗一脸。仁宗一点儿办法也没有，只好自己抹了抹脸，郁闷地退朝回宫去了，回去就埋怨张贵妃："你就知道要宣徽使，不知道包拯是谏官吗？"

郭英龙：如此君臣，焉能不治！

我：历史证明，"皇帝与士大夫共治天下"做得越好，杰出人才就会越多，国家治理就会越好。仁宗在位42年，可谓得人无数、育人无数：书法最好的"宋四家"全是仁宗朝的；文学最好的"唐宋八大家"除了唐朝那两位穿越不过来，剩下的6位全部集中在仁宗朝；理学的创始人程颢、程颐、张载全是仁宗朝的；而活跃在神宗、哲宗乃至于徽宗前期的一大批人才如王安石、司马光、苏轼、苏辙等人，实际也是仁宗一朝养育而成的——"仁宗之世，号为多士，三世子孙，赖以为用"。硬实力方面，仁宗朝的人口光是增长的户数就相当于贞观时期

蔡襄作《四贤一不肖》诗

宋仁宗景祐三年（公元1036年），宰相吕夷简执政。吏部员外郎范仲淹上《百官图》议论朝政，指吕夷简以权谋私、任人唯亲，却反被吕指为离间君臣、引用朋党贬到饶州；集贤校理余靖上疏《论范仲淹不当以言获罪》为范辩护，遭贬泰州；馆阁校勘尹洙上疏自承"靖与仲淹交浅，臣与仲淹义兼师友，当从坐"，遭贬唐州；馆阁校勘欧阳修致书司谏高若讷，诘责其趋炎附势，迎合吕夷简，谓其不复知人间有羞耻事，也被贬为夷陵县令。一时间，一众忠正贤臣反被权奸诬为朋党。当时年仅25岁的蔡襄目睹言者均被谪贬，心中不平，便作《四贤一不肖》诗，称赞范仲淹、余靖、尹洙、欧阳修4人为贤人，痛责高若讷为不肖之徒。诗成之后，京城内外士民争相传抄，大有洛阳纸贵之势。甚至有契丹使者闻悉后购得诗作刊本回去，张贴在幽州馆里品赏。据宋人王辟之《渑水燕谈录》记载，后来大宋出使契丹的官员张中庸"奉使过幽州，馆有书君谟诗在壁上"，可见此诗在当时影响之大。

的总户数；税收则是唐朝税收最多时候的4倍以上；四大发明中有3个得到应用并转化为生产力——这就是中国历史上不可思议的"仁宗盛治"。

小徐：这真的不是一般的厉害了。

林馆长：我倒是觉得，这其实并不是因为皇帝有多厉害，而是因为士大夫很厉害——全天下有多少德才兼备的人才啊！所以，皇帝真正应该做的，就是充分发挥士大夫的作用，而不是自己逞能。所谓"仁宗盛治"，并不是因为宋仁宗本人有多厉害，而是因为他最大限度发挥了士大夫的治国才能，这样的皇帝其实才是最厉害的皇帝。

我：可惜的是，并不是每个朝代、每个皇帝都能做到这点。古代法权的假象往往会误导很多皇帝，让他们误以为这天下真的就是他们家的，从而诱惑他们随意打破"皇帝与士大夫共治天下"的默契与平衡，最终将自己的"家天下"一步一步地推向万劫不复的深渊。因此可以这么说：在这个"公私合营"的权力结构中，"公有制"的科举本质上并没有什么问题，中国古代政治的阿喀琉斯之踵，其实是"私有制"的皇权。

郭英龙： 我同意。现在我理解了：在中国古代国家治理体系中，科举始终是一种非常稳定的常量，提供着非常稳定的正向价值，而皇权则是一种不稳定的变量，可能好，也可能坏。但是，由于皇权是高于一切的，一旦皇权变坏，就会成为倒下的第一块多米诺骨牌。中国古代之所以会有历史周期率，根本原因在于皇权，而不在于科举。

我： 而科举之所以最终无法制衡皇权的滥用，原因就在于：在这个"公私合营"的权力结构中，私有制的皇权是大股东，公有制的科举只是小股东。即便是做得最好的仁宗朝，皇权这位大股东至少也是占股 51% 以上的，而作为小股东的科举别看人多势众，说到底都是散户，加起来也超不过 49% 的股份。一般情况下，大股东为了公司的长远利益，对小股东的意见还是比较重视的；可大股东毕竟是私有制的，股份总要继承给子孙，一旦出现了不肖子孙，想要乱来的话，小股东终究是挡不住的。虽然结果是玉石俱焚，但那是结果的问题了——历史证明，这个时间周期最多也就 300 年左右。

小徐： 所以，要想跳出历史周期率，关键问题是要解决皇权的私有制，而不是针对科举的公有制，对吧？

我： 对的。跳出历史周期率的首要问题，就是通过革命，将治理国家的最高权力从私有制的皇权手中夺回，交还给人民。而人民终究又需要一个拥有人民立场的政治组织来承担治国的责任，于是就有了政党的诞生。皇权是封闭的，注定是不公平的；而政党是开放的，是有可能做到公平的。从这个意义上说，现代政治的标志，其实根本就不是一党还是两党；现代政治的标志，是从封闭的家族政治，走向开放的政党政治。

林馆长： 如此说来，现代政治真正要比拼的，就是这个政党是不是真的做到了"公有制"，是不是真的代表了最广大人民的根本利益，对不对？

我： 十分正确。这个公有制，不仅要体现在立场上，也要体现在方法上；不能只停留于理论，还要转化为现实。

小徐： 我也同意，不过有个很重要的问题，我得提醒大家一下。

陈义忠： 什么问题？

小徐： 科举丢了呀！私有制的皇权倒是解决了，可是公有制的科举丢了呀！这不是按下葫芦起了瓢吗？

郭英龙： 小徐提醒得很对，科举丢了！想当年，在没有现代国家治理方法帮忙的情况下，科举凭借一己之力，就能抗衡皇权达300年之久，这其中所蕴含的传统治理智慧，绝对是我们老祖宗治理国家的传家宝，可不能说丢就丢了吧？

我：我很同意。所以，国家治理现代化也需要与中华优秀传统文化相结合，而且是一种制度层面上的结合。认真研究科举，努力消化吸收，创造出一种堪与科举相提并论的选贤举能的现代方法，就是我们这一代人不可推卸的责任与使命。

郭英龙：刘教授，真的应该好好研究研究！

陈义忠：太应该研究了，没有好的方法，立场最终也保不住啊！

我：这就是科举的第三大传统治理智慧："公私合营的权力结构——科举的'公天下'与皇权的'家天下'"，郭院长，这位探花郎，您还算满意吗？

郭英龙（笑）：这位探花郎果然不比榜眼差，我很满意。诸位同考官意下如何？

林馆长：正副主考的意见，就是我的意见。

陈义忠（笑）：林同考官的意见，就是我的意见。

小徐（笑）：这位探花郎确实很帅，我同意！

林馆长：状元、榜眼、探花都评出来了，按照科举的规矩，这前三名应该称作"一甲进士，赐进士及第"。教授，还有"二甲进士"吗？

小徐（笑）：轮到林馆长替郭院长操心了。

我：当然有了。既然"科举之传统治理智慧科"都开科取士了，怎么说也不能只有 3 名举子来应试吧。

林馆长：那就太好了！各位考官，连续评卷，大家都累了吧？今天阳光特别好，要不站起来走动走动，再去看看木兰陂吧！我来给大家换一泡好茶，然后一起回来听刘教授继续介绍"二甲进士"。

小徐： 好啊，阳光正好，咱们一起去木兰陂上走走吧。

5

千百年来真正守护这个国家，守护黎民苍生的，正是纵贯古今的士子之心，是一代又一代的读书人『为天地立心，为生民立命，为往圣继绝学，为万世开太平』的士子之志。

　　不知不觉，溯溪而上的海潮已经接近了最高点，不过西边的溪水就是比东边的海水更高一些。木兰陂就是这么恰到好处地拒着咸，蓄着淡，还不多不少地留了点余力，以应对那偶遇而必来的天文大潮。古人 1000 年前的治水智慧，是如此的道法自然，又是如此默默地护佑着百姓安居乐业，一如那 1000 年前政通人和的治国智慧。午后的阳光更暖了，游春的人也更多了。北岸宽阔的陂埕上，有孩子高高地放起了风筝。那风筝，像极了当年进京赶考的兴化举子，胸怀凌云之志，身受凌乱之苦，作始高飞展翅，将毕落叶归根。木兰陂纪念馆里，楹联满目，故事众多。有个"钱媛巡陂"的故事，说的是每逢暴雨来临，木兰溪发大水的时候，人们就会在风雨交加的夜晚，隐隐约约看见钱四娘手提双灯在陂上行走巡视。因为有她的巡视，木兰陂历经千年，至今安然无恙。我们走出纪念馆，回到院子里重新坐下，林馆长已经为我们泡好了茶。

　　陈义忠：教授，其实我有个问题一直想请教您，为什么钱四娘年仅 16 岁，却会发下如此大的愿心，付出如此大的牺牲呢？

钱四娘雕像

我：这一定有她天性中的因素，不过也不能忘了教化的影响。虽然年代久远，许多史实记载不清，但是可以肯定的是，钱四娘的父亲是在广东、福建为官的。宋代为官，想必也是科举出身。钱四娘自幼与父亲相依为命，不可能不受到父亲潜移默化的教育和影响。虽然身为女儿身，但是她的心，想必早已是天下心、百姓心了。纪念馆里那个"钱媛巡陂"的故事，说的是每逢风雨交加的夜晚，就见钱四娘提双灯巡陂。其实千百年来真正巡陂护民的，不是钱四娘本人，而是那纵贯古今的士子之心，是一代又一代的读书人"为天地立心，为生民立命，为往圣继绝学，为万世开太平"的士子之志。

林馆长：没错，其实在木兰陂的历史舞台上，到处都是读书人前仆后继的身影。钱四娘筑陂，对她帮助最大的是兴化军主簿黎畛。黎畛是广东惠州人，因为弹劾权贵，被贬至兴化军当主簿。虽然遭贬，但他不改其志，全力协助钱四娘筑陂。他时常到工地巡视，劝谕民工全力以赴。为了解决大批民工煮饭的时间问题，黎畛经过反复研究，把大米加工成了一种方便易食的食品——米粉，这就是著名的"兴化米粉"的由来，中国最早的快餐之一。郭院长，炒米粉可好吃了。

郭英龙： 是吗，那我非得尝尝不可了。

陈义忠： 放心吧，今晚做大岁，早就准备好了这道菜。

郭英龙： 太好了，今晚我可以品尝到千年美食了。林馆长，这位黎畛后来怎样了？

林馆长： 公元 1067 年，钱陂功败垂成，钱四娘投水自尽。黎畛赶到四娘投水处，悲痛欲绝，吁叹良久，突然跃马坠入山洪之中，自杀身死，享年 68 岁。

郭英龙： 啊！黎畛也自杀了！

林馆长： 是的，黎畛也自杀了。也许在他的内心深处，早已把 16 岁的钱四娘当成自己的女儿了，而这功败垂成的木兰陂，也早已成为他造化黎民的生命寄托。

小徐： 教授，我太心痛了！

我： "圣人无常心，以百姓心为心"，小徐，把整个天下都装进自己的内心，不是一句开玩笑的话，而这恰恰就是中国古代读书人的命。

林馆长： 钱四娘之后，二次筑陂的林从世本人就是进士；

三次筑陂更是士子荟萃，有初出茅庐的，有致仕还乡的，构成了一组传唱千年的英雄群像。即便是在陂成之后的千年时光里，木兰陂依然经历过无数次的修缮，其中明朝几乎每隔 30 年就对木兰陂有 1 次大的修缮。而历次修陂的领导者，是知军，是知府，是知县，是太守——一群科举出身的读书人。所以，教授，您说得对，千百年来真正守护这个国家，守护黎民苍生的，正是纵贯古今的士子之心，是一代又一代的读书人"为天地立心，为生民立命，为往圣继绝学，为万世开太平"的士子之志。

郭英龙： 所以说，得知识者得天下。科举的传统治理智慧，真是令人遐想联翩，回味无穷。

陈义忠： 林馆长，可别忘了"二甲进士"。

林馆长： 对对对，"科举之传统治理智慧科"二甲进士。刘教授，我现在也不敢要求太高，不过您少说也得给我们来个 3 名吧。

我： 行，那就按您说的办，"二甲进士"也选 3 名。在我的心目中，科举的第四大传统治理智慧，也就是"二甲进士"的头名，就是"选人用人的分工协作——儒表法里的完美统一"。

陈义忠： 选人用人，看来这个"二甲头名进士"也大有来头。

我： "选人用人"在很多人看来，就是一个词，一码事，其实这是两个词，两码事。因为在科举时代，选人和用人是分开的，选人是礼部管的，而用人是吏部管的。你想想看，主管部门都不一样，能是一码事吗？

陈义忠： 还真是的！说起来，这其实也是科举时代的常识了，不过您要是不提醒的话，我还真没有意识到。教授，为什么当时的选人用人要分开呢？

我： 因为礼部是以儒家的方式选人的，而吏部是以法家的方式用人的。这两件事可不能搞反了，也不能搞串味儿了：选人要德才兼备，所以不能用法家的方式来选人；用人要如心使臂，所以不能用儒家的方式来用人。

林馆长： 有道理！

我： 如果用儒家的方式来用人，那可麻烦了：我要派个人到凉州去当太守，结果他给我上了个折子——《论敝人不适合到凉州而只适合到苏州当太守的原因和对策》，洋洋洒洒，引经据典，指出凉州"地处西方，常寒凉也"，不适合他这种体寒的人；而且古人都说了，"凉州大马，横行天下"，所以最好还是派个彪悍的武进士去当太守吧。至于他这种文弱的，最适合到苏州去当太守了，"上有天堂，下有苏杭"，跟他简直就是绝配了。

小徐（笑）： 哈哈哈，教授，您不要这么搞笑好不好！

我： 小徐，你可不知道，当领导的最讨厌这种事情了，挑肥拣瘦，无利不起。谁都喜欢苏州，可那派谁去凉州呢？你不去，我也不去，大家都不去，难道就让它"凉"了吗？用人当然也要知人善任，用其所长，但是这一切必须以一套强大的

"命令与服从"体系作为后盾，否则大一统国家早晚分崩离析。虽然今天讲的是科举，但是我还是要在这里强调一下：法家不丢人。法家不仅不丢人，而且还是大一统国家的底层技术、底层逻辑。数千年历史风雨，多少强敌，多少灾难，如果没有法家强大的组织性纪律性提供的强大战斗力，这个国家根本就走不到今天。

郭英龙：我是当警察出身的，最能理解这句话了。警队要有战斗力，必须有一套如心使臂、如臂使指的指挥体系。每个命令如果都要辩论半天，贼都跑光了。

我：不过，选人时可就不能用法家的方式来了。如果用法家"命令与服从"的逻辑来选人，那你放心吧，选出来的肯定全是听话的，跟"德才兼备"的选人原则怕是背道而驰了。

林馆长：可是法家这把刀用起来顺手啊，操刀的人难免会有从选人到用人一路通杀的冲动。

我：所以这就彰显了科举的伟大意义。在科举时代，礼部通过科举选拔出最优秀的人才，然后全部交给吏部。吏部想怎么用都随你，不过不好意思，你只能在我选的人里边用，不可越雷池半步。

陈义忠：我明白了，古人通过科举把选人用人分开，从而将两个看似相反的价值目标完美地统一起来：既要德才兼备，又要如心使臂。

我：往深了讲，也是把儒家与法家完美地统一起来。古代中国大一统体制的根基，其实就是"儒表法里"，或曰"王霸道相杂"。所谓"儒表法里"，并不仅仅停留在口号上，而是要落脚在制度上和组织上。把选人和用人的权力分开，然后分别交给礼部和吏部来行使，就是"儒表法里"的政治理念在制度意义和组织意义上的体现。

郭英龙： 教授，我觉得这不仅仅是"选人用人的分工协作"，背后很可能还有一种权力制衡的考量，所以这句话其实也可以表述为"选人用人的分权制衡"。

小徐： 我觉得郭院长的观点是对的。

我： 分工协作与分权制衡，其实就是一枚硬币的两个面，就看你究竟是从矛的角度，还是从盾的角度来说了。西方社会更强调分权制衡，中国社会更强调分工协作，二者都是有道理的，可以在不同的场合，采用不同的提法。

林馆长： 教授说得对，这就是科举的伟大意义。如果没有科举的有力制衡，法家很容易就一统天下了。所以从表层逻辑上看，这是礼部与吏部的分权制衡，其实从底层逻辑上看，这也是儒家与法家的分权制衡。如果没有强大的科举制度的加持，儒家遇到了法家，那肯定是"秀才遇到兵，有理说不清"了。

我： 其实在科举的历史上，选人用人最早都是由吏部管的。这其实是一种很正常的逻辑思维：既然用人是吏部的事儿，那选人自然也就一起管了。所以，从公元606年科举诞生，到公元736年，也就是唐玄宗开元二十四年，吏部一直就是选人用人一把抓，吏部南院也一直就是省试的考试地点，持续时间长达 130 年。

陈义忠：哦，还有这事！那为什么到了唐玄宗的时候就改了呢？想通了？

我：因为公元 736 年发生了科举史上著名的"二李纷争"，从而导致制度的改变。由于最初对选人的相对独立性和极端重要性认识不足，因此唐初的科举一直是由吏部的考功员外郎作为主考官的。考功员外郎是从六品上的官员，大概相当于今天部委的副司长，居然主管了科举这件堪称国本的事情。开元二十四年，时任吏部考功员外郎的李昂担任省试的主考官。李昂这个人的水平还是有的，他是开元二年的状元，当时的主考官是时任吏部考功员外郎王邱。唐初科举请托成风，王邱还比较公正，量才录取了 17 名进士，李昂夺得状元。意气风发的李昂步入仕途后，也做到了吏部考功员外郎，轮到自己做主考官了。应该是受到了自己经历的影响，李昂也想以自己的座师为榜样，做一名公正的主考官。于是在开考之前，李昂把所有的考生都召集起来，先宣布一下考试纪律："文之美恶，悉知之矣。考校取舍，存乎至公。如有请托于人，当悉落之。"

小徐：我觉得挺好的呀！本来就应该这样的。

我：可是当时社会风气不是这样的，所以下面的考生也是半信半疑，估计不少人都觉得这个主考官大概又是在说一套做一套。其中有名考生叫李权，跟李昂的岳父是邻居，关系挺好的。这次应试，李权是揣了他岳父的亲笔推荐信来的，心想你李昂再铁面无私，泰山大人的面子总是要给的吧。于是，李昂前脚刚宣布了纪律，李权后脚就把信递给了他。

陈义忠：那李昂怎么处理呢？

我：李昂被惹火了。这不是明目张胆吗？他决心给李权一个教训，于是连夜召集考生，把李权的事情当众抖了出来，并要求大家把自己的文章都拿过来，准备过几天开个作品交流会。李权一看势头不对，这摆明是要羞辱自己了，回去立即吩咐书童把李昂的所有作品都找来，认真做了研究。果不其然，到了作品交流会的时候，李昂当众把李权的作品批得体无完肤。早有准备的李权拱手上前，说："礼尚往来，来而不往，非礼也。我的作品水平不行，我已经知道了。那么主考官大人的作品，我能不能也谈点心得呢？"李昂答："有何不可。"李权说："请问'耳临清渭洗，心向白云闲'是您的诗句吗？"李昂答："是我写的。"李权说："这是一个用典。传说尧年龄大了，想把自己的位子禅让给许由，没想到许由是个高人，压根不接受，觉得尧对他说这种话简直是弄脏了他的耳朵，他要跑到渭水去洗耳朵。可是，主考官大人，当今天子年富力强，也没有说过要把位子让给您，您写这诗是什么意思呢？"

陈义忠：这不是上纲上线吗？

林馆长：是上纲上线，不过在皇权年代，这是非常恐怖的事情。

我：此言一出，李昂当场就吓傻了。思来想去，李昂决定向宰相如实汇报此事。宰相下令把李权抓了起来，不过最后也不好定罪，又把他给放了。

陈义忠：这李昂绝对是一身冷汗。

我：这件事情发生之后，唐玄宗组织大臣们进行了讨论。最后会议一致认为，吏部考功员外郎的品级太低，不足以慑服考生，难以主持全国性的科举考试。于是，开元二十四年三月，唐玄宗下诏，将科举的管理权交由礼部侍郎。礼部侍郎是正四品下的副部级干部，的确比吏部考功员外郎更适合当科举的主考官。只是很多人都没有意识到，唐玄宗借此机会，不动声色地将科举的主管部门，从吏部变成了礼部。

郭英龙：现在回过头来看，这才是关键性的一招。级别问题其实不是最重要的，随时都可以解决，最重要的是选人用人从此分开了，这可不好解决。教授，我怎么觉得，这唐玄宗会不会是蓄谋已久的？

我：我也是这么认为的。吏部选人用人一把抓了130年，其中利弊，皇帝不可能不看在眼里，记在心里的。但是平时各种利益板结化，皇帝也不好乱动，现在借这个机会，一并改革到位。"二李纷争"刚刚发生，唐玄宗马上就下诏改革，说明他早就思考成熟了，否则单纯要提高主考官级别，吏部侍郎不是现成的吗？

林馆长：这唐玄宗还是有点水平的，难怪会有"开元盛世"。

我：历史上能够折腾出点动静的人物都是有点水平的，只是看这水平究竟用到哪个方向上去而已。唐玄宗在位40余年，以此次科举改革的开元二十四年为界，前期就是把水平用对了

链接

开元盛世

开元盛世，是指唐朝在唐玄宗治理下出现的盛世。唐玄宗登基以后提倡文教，任用贤能姚崇、宋璟等，改革官职，整顿吏治，励精图治。开元年间，唐朝进入全盛时期：政治上，唐玄宗改革机构，整治吏治，重用贤臣，修订律法。经济上，唐玄宗打击豪门士族，解放劳动力；改革实施食封制，增加政府财政收入，减轻人民负担；打击佛教势力，大力发展农业。军事上，唐玄宗对兵制进行改革，在边境地区大力发展屯田，扩张疆域。在东北设置了靺鞨都督府、室韦都督府、黑水都督府、渤海都督府等，历史上首次将东北三省全境纳入了中国版图。文化上，唐玄宗提倡文教，重道抑佛，导致人才辈出，同时还改善了民族关系。开元年间，唐朝在各方面都达到了极高的水平，国力空前强盛，社会经济空前繁荣，人口大幅度增长，天宝年间唐朝人口达到8000万。商业十分发达，国内交通四通八达，城市繁华，对外贸易十分活跃，波斯、大食商人纷至沓来，长安、洛阳、广州等大都市各种肤色、不同语言的商贾云集。

方向，后期就是把水平用错了方向。

小徐：从开元二十四年以后，科举就都是由礼部主管了吗？没有再变过吧？

我：没有再变过，从此礼部主管科举成为永制，选人用人彻底分开，直到科举时代落幕。1300年的科举，选人用人"合"了130年，"分"了1170年，说明"分"还是比"合"更合理。回过头来说，即便是130年的"合"，吏部也是把选人和用人当作两件事情，用两种不同的逻辑来处理的，只不过科举考试也是由吏部来组织罢了，这一点必须搞清楚。

小徐：嗯嗯，理解了。

我： 关于"儒表法里的完美统一"，我再多说几句。法家有句名言，叫"以吏为师"，也就是要求人们把官员、领导当成自己的老师。这句话出自《韩非子·五蠹》——"明主之国，无书简之文，以法为教；无先王之语，以吏为师"。

小徐： 教授，我觉得"以吏为师"不太科学。我们前面讨论过了，权力的获得不一定就是科学的，万一这个官员水平不行，你还得把他当老师，那不是将熊熊一窝吗？

我： 没错，可是又该怎么办呢？领导如果没有了权威，整个金字塔体系都会坍塌的。所以，只要大一统体制在，"以吏为师"这句话就不是那么容易推翻的。

小徐： 那倒是，法家真是一把双刃剑。

陈义忠： 这个问题确实挺棘手的，有没有什么解决办法呢？

我（笑）： 搞科举啊！科举的伟大意义，就在于根本不用推翻"以吏为师"，而是进行了一次巧妙的转换，我们不妨称之为"以师为吏"——通过科举把最有水平的人选拔出来，让他去当领导。如此一来，领导就是老师，老师就是领导，二者不就统一起来了吗？

陈义忠： 对呀，"以师为吏"并没有推翻"以吏为师"，又从根本上解决了"以吏为师"的缺陷，这招简直就是神来之笔。

郭英龙： 教授，虽然今天我们颠来倒去地听您讲科举，但是真的没有想到，每次都能颠出点有意思的东西来，科举真是一个万花筒！

我： 要不然儒家与法家怎么辩证统一呢？就是这么"一而二，二而一"地统一起来的。说到底，科举的本质是科学和公平的，因此只要把权力的逻辑起点建构在科举之上，整个权力金字塔的根基就是科学和公平的。从"以吏为师"到"以师为吏"，制度进行了一次巧妙的转换，历史完成了一次伟大的飞跃。

林馆长： "选人用人的分工协作——儒表法里的完美统一"，看来这个传统治理智慧也的确意义重大，可以评为二甲头名，赐进士出身。

小徐（笑）： 林馆长终于开始发挥同考官的作用了，我说嘛，科举考试本来就是同考官先批卷，然后再推荐给主考官的。

林馆长： 你们二位觉得如何？

小徐： 我同意啊！

陈义忠： 我也同意啊，选人用人真的很重要！

林馆长： 那咱们就把卷子推荐给副主考，郭院长您同意吗？

郭英龙（笑）： 那我就批个"取"吧，最后还得主考官批个"中"才行，对不对，主考官大人？

我： 我哪里是主考官，你们才是主考官，我今天就是陪"科举"这名考生入京应试的书童而已，一下午都在搜肠刮肚地向你们陈述这名考生的优点呢！我自认为是一个实事求是的人，等介绍完了他的优点，我也给你们介绍介绍他的缺点。

郭英龙： 太好了，我也很想听听科举的缺点。

林馆长： 现在不行，二甲进士才选出头名来，我优点还没有听够呢！教授，二甲进士第二名是谁？

我： 科举的第五大传统治理智慧，是"道统政统的相互成就——把政统关进道统的笼子里"，按照您的算法，就是"科举之传统治理智慧科"二甲进士第二名。

林馆长： 嗯，道统与政统，这个问题应该比较容易理解了。

我： 所谓道统，就是道与统的结合。"道"是指儒家的理论体系，"统"是指继承的脉络系统。道统这个概念，最早是由朱熹提出来的："盖自上古圣神继天立极，而道统之传有自来矣。"不过道统的思想，一般认为是韩愈提出来的。

小徐： 是韩愈的《原道》吧？这篇古文我们中学的时候学过。

我： 没错，正是《原道》。韩愈在文中清晰地描述了儒家理论的继承脉络——"尧以是传之舜，舜以是传之禹，禹以是传之汤，汤以是传之文、武、周公，文、武、周公传之孔子，孔子传之孟轲。轲之死，不得其传焉。"

陈义忠： 韩愈的意思，一定是认为接下来就传到自己这儿了。

我： 那是，朱熹也认为接下来就传到自己这儿了。其实，在我看来，道统的思想，孔子本人就已经提出来了——"周鉴于二代，郁郁乎文哉，吾从周"，说的不就是道统吗？还有，自从"罢黜百家，独尊儒术"之后，儒家虽然历经多次挑战，但是只要科举在，儒家的思想体系就始终牢牢掌控着主流意识形态，传承不是个问题。所以我不是想研究如何传承，而只是想借用"道统"与"政统"这对范畴，探讨一下"道"与"政"的关系。

林馆长：嗯，我理解的。

我：我讲个故事好不好？

小徐：好啊，好啊！

我：《史记·孔子世家》记载，孔子周游列国的时候，曾经在陈、蔡之间遇到了一个大麻烦。"吴伐陈，楚救陈，军于城父。闻孔子在陈、蔡之间，楚使人聘孔子。"这下子陈国和

山东省济宁市曲阜尼山圣境景区孔子雕像

蔡国吓坏了："今楚，大国也，来聘孔子。孔子用于楚，则陈蔡用事大夫危矣。"

林馆长： 这些国家自己不用孔子，又害怕孔子被别的国家所用，说明他们知道孔子的厉害，就是不想用。

我： 于是陈国和蔡国耍流氓了，"乃相与发徒役围孔子于野。不得行，绝粮。从者病，莫能兴"。虽然孔子"讲诵弦歌不衰"，但是"知弟子有愠心"，乃召子路问曰："诗云：'匪兕匪虎，率彼旷野。'吾道非耶？吾何为于此？"

陈义忠： 什么意思呢？

我： 孔子问子路：《诗经》说："不是犀牛也不是老虎，为什么会在旷野之中呢？"难道是我们的道不对吗？所以沦落到这个地步？

陈义忠： 孔子不是真的想问子路吧，我估计是想借机考考他。

我： 是啊，子路不知是计，于是发起了牢骚："意者吾未仁耶？人之不我信也。意者吾未知耶？人之不我行也。"——夫子啊，是不是我们的道还不够仁德，所以人家不相信？是不是我们的道还不够智慧，所以人家不实行？

陈义忠： 看来子路没有什么理论自信。

我： 没错，孔子有点火了："有是乎？由，譬使仁者而必信，安有伯夷、叔齐？使知者而必行，安有王子比干？"——如果足够仁义就一定会被相信，那么伯夷和叔齐这两个道德模范怎么会被饿死在首阳山呢？如果足够智慧就一定会得到实行，那么王子比干又怎么会被纣王逼死呢？

小徐： 为什么说伯夷和叔齐是道德模范呢？

我： 伯夷和叔齐是商末孤竹君的两个王子，伯夷是老大，叔齐是老三。相传孤竹君死的时候，传位于叔齐。叔齐让位于伯夷，伯夷不受。叔齐也不肯继位，兄弟俩就这样吵着"相互让国"。

林馆长： 真是一对仁德兄弟，想想李世民的玄武门之变吧。

我： 为了不继位，兄弟俩先后逃出孤竹国，结果路上又相遇了。听说西伯侯姬昌仁德，两人就决定过去考察一下。快到西岐边境时，听说姬昌已死，武王要起兵伐纣。于是，伯夷、叔齐扣马谏阻："父死不葬，爰及干戈，可谓孝乎？以臣弑君，可谓仁乎？"武王克商后，天下宗周，伯夷、叔齐耻食周粟，采薇而食，饿死在了首阳山。

陈义忠： 真是两位仁德之人，难怪儒家会这么推崇。

我： 王子比干是纣王的叔叔，自幼聪慧，据说有"七巧玲珑心"，因为不断劝谏纣王，惹怒了纣王，被诛以慢军之罪，相传是被剖心而死的。孔子随手举了这么两个反例，就直接推翻了子路的观点。子路出去之后，子贡进来了，于是孔子又问了子贡一模一样的问题。

陈义忠： 子贡是怎么回答的呢？

我： 子贡曰："夫子之道至大也，故天下莫能容夫子。夫子盖少贬焉。"——夫子啊，您的道太大了，所以天下容不下您啊！要不您就降低点儿标准吧，别整那么高大上了。

林馆长（笑）： 哈哈，子贡是做生意的，习惯于讨价还价了。

我： 孔子不高兴了："赐，良农能稼而不能为穑，良工能巧而不能为顺。君子能修其道，纲而纪之，统而理之，而不能为容。今尔不修尔道，而求为容。赐，尔志不远矣。"

郭英龙： 子路、子贡都不行，看来还得颜回才行。

我（笑）： 没错，这是老规矩了。子贡出，颜回入见。孔子又问了一模一样的问题。颜回的第一句话跟子贡的一模一样："夫子之道至大，故天下莫能容。"可是后面就完全不一样了："虽然，夫子推而行之，不容何病，不容然后见君子。夫道之不修也，是吾丑也。夫道既已大修而不用，是有国者之丑也。不容何病，不容然后见君子。"

郭英龙： 颜回太了解孔子了，这个回答孔子肯定满意。

我： 孔子简直太满意了，欣然而笑曰："有是哉，颜氏之子。使尔多财，吾为尔宰。"

林馆长（笑）： 孔子高兴得都想给颜回当管家理财了，颜回哪有什么钱？子贡那么有钱，也没见孔子说过要帮他理财。

我： 我讲了这么一大圈的故事，其实就想借用颜回的这句话——"夫道之不修也，是吾丑也。夫道既已大修而不用，是有国者之丑也。不容何病，不容然后见君子"。颜回的意思是：如果今天道没有修好，那是我们这些理论工作者不对；今天我们把道都修得很好了，却没有被采用，那就是这些当国君的不对了。不容又怎样？不容才说明您是君子啊！

陈义忠：颜回多么有理论自信！

我：所以，什么是"道"？道就是真理。什么是真理？真理就是事物的本质规律。真理一定是自在的，是不依赖于任何其他力量，仅仅凭借自身的真理含量而独立存在的。因此，道统在政统之前，政统在道统之中——道统一定是在政统之前诞生的，一旦政统选择并尊奉了道统，就一定会受到道统的约束和教化。子曰："所谓大臣者，以道事君，不可则止。"元朝的时候，科举停滞了很久，道统和政统分离比较严重，儒者就劝诫要"道为政先，以道辅政"——我觉得前半句还比较到位，后半句就力道略欠，不过总体上表达了道统政统相互成就的意思。南宋进士罗大经云："至于君，虽得以令臣，而不可违于理而妄作，臣虽所以共君，而不可贰于道而曲从。"这句话比较正确地表达了道统与政统之间的互动关系。

林馆长：正因为道统可以约束和教化政统，所以历史上才会出现那么多敢于谏诤皇帝的人。当他们振振有词地指责皇帝的时候，他们所依凭的，不是政统赋予他们的权力，而是道统赋予他们的勇气。

郭英龙：历史也一再证明，如果政统愿意接受道统的约束，那么结果往往就是长治久安；如果政统选择蔑视道统，那么结果往往就是早早垮台。刘教授，界分这两条道路的里程碑，就是科举吧？

我：没错，这是一个非常简单有效的界分标志：但凡科举做得好的，道统与政统的统一性就好；但凡科举做得不好的，道统与政统的统一性就差。至于结果大家都看到了，反正历史事实就摆在那里。

小徐： 教授，我很喜欢您刚才那句话——"真理一定是自在的，是不依赖于任何其他力量，仅仅凭借自身的真理含量而独立存在的"。

我： 是的，小徐，真理一定是自在的，是凭借自身的真理含量立足的。所以啊，真理的出身，往往是困苦凋敝的；真理的光芒，往往是在斗争中闪耀的。

小徐： 真理的出身，往往是困苦凋敝的；真理的光芒，往往是在斗争中闪耀的。

我： 我们不妨一起来看看至圣先师孔子的人生经历。孔子一生都在努力推行自己的理论学说，直到 50 岁才出仕；官也当得不太成功，55 岁时被迫带领弟子周游列国，颠沛流离了 14 年之后才回到鲁国；回鲁国后不久，唯一的儿子孔鲤就死了；接下来，最得意的弟子颜回死了；最忠诚的子路也死了。风烛残年的孔子拄着拐杖在门前等待子贡，埋怨他这么晚才来看自己。孔子因叹，歌曰："太山坏乎！梁柱摧乎！哲人萎乎！"因以涕下。7 天之后，孔子就去世了。

郭英龙： 孔子直到去世，他的思想都没有成为通行天下的理论体系，他去世的时候一定觉得很难过。

我： 何止是去世的时候。孔子是公元前 479 年去世的，直到公元前 134 年"元光决策"，董仲舒提出"罢黜百家，独尊儒术"的政治主张并被汉武帝采纳，孔子的思想体系才真正成为这个国家的主流意识形态。从公元前479年，到公元前134年，整整345年时间。

郭英龙：也就是说，孔子不仅要忍受自己生命周期之内的寂寞和等待，他的思想体系还要忍受他生命周期之后345年时间。伟大的思想，原来需要等待这么长的时间，才能够被世人所接受。

我：所以，孔子的理论自诞生开始，就是凭借自身的真

元光决策

元光元年（公元前134年）5月，汉武帝在主导了对汉帝国的政治控制权力后，诏举贤良对策。除了军事上的准备之外，在内政上也锐意发动一场新的改革。而从理论上和战略上为这一系列重大改革提供了政治思想基础的，是一位平民出身的知识分子董仲舒。汉武帝召见董仲舒时说："今朕获承宗庙，夙兴以求，夜寐以思，若涉渊水，未知所济。"刘彻向董仲舒提出的问题是："何行而可以章先帝之洪业，上参尧舜，下配三王？""欲闻大道之要，至论之极""子大夫其尽心，莫有所隐，朕将亲览焉"。汉武帝对董仲舒的征问一共3次，董仲舒连上对策3篇作答。由于对策的首篇专谈"天人关系"问题，因此这三问三答以"天人三策"为名而载入史册。总体而言，董仲舒在对策中提出了5项重大建议：

1. 建立明堂礼制，约束贵族行为；

2. 建立培养官吏的国家太学，从民间选贤良，为平民知识分子开辟通仕之途；

3. 提出一套天人学说，用以约束警策皇帝；

4. 限制豪民占田，节制土地兼并；

5. 以儒家经典统一政治思想，建立国家主流意识形态。

理含量在这个世界立足的，从来没有获得过任何金钱和权力的加持。《楚辞》是这样描绘孔子的经历的："颠簸流离，游说列国，惶惶如丧家之犬，不可终日。"这难道还不算是困苦凋敝吗？

林馆长：春秋战国时期，百家争鸣，百花齐放，孔子的思想始终面临着无数的竞争者，儒家的地位从来不是命定的；孔子思想的真理光芒，的确是在斗争中渐渐闪耀，直至如日中天。

我：我们不妨再来看看马克思。这位伟大的"千年思想家"一生都没有固定工作，一家人的经济来源主要依靠他极其不稳定而又微薄的稿费收入，加上资产阶级对他的迫害和封锁，饥饿与生存的问题始终困扰着马克思和他的家庭，他

位于德国特里尔市的马克思雕像

的一生几乎都是在穷困潦倒中度过的。1852 年 2 月 27 日，马克思给恩格斯写信："一个星期以来，我已达到非常痛苦的地步：因为外衣进了当铺，我不能再出门，因为不让赊账，我不能再吃肉。"不久，他又给恩格斯写信："我的妻子病了，小燕妮病了，琳蘅患有一种神经热，医生我过去不能请，现在也不能请，因为没有买药的钱。八至十天以来，家里吃的面包和土豆，今天是否能够弄到这些，还成问题。"

小徐：天哪，原来马克思这么穷困潦倒啊！

郭英龙：英国广播公司（BBC）把马克思评选为千年第一思想家，如此聪明的大脑，居然不肯花点时间思考一下如何改善自己的经济状况。

我：与孔子一样，马克思一生都始终在追求真理；与孔子一样，在他的生命周期内，马克思的理论也始终没有得到任何金钱和权力的加持；与孔子一样，马克思的理论也始终处于斗争之中；与孔子一样，马克思主义的真理光芒，也的确是在斗争中渐渐闪耀，直至如日中天。

陈义忠：可这就是真理！教授，我现在的确相信：真理的出身，总是困苦凋敝；真理的光芒，总是在斗争中闪耀。

林馆长：所以说，不管是孔子还是马克思，他们的理论体系之所以能够成为被后世始终尊奉的"道统"，根本原因就在于自身的真理含量。唯有真理，才可以成就道统，也才可以制约和教化政统。教授，"道统政统的相互成就——把政统关进道统的笼子里"，科举的第五大传统治理智慧总结得很好，也很有意义。

陈义忠： 所以，林馆长，二甲进士第二名，没问题吧？

林馆长： 没问题！

郭英龙： 刘教授，我觉得您的难度会越来越大的，好举子全被挑出来了。二甲进士第三名，还会有什么惊喜吗？

我（笑）： 知道我的难度越来越大就好，所以你们从现在开始降低点儿标准，不要要求太高了。我再扒拉扒拉，看看还有什么可以推荐给大家的。

小徐（笑）： 二甲进士当然不能和一甲进士比了，教授您不要有压力，我们心里有数的。

我： 科举的第六大传统治理智慧，是"能上能下的君子之风——政治人格与知识人格的合与分"，按照林馆长的算法，就是二甲进士第三名。

陈义忠： 哦，能上能下，这个挺有意义的。

我： 在科举时代，官员仕途起起落落，简直就是家常便饭。我们不妨以苏轼为例，一起来了解下一名官员跌宕起伏的仕途人生吧：嘉祐二年，苏轼弱冠出川，科举中第，赐进士出身；嘉祐四年，授河南府福昌县主簿；嘉祐六年，苏轼参加"贤良方正能言极谏科"制科考试，被评为三等，由于一二等都是虚设，因此苏轼被称为百年第一，授大理评事、签书凤翔府判官；4年后还朝，任判登闻鼓院，又通过学士院的考试，任直史馆；熙宁四年，苏轼上书谈论新法弊病，被王安石指示御史在神宗面前陈说过失，于是苏轼请求出京任职，授杭州通判；熙宁七年秋，苏轼知密州；熙宁十年，知徐州；元丰二年，知湖州；上任后，苏轼上《湖州谢上表》，不幸的是，诗人的话被新党所利用，说他"愚弄朝廷、妄自尊大""衔怨怀怒、指斥乘舆"，如此大罪，死有余辜，接着又从苏轼的大量诗作中挑出认为隐含讥讽之意的句子，事情终于闹大了；七月二十八日，上任仅 3 个月的苏轼被御史台逮捕，解往京师下狱，受牵连者达数十人，史称"乌台诗案"。

小徐：教授，"乌台"是什么意思？

我：乌台就是御史台的别称。由于当时的御史台植有柏树，终年栖息乌鸦，因此被称为"乌台"；又由于御史职司弹劾，此乃风霜之任，因此御史台又被称为"霜台"。

小徐：感觉这几个词都有点吓人。

我：历史上的御史在权力制衡方面的确发挥了很大的作用，但也经常被当作政治斗争的工具，成了当权者手里的一把刀。所以，如果能够穿越回到古代，我想对这些人说的唯一一句话就是：手里有一把刀的人，心里一定要有一朵花。

陈义忠：手里有一把刀的人，心里一定要有一朵花。

我：苏轼下狱 103 天，在鬼门关走了一遭。经多方营救，终于得到从轻发落，贬为黄州团练副使，由当地官员监视——关键时刻，还是赵匡胤"不杀士大夫"的祖训发挥了作用；被贬黄州的苏轼在政治上心灰意冷，却在文学上攀上了新的高峰，写下了《赤壁赋》《后赤壁赋》《念奴娇·赤壁怀古》等千古名篇。由于薪资低微，苏轼就带领家人开垦了城东的一块坡地，种田补贴家用，自称"东坡居士"。

陈义忠：苏轼终于成了苏东坡。

我：元丰八年，宋哲宗即位，高太后临朝听政，重新启用司马光为相，旧党得势，于是苏轼也被重新启用，以朝奉郎知登州；4个月后，以礼部郎中被召还朝；在朝半月，升为起居舍人；3个月后，升中枢舍人；不久，再升翰林学士、知制诰，知礼部贡举。虽然仕途峰回路转，但是苏轼不能接受旧党一味打压新党，尽废新法，于是提出谏议，结果又受到了旧党的诬告陷害。

陈义忠：这下子苏轼是两头不讨好了，新党旧党都不容他。

郭英龙：但这也说明苏轼确实是一名君子，他是按照自己的独立判断来做人做事的，我觉得这很难能可贵。

我：是的，真正的知识分子永远都不会抛弃自己的知识人格，无论政治风向如何，他都会以自己的独立判断作为自己的行动依据。每个人的认知无疑都是有局限性的，因此这些独立判断不见得就等同于真理，但是只要坚持这么做，至少从方法上是趋向于真理的。

林馆长："至少从方法上趋向于真理"，刘教授，您的这句话让我很受启发。

我：得罪了旧党的苏轼只好自求外放。元祐四年，苏轼任龙图阁学士，知杭州；在杭州的两年时间里，苏轼修了西湖苏堤，做了不少好事，日子也过得比较惬意；元祐六年，被召回

朝，拟任吏部尚书，后又改任翰林承旨；不久就因政见不合，又请求外放，出知颍州；元祐七年，知扬州；没过多久，以兵

苏轼贬谪时期诗词（部分）

《念奴娇·赤壁怀古》

大江东去，浪淘尽，千古风流人物。故垒西边，人道是，三国周郎赤壁。乱石穿空，惊涛拍岸，卷起千堆雪。江山如画，一时多少豪杰。遥想公瑾当年，小乔初嫁了，雄姿英发。羽扇纶巾，谈笑间，樯橹灰飞烟灭。故国神游，多情应笑我，早生华发。人生如梦，一尊还酹江月。

《水调歌头·快哉亭作》

落日绣帘卷，亭下水连空。知君为我新作，窗户湿青红。长记平山堂上，欹枕江南烟雨，杳杳没孤鸿。认得醉翁语，山色有无中。一千顷，都镜净，倒碧峰。忽然浪起，掀舞一叶白头翁。堪笑兰台公子，未解庄生天籁，刚道有雌雄。一点浩然气，千里快哉风。

《临江仙·夜饮东坡醒复醉》

夜饮东坡醒复醉，归来仿佛三更。家童鼻息已雷鸣。敲门都不应，倚杖听江声。

长恨此身非我有，何时忘却营营。夜阑风静縠纹平。小舟从此逝，江海寄余生。

《卜算子·黄州定慧院寓居作》

缺月挂疏桐，漏断人初静。谁见幽人独往来，缥缈孤鸿影。

惊起却回头，有恨无人省。拣尽寒枝不肯栖，寂寞沙洲冷。

《浣溪沙·游蕲水清泉寺》

山下兰芽短浸溪，松间沙路净无泥，萧萧暮雨子规啼。

谁道人生无再少？门前流水尚能西！休将白发唱黄鸡。

《六月二十日夜渡海》

参横斗转欲三更，苦雨终风也解晴。

云散月明谁点缀？天容海色本澄清。

空余鲁叟乘桴意，粗识轩辕奏乐声。

九死南荒吾不恨，兹游奇绝冠平生。

部尚书职务召回，兼任侍读；不久又任礼部尚书，兼端明殿学士、翰林侍读学士；元祐八年九月，出知定州；然而就在这一年，高太后去世，新党再度执政，苏轼的命运急转直下。绍圣元年，被贬为宁远军节度副使，惠州安置；绍圣四年，已经60岁的苏轼最后被贬为琼州别驾，儋州安置。

林馆长： 流放海南，这在宋代可是仅比满门抄斩罪轻一等的处罚了，新党这是摆明了要苏东坡的命。

我： 然而，跌入政治生涯的最低谷并没有打垮苏轼，他把儋州当成了自己的第二故乡——"我本儋耳氏，寄生西蜀州。忽然跨海去，譬如事远游。平生生死梦，三者无劣优。知君不再见，欲去且少留。"眼见海南文教十分落后，苏轼就动手盖了几间简陋的房子，开始兴办学堂。海南三州乃至广州的学子不远千里赴儋州，执弟子礼，从苏轼学。苏轼到海南之前，海南历史上从未出过一名举人；苏轼离开海南不久，他的弟子姜唐佐游学广州并中举，成为海南第一位举人。苏轼离琼之前，曾在姜唐佐的扇子上题了一句诗："沧海何曾断地脉，白袍端合破天荒"，并承诺"异日登科，当为子成此篇"。姜唐佐中举后，苏东坡已然去世，于是苏辙为兄长补足了这首赠诗："生长茅间有异芳，风流稷下古诸姜。适从琼管鱼龙窟，秀出羊城翰墨场。沧海何曾断地脉，白袍端合破天荒。锦衣今日千人看，始信东坡眼力长。"《琼台记事录》评价道："宋苏文忠公之谪儋耳，讲学明道，教化日兴。琼州人文之盛，是自公启之。"

小徐： 教授，我好感动！苏东坡真的是中国读书人的榜样。

中国海南儋州中和古镇东坡书院

郭英龙：教授，那苏轼有没有在海南培养出进士呢？

我：苏轼有个儋州学生符确，沉静好学，才识逸群。大观二年，也就是苏轼离开儋州 8 年后，符确一举夺得乡试解元；大观三年，符确赴京城参加会试，考中进士，成为海南第一位进士，官至承议郎，知韶州、化州。致仕还乡之后，符确以苏轼为榜样，在家乡兴办教育，儋州学风自此鼎盛，"琼之有士始于儋，琼之士亦莫盛乎儋"。

郭英龙：苏轼真的太了不起了，他的学生符确也很了不起。

我：郭院长，符确的八世祖符绳武是莆田县令，七世祖符有辰从小在莆田读书习武，是蔡襄的同代人。宋仁宗天圣三年，符有辰奉诏命从莆田渡琼，任广南西路琼管清化军指挥使，因安抚琼州黎民百姓有功，敕封万户侯；又历经七世传承，到了符确这一世。

郭英龙： 啊，还有这事？

小徐（笑）： 听了那么多科举故事，郭院长应该不感到惊讶才对。

郭英龙（笑）： 那是，只是教授冷不丁又来那么一下。

我： 元符三年，哲宗去世，徽宗继位，朝廷大赦，苏轼复任朝奉郎，从海南启程北上。然而，长期的流放果然透支了苏轼的健康，他在北归途中病倒。公元1101年，中国历史上顶尖的文学家、艺术家苏轼在常州逝世，享年64岁。

陈义忠： 跌宕起伏的一生，扼腕叹息的结局！

小徐： 大江东去，浪淘尽，千古风流人物。

林馆长： 人生如梦，一尊还酹江月。

郭英龙： 刘教授，我注意到，您刚才是用"中国历史上顶尖的文学家、艺术家"来概括苏轼的，是不是？

我： 是的，苏轼的头衔当然还有很多，不过我不觉得有什么其他头衔可以跟这两个头衔并列。每当品读苏轼留下的杰作，我都会在心里暗自庆幸：波谲云诡的政治斗争虽然伤害到了苏轼的生活和身体，但是最终还是没能伤害到他的精神和灵魂。科举出仕的苏轼无疑也是北宋的一名大政治家，然而无论仕途顺逆，他的政治人格始终无法控制和异化他的知识人格，这两种人格始终是相互独立的。在苏轼长达40多年的政治生涯中，这两种人格时而合一，时而分离。合一的时候，他的知识人格始终是独立而清醒的；分离的时候，他的知识人格也始终没有向政治人格屈服和投降。

林馆长：我同意。苏轼跌宕起伏的一生的确配得上这个评价——无论两种人格是合一还是分离，他的知识人格始终是独立而清醒的。

我：正因如此，苏轼的政治生涯始终不以求官为目的，理念不合便求外放，坦然面对多次贬谪，即便仕途坠入深渊，他的精神世界也没有被摧毁。没有了官，他的世界里依然有诗有文，有书有画；没有了权力的加持，他依然能够在这个世界赢得足够的尊敬，体现自我的价值。

郭英龙：也就是说，唯有这样的人，才能有足够的力量和从容真正做到能上能下，才能为整个政治生态带来真正的君子之风，对不对？

我：对的。

陈义忠：教授，这点其实是很有意义的。反过来说，在皇权至上的时代，如果一名官员缺乏知识人格的加持，那么他的主要价值都将寄托在自己的政治人格上。这种孤注一掷会让他变得输不起，他的行为就容易被扭曲，也容易被别人控制和拿捏。

小徐：这个问题的关键在于，知识是一种无法外在剥夺的权力，而政治是一种可以外在剥夺的权力，所以知识人格不容易被外力扭曲，而政治人格有可能被外力扭曲。

林馆长：在科举时代，苏轼只是比较典型，但并非孤例。

这样的知识分子在科举时代是批量生产的，这才是"能上能下的君子之风"能够在权力导向的政治生态中出现的根本原因。

我：其实"能上能下"只是为了迎合现代话语体系。在科举时代，正确的提法不是"能上能下"，而是"可进可退"。

陈义忠：哦，有什么不同吗？

郭英龙：我觉得是不同，"能上能下"是一个纵向结构，本质上是不平等的；"可进可退"是一个平行结构，本质上是平等的。

我：一语中的！在古代读书人看来，知识人格与政治人格本质上是平等的，因此出仕并不等于就是"上"，而只是"进"；罢官也不等于就是"下"，而只是"退"。

小徐：难怪范仲淹会说"是进亦忧，退亦忧"。

林馆长：还真是的！《岳阳楼记》虽有"居庙堂之高"，对应的却不是"处江湖之低"，而是"处江湖之远"——一个"远"字，生生地把一个纵向结构拉成了一个平行结构。

郭英龙：教授刚才的提法是"可进可退"，我甚至都觉得，这个"可"字其实也大有文章。跟"能"比起来，"可"感觉更从容，更豁达。

我（笑）：好家伙，你们几位怎么忽然间就咬文嚼字起来了。

小徐（笑）：那也是您起的好头！还真别说，细细品了才知道，古人的文字真的好讲究。

我：那么，科举的第六大传统治理智慧，二甲进士第三名，"能上能下的君子之风——政治人格与知识人格的合与分"，诸位考官意下如何？

小徐：同意——我先说了。

陈义忠（笑）：抢答是抢不过小徐的——我也同意。

郭英龙：可我还是喜欢"可进可退"，就不能改个名吗？

林馆长：当然可以了，殿试的时候皇帝偶尔也会给自己喜欢的进士改名的——我们的陈子龙不就被宋度宗改成陈文龙了吗？所以，郭院长，您要不就勉为其难当一回皇帝吧！

小徐（笑）：是啊，郭院长，您就当一回皇帝吧！

郭英龙（笑）：吓得我不敢说话了。

我（笑）：好吧，诸位金口玉言，那就改成"可进可退的君子之风——政治人格与知识人格的合与分"。

林馆长：二甲第三名，赐进士出身。

陈义忠：二甲进士全都选出来了，林馆长，接下来应该是三甲进士了吧？

林馆长：虽然我知道教授的压力很大，但是开科取士，好歹也得三甲齐全吧，否则当状元的也没啥感觉，对不对，教授？

小徐：那三甲进士应该取多少名呢？

林馆长：一甲二甲都取了 3 名，那三甲要不就来个 4 名吧？这样可以凑个整数——科举的十大传统治理智慧，教授，行吗？

我：反正你们是考官，我是陪"科举"应试的书童，取多少名进士是你们的事，考得上考不上是我们的事。

陈义忠： 三甲进士，应该叫作"赐同进士出身"了吧？

我： 是的。在我看来，科举的第七大传统治理智慧，是"权力制衡的中国方案——廷议、御史、言官、史官、经筵制度的综合制衡"。一说起古代中国政治，许多人的第一反应，就是专制、独裁，至于权力制衡的理念，那只能是从西方舶来的。其实大谬，古代中国政治不仅有权力制衡，而且有一整套相当成熟、有效的制衡体系，我们不妨称之为"权力制衡的中国方案"。

郭英龙： 您刚才罗列了一连串的制度，我就有点明白过来了。廷议、言官、御史这几项制度，我们多多少少都是有所了解的。

我： 嗯，那我就简单说几句。廷议在中国可谓源远流长。科举时代，廷议制度渐趋完善，从某种意义上讲，已经有点类似"民主集中制"的雏形了。比如，明代的廷议主要分为两种：第一种是下廷臣集议，主要处理涉及多个部门的事情，常年参会的人员主要包括内阁成员、九卿、六科给事中、监察御史等，少则30余人，多则100余人；第二种是部议，主要处理某部重要事宜，参会人员主要包括本部的尚书、侍郎和相关的给事中、郎中、员外郎、主事等。部议如果没有结果，还可以提交到第一种廷议进行讨论。

林馆长： 廷议的确具备了民主集中制的雏形，即便是皇帝也不可能完全不顾廷议的结果，因为总有敢于廷争面折的官员，有时候搞得皇帝也下不了台。

我：是的，史书上这样的记载很多——"徐大理有功，每见武后将杀人，必据法廷争。""在职累岁，正色立朝，扶持公道。其面折廷争，或帝盛怒，则执简却立，伺怒稍解，复前抗辞。"

小徐：教授，后面这句说的是谁啊？

我：说的是北宋的刘安世，熙宁六年进士及第，师从司马光，以直谏闻名，时人称为"殿上虎"。

郭英龙：殿上虎？这个名字太生动了，皇帝是殿上龙，他是殿上虎，这不就是龙虎斗吗？

陈义忠：说到底，还是科举培养出了一批敢于直言的读书人。

我：没错，其实在御史、言官制度的背后，也是科举的力量在加持。司马光曰："凡择言官，当以三事为先：第一不爱富贵，次则重惜名节，次则晓知治体。"明代的昏庸皇帝特别多，言官与皇帝、阉党之间的激烈斗争几乎贯穿了整个明代近300年历史。明末御史杨涟向明熹宗弹劾魏忠贤二十四大罪，结果反被革职。天启五年，杨涟被下诏狱审讯，受尽锦衣卫百般酷刑，钢刷刷肉，断腿吊打。杨涟仍不屈服，在狱中写下《绝笔》，痛斥宦官专权，紊乱朝纲。魏忠贤暴跳如雷，下令杀死杨涟。杨涟在狱中被锦衣卫以土囊压身，肋骨尽断，呼吸带血，依然未死；又被以长钉贯耳穿颅，昏死几天，又奇迹般地苏醒过来；天启五年七月二十四深夜，杨涟被锦衣卫以一枚大铁钉重锤贯入头部，挣扎了很久，终于被害，享年54岁。

小徐：天哪！太残忍了！

我：杨涟临死前写下血书——"涟今死杖下矣！痴心报主，愚直仇人；久拼七尺，不复挂念。不为张俭逃亡，亦不为杨震仰药，欲以姓名归之朝廷，不图妻子一环泣耳。""涟即身无完骨，尸供蛆蚁，原所甘心。但愿国家强固，圣德刚明，海内长享太平之福。此痴愚念头，至死不改。"杨涟之死，"惨毒万状，暴尸六昼夜，蛆虫穿穴"，的确如他血书所写，做到了"身无完骨，尸供蛆蚁，原所甘心"。

小徐：教授，我真的好想哭，为那个年代的读书人！

我：杨涟五岁就学，性敏慧，书过目辄成诵；万历三十二年中举人，万历三十五年登进士第；举全国廉吏第一，累迁至左副都御史。小徐，这样履历的读书人，在科举的时代不知道有多少，然而正是这些敏慧而愚直的读书人，在那个皇权至上的年代里，用自己的命，撑起了这个国家的天。

陈义忠：教授，我真的好难过！

我：义忠，这大概就是中国读书人的命吧。中国古代政治最重要的主线，其实就是科举与皇权之间的纠缠与较量，而御史言官制度正是这种较量最为重要的制度载体。后世对这一传统治理资源倒是十分重视，逐步凝练出了具有中国特色的"监察权"。郭院长，中国香港的廉政公署，中国台湾的"监察院"，新加坡的反贪污调查局，其实就是这种监察权的组织表现形式。

香港廉政公署

郭英龙： 是的，教授。ICAC（中国香港廉政公署）也是香港的纪律部队之一，具有相当的独立性。在香港过去和现在的治理中，ICAC 的确发挥了不可替代的作用。

我： 除了廷议、御史、言官制度之外，史官和经筵制度也起到了十分重要的权力制衡作用。史官制度在中国源远流长，"夫所谓直笔者，不掩恶，不虚美，书之有益于褒贬，不书无损于劝诫"。秉笔直书，向来就是中国史官的优良传统，我来给大家讲一个故事吧。公元前548年，齐庄公与权臣崔杼的妻子棠姜氏私通，结果被崔杼设了个圈套，在家里杀死了。这件事齐庄公肯定有不对的地方，但是在那个年代，臣弑君绝对是大逆不道的，于是史官就把这件事给记了下来——《左传》曰："大史书曰，崔杼弑其君。崔子杀之，其弟嗣书，而死者二人。

其弟又书，乃舍之。南史氏闻大史尽死，执简以往，闻既书矣，乃还。"

陈义忠：等等，教授，总共杀了几个兄弟？

我：总共杀了3个。古代的史官往往是家族传承的，司马家、班家就是这样的典型家族。崔杼杀了齐庄公之后，大史就在史书里写下"崔杼弑其君"，结果被崔杼杀了；他的大弟继任大史，又写下"崔杼弑其君"，又被崔杼杀了；他的二弟继任大史，又写下"崔杼弑其君"，又被崔杼杀了；他的三弟继任大史，还是写下"崔杼弑其君"。崔杼终于杀到手软了，也终于认识到什么叫作"史官"，只好无奈地放过了这最后一个弟弟。故事的最后还有一个彩蛋：南方的史官听说大史全家人都被杀光了，心想这下子该轮到我了，于是背了书简北上，准备继续写下去。到了北方，听说已经写好了，于是就掉头回去了。

郭英龙：真是惊心动魄！"秉笔直书"4个字，原来是史官用自己的生命作抵押的，难怪中国的史书具有相当高的可信度。

我：再给大家讲个故事。古代的史官大致上可以分为两类：一类是编撰类的史馆史官；另一类是记录类的起居注史官，起居注史官随侍皇帝左右，记录皇帝的言行与政务得失。贞观十五年，褚遂良迁任谏议大夫，兼知起居事。《旧唐书·褚遂良传》记载：太宗尝问："卿知起居，记录何事，大抵人君得观之否？"遂良对曰："今之起居，古之左右史书人君言事。且记善恶，以为检戒，庶乎人主不为非法。不闻帝王躬自观史。"太宗曰："朕有不善，卿必记之耶？"遂良曰："守道不如守官，臣职当载笔，君举必记。"黄门侍郎刘洎曰："设令遂良不记，天下亦记之矣。"太宗以为然。

小徐： 哈！我听懂了，唐太宗想要偷看起居注的内容，褚遂良就是不让他看，那个刘洎就一起帮腔，吓唬唐太宗，唐太宗只好说：你们说得对，你们说得对！

林馆长（笑）： 唐太宗嘴上这么说，估计心里早就骂死这个褚遂良了。

陈义忠（笑）： 那是肯定的了。

郭英龙： 这话其实也可以反过来说：唐太宗心里早就骂死了这个褚遂良，但是嘴上还得说，你们说得真对。我觉得这其实才是制衡的真义：就是让你不痛快，结果你还拿我没办法。

小徐（笑）： 就喜欢你看不惯我又干不掉我的样子。

我： 我们今天的心情，其实和古代读书人的心情是一样的，遇到了唐太宗，就舒朗开心；遇到了明熹宗，就痛苦莫名。

林馆长： 是啊，所以您说得很对：科举始终是一种非常稳定的常量，提供着非常稳定的正向价值，而皇权则是一种不稳定的变量，可能是英明神武的唐太宗，也可能是昏庸愚昧的明熹宗。古代政治的阿喀琉斯之踵，的确在于私有制的皇权，而不在于公有制的科举。

我： 所以，在皇权与科举并行的时代，权力制衡不可谓不完备，也不可谓不强大，唯独无法解决私有制皇权最后的疯狂。当然了，也只有这种最后的疯狂，才有可能彻底撕碎读书人用自己的生命和精神编织的制衡之网。正常情况下，即便面对皇权，这张制衡之网还是可以发挥作用的。我再给大家介绍一下经筵制度吧。

陈义忠： 教授，什么是"经筵"？

我： 经筵，说白了就是给皇帝讲课。

陈义忠： 哦，那还是有点厉害的。

我： 自汉唐以来，就有为了给帝王讲经论史而特设的御前讲席。到了宋代，经筵正式制度化，随后一直延续到了清代，与科举制度几乎是完全同步的。

小徐： 那皇帝多久听一次课呢？

我： 以明代为例，每日一小讲，每旬一大讲。每日一小讲，又称小经筵，仪式比较简略；每旬一大讲，即正式的经筵，仪式十分隆重。这个制度定型于明英宗时期：公元1435年，明英宗朱祁镇以冲龄即位，柄政辅臣深感教育责任重大，于是制定了"经筵仪注"，规定每月二日、十二日、廿二日3次进讲。开经筵乃朝廷盛典，由勋臣一人知经筵事，内阁学士同知经筵事，六部尚书等官侍班，另有展书、侍仪、供事、赞礼等人员。

陈义忠： 哦，这个阵仗就有点大了，的确算是朝廷盛典了。

小徐： 每日一小讲，每旬一大讲，这个频率确实是玩儿真的了。

我：那是，经筵是古代读书人教育皇帝的主要平台，绝对会牢牢把握的，"经筵一日不废，则圣学圣德加一日之进；一月不废，则圣学圣德加一月之进。盖人之心思精神有所繁属，则自然强敏。经筵讲学，正人主开广心思，耸励精神之所也。"遇到想要逃学的皇帝，百官就会拼命上疏谏诤，一再指出，"帝王大节莫先于讲学，讲学莫要于经筵"。

郭英龙："近朱者赤，近墨者黑"，士大夫们这么做的目的，其实就是想要潜移默化地影响皇帝。

我：没错，你想想看，皇帝生在深宫之中，还天天被一群宦官包围着，如果士大夫们不能保证与皇帝经常见面交流，那这皇帝早晚要被那帮家伙带到沟里去。所以说白了，经筵其实就是君子与小人争夺对皇帝的影响力的一项制度，"正以人主面与贤士大夫相接，则君臣之间有聚精会神之美，有意喻色授之益，气质不期变而自变，德性不期成而自成。"

陈义忠：争夺影响力，其实就是一种制衡——既制衡皇权，也制衡皇帝身边那帮家伙。

我：其实，皇帝身边那帮家伙，本身就是皇权的一部分，宫斗也罢，争储也罢，外戚也罢，宦官也罢，说到底都是私有制皇权各种不正常的欲望和心理的具体表现形式罢了。

陈义忠：那倒也是。

林馆长：古代的读书人真的好辛苦啊！读了一辈子的圣贤书，养了一身的浩然之气，最后却要跟这帮家伙苦苦缠斗。更何况，不管这些读书人赢了多少个回合，最后一个回合却是注定要输掉的。虽然猜不中这场斗争的过程，但是能猜得中它的结局，您不觉得很悲凉吗？教授，我知道您要说这就是中国古代读书人的命，可我还是觉得这命有点苦啊！

我：《论语·宪问》有段对话：子路宿于石门。晨门曰："奚自？"子路曰："自孔氏。"曰："是知其不可而为之者与？"林馆长，中国读书人的命，就是至圣先师告诉我们的，知其不可而为之。

小徐：中国读书人的命，就是至圣先师告诉我们的，知其不可而为之。

我：是的，小徐。所谓信仰，就是不以实现为前提的相信。虽然科举最终无力解决皇权的问题，但是通过一代又一代人前仆后继的努力，古代读书人依托科举制度，逐渐编织出了一整套权力制衡体系，有效抗衡了皇权的滥用，大大延缓了历史周期率的发动，从而为中华民族的发展和中国人民的安居乐业争取了极其宝贵的时间和空间。虽然站在现代社会的高度看，古代科举的权力制衡体系的确是有局限性的，但是横比起同时代的任何其他社会，这套权力制衡的中国方案都是一项令人惊叹的伟大成就。

郭英龙：教授，我同意您的观点，"权力制衡的中国方案——廷议、御史、言官、史官、经筵制度的综合制衡"——科举的第七大传统治理智慧的确是成立的。

林馆长："知其不可而为之"，教授，我明白了。三甲头名进士，我同意！

小徐："中国读书人的命"，教授，我记住了。林馆长，我也同意。

陈义忠：那就一致通过。教授，只剩下最后3名进士了，只要不太差，我想我都会同意的。

我（笑）：太差应该还不至于吧？在我的心目中，科举的第八大传统治理智慧，是"崇尚知识的人文启蒙——遥遥领先西方上千年的全民启蒙运动"。

郭英龙：哦，启蒙运动？教授，您是在借用欧洲启蒙运动这个提法吗？

我：是的，其实"启蒙"这个词中国古代就有了，不过"启蒙运动"现在是专用词了，是专指发生在17—18世纪欧洲的一场反封建、反教会的思想解放运动。在数千年的历史长河中，欧洲始终处于分裂战乱的旋涡之中，现世的痛苦让欧洲人普遍地求助于超世的宗教，因此宗教在欧洲的控制力，不是早早就完成了人文启蒙的中国人所能想象的。欧洲想要迈入现代化的门槛，想要让科学与人文成为推动社会进步的主要力量，最大的障碍就是封建的世袭和宗教的蒙昧。14—16世纪的文艺复兴是欧洲人的第一次努力，16—17世纪的宗教改革是第二次努力，但是还远远不够，于是就有了17—18世纪的启蒙运动，这次运动是决定性的。

郭英龙：是的，启蒙运动是觉醒的欧洲对封建主义和宗教愚昧的有力冲击，其核心思想就是"理性崇拜"，要用理性之光驱散愚昧的黑暗——法文"Siècle des Lumières"和英文"The Enlightenment"的本意，就是"光明"。

我：不过，并不是所有的当代人都知道，在欧洲启蒙运动驱散愚昧黑暗的理性之光中，有相当一部分的光，是来自中国、来自孔子的。

林馆长：哦，居然还有这回事？

我：是的。近代中西文化交流的早期桥梁，是一批批来华传教的欧洲传教士。著名的耶稣会传教士利玛窦来华之后，很快就意识到，中国人的祖先观念和儒家思想是无法撼动的。为了顺利传教，善于变通的利玛窦采用了"合儒"的传教策略——中国人信教也不妨碍他们继续祭祖、祭天、祭孔子。利玛窦去世之后，这件事在欧洲引发了巨大的争论，这就是持续百年的"礼仪之争"。

陈义忠：持续百年，说明这场争论是非常广泛和深入的。

我：是的，据不完全统计，当时欧洲参与争论的书籍光是正式出版的就有262部，没有出版的日记、文书还有好几百部。许多启蒙思想家如伏尔泰、圣西门、孟德斯鸠、莱布尼茨、沃尔夫以及之后的康德、黑格尔、谢林等都卷入其中。

郭英龙：不怕有争论，就怕没争论，真理是越辩越明的。依我看，如果没有争论，要么是不值得争论，要么是不敢争论。

陈义忠：郭院长，那是否还有一种可能性：真理横空出世，大家一下子就都接受了呢？

我： 义忠，这个问题我替郭院长回答吧：首先，这是一个极小概率的事件；其次，即便是小概率事件发生了，也是会有争论的，因为真理不可能一下子就非常完善，它需要在争论中不断地打磨锤炼，逐渐臻于完善；最后，即便真理臻于完善了，还是会有愚昧、保守、嫉妒和既得利益的势力无端攻击真理的，表现形式之一就是争论。

小徐： 总而言之，真理有争论很正常，没有争论就有点不大正常了。如果是真理，如果追求真理，就不要害怕争论，对不对？

我： 是的。如果过去让我对争论提出唯一要求的话，那么我会希望参与争论的人都实事求是，不要胡搅蛮缠。不过现在，我连这个要求也不想提了，因为这种人的心，早已被错误的立场或错误的方法异化了，基本上是无法说服的。所以，与这种人争论的目的，并不是说服他们，而是争取观众。就像过去风靡华人圈的国际大专辩论赛（国际大学群英辩论会），正反双方从"一辩"辩到"四辩"，辩到了最后一口气，也没见哪一方当场认输的，大家都嘴硬得很。不过，最终双方还是分出了胜负，因为评委和观众判断出了胜负，而只要评委和观众认为你赢了，你就赢了。所以，争论不是为了赢得对手，而是为了赢得评委和观众。

小徐： 哇，争论不是为了赢得对手，而是为了赢得评委和观众。

郭英龙： 刘教授，以我对您的了解，这的确是您一以贯之的学术思想，应该也是您一路走来的心路历程。其实，我在香港又何尝不是这样呢？2020年，我以中国代表团成员身份出席了联合国人权理事会，就西方反华势力对香港警队的不实指控进行了逐点驳斥，那时候的我正是怀着这个信念而战的。我的想法是，对于西方反华势力，我们就是要敢于理性争论。因为这些反华势力可能永远不会认输，但是我们可以借此机会呈现真理，也可以借此机会完善自我，从而赢得那些实事求是的人的支持。万物竞争只在此消彼长，只要赢得了实事求是的人的支持，我们就赢了。

林馆长：郭院长，我要为您点个大大的赞！

小徐：郭院长，我发现您和刘教授好像啊，难怪你们会成为好朋友。

陈义忠：这话我中午一见到郭院长就想说了。

我：谢谢大家，咱们言归正传。"礼仪之争"让欧洲的思想家深度接触到了中国的儒家思想，进而发展为对中国百家学说的探讨和研究。儒家经典著作被耶稣会士翻译成欧洲文字出版，至圣先师孔子就此走进了欧洲思想家的精神世界，对于推动欧洲的启蒙运动产生了不可估量的作用。美国汉学家顾立雅说："众所周知，哲学的启蒙运动开始时，孔子已经成为欧洲的名人。一大批哲学家包括莱布尼茨、沃尔夫、伏尔泰，一些政治家和文人，都用孔子的思想来推动他们的主张，而在此进程中他们本人亦受到了教育和影响。中国在儒学的推动之下，早就彻底废除了世袭贵族政治，而在法国和英国，儒学又成为攻击这两个国家世袭特权的武器。在以法国大革命为背景的欧洲民主思想的发展中，孔子哲学起了相当重要的作用。通过法国思想，它又间接地影响了美国民主的发展。"

林馆长：真没想到，孔子居然对西方的启蒙运动起到了这么大的作用，难怪联合国教科文组织会把孔子评为世界十大文化名人之首，原来不仅是在评价孔子对中国的贡献，也包含了孔子对西方的贡献。想想也的确如此，虽然中国的现代科学启蒙比较晚，但是中国的人文启蒙的确是在2000多年前就已经开始了。

链·接

世界十大文化名人

1956年，联合国教科文组织评选并颁布世界十大文化名人，他们分别是：第一名，孔子（公元前551—公元前479年），中国思想家、哲学家、教育家，其创建的儒家文化对中国乃至世界的文化、思想影响极大；第二名，柏拉图（公元前427—公元前347年），古希腊哲学家、思想家，其哲学思想对世界影响很大；第三名，亚里士多德（公元前384—公元前322年），古希腊哲学家、思想家；第四名，托马斯·阿奎那（公元1226—1274年），意大利神学家、经院哲学家；第五名，哥白尼（公元1473—1543年），波兰思想家、天文学家，日心学说的创始人；第六名，弗兰西斯·培根（公元1561—1626年），英国思想家、哲学家；第七名，牛顿（公元1642—1727年），英国物理学家、哲学家、思想家、数学家；第八名，伏尔泰（公元1694—1778年），法国启蒙思想家、作家、哲学家，主张资产阶级的自由平等；第九名，康德（公元1724—1804年），德国哲学家、思想家，反对封建特权，主张平民应受尊重；第十名，达尔文（公元1809—1882年），英国博物学家、思想家，进化论奠基人。

我：由于近代中国在科学领域有比较大的缺憾，所以搞得今天的中国人很没有自信。其实，科学与人文的背后，都是理性。如何认识人的本质，如何认识社会的本质，如何认识人与人的关系，如何认识人与神的关系，同样需要理性之光的照耀和荡涤，否则人的心灵与社会必然会被宗教的蒙昧与黑暗所笼罩。人文启蒙的重要性，其实一点都不比科学启蒙低。在科举的平民化和公平化面前，欧洲的世袭贵族制基本上就是个渣；而在孔子"未能事人，焉能事鬼"的思想面前，欧洲的宗教蒙昧与黑暗基本上也是个渣。所以，当在黑暗中摸索和战斗了很久的欧洲启蒙思想家意识到这种理性的人文思想早已在东方中国形成自洽的理论体系并成功实践了上千年的时候，他们又怎会不激动万分，又怎会不奉为至宝呢？

林馆长：教授，我今日方知，原来"天不生仲尼，万古如

《女巫之锤》拉丁文版

长夜"这句话，不仅是说给中国人听的。

郭英龙：中世纪欧洲的宗教黑暗究竟有多黑暗呢？我给大家举个例子。15 世纪的时候，欧洲出现了迫害女巫的"专业书籍"。有本书叫《蚁山》，内容大多是如何烧死女巫；还有本书叫《女巫之锤》，书中列举了识别女巫和审判女巫的方法，堪称猎巫运动的理论指南。从公元 1487 年到公元 1669 年，《女巫之锤》再版了 29 次。直到 17 世纪，此书依然是追捕女巫的行动手册。

小徐：这群披着教袍的魔鬼，女人招你惹你了？

郭英龙：根据《女巫之锤》的指导和长时间的猎巫实践，这些披着教袍的魔鬼总结出了一些识别和审判女巫的标准和方法：比如，女巫把灵魂交给了魔鬼，所以身体比普通人轻，如果丢入水中，能够浮上来的就一定是女巫；如果一个女人身上有大面积的胎记，或者长有黑痣、虎牙，或者多了一根手指，可以视为女巫的标志；如果被指证的女人体重超过了《圣经》的重量，那也是女巫；一个老年女性如果脸上满是皱纹，眉毛很长，嘴上有软毛，声音尖锐，手里拿着拐棍，身上穿着邹巴巴的大衣，身边还养有猫或者狗，那么就可以直接宣布她是女巫。

小徐：这还有天理吗？

郭英龙：17 世纪的一名教士在审讯了几百名"女巫"之后，总结了自己的审讯经验："如果被告过着不道德的生活，那么这当然证明她同魔鬼有来往；而如果她虔诚而举止端庄，那么她显然在伪装，以便用自己的虔诚来转移人们对她和魔鬼来往和晚上参加巫魔会的怀疑。如果她在审问时显得害怕，那么她显然是有罪的，良心使她露出了马脚；如果她相信自己无罪，保持镇静，那么她无疑是有罪的，因为女巫们惯于恬不知耻地撒谎；如果她由于对她提出的诬告极端害怕而恐惧绝望、垂头丧气、缄默不语，这已经是她有罪的直接证据。如果一个不幸的妇女在受刑时因痛苦不堪而骨碌碌地转眼睛，这意味着她正用眼睛来寻找她的魔鬼；而如果她眼睛呆滞、木然不动，这意味着她看见了自己的魔鬼，并正看着他。如果她发现有力量挺得住酷刑，这意味着魔鬼使她支撑得住，因此必须更严厉地折磨她；如果她忍受不住，在刑罚下断了气，则意味着魔鬼让她死去，以使她不招认，不泄露秘密。"

陈义忠：我的天啊！如此荒诞，如此愚昧，如此野蛮！

我：没错，现在的中国人看惯了西方的发达与繁荣，往往没有意识到，在长达 1000 多年的中世纪，宗教黑暗笼罩下的欧洲就是这么荒诞，这么愚昧，这么野蛮。这场猎巫运动是有组织的和系统性的，发动的标志，就是 1484 年 12 月 5 日教皇英诺森八世发布的"最为深沉忧虑的训谕"。根据估算，在 15—17 世纪的欧洲，大概有 200 万人因为巫术之名被处死，其中绝大多数都是女性。在这场长达 3 个世纪的疯狂运动中，欧洲人人自危，朝不保夕，随时都有可能被指控为女巫，然后被推上火刑架，活活烧死——而这只不过是中世纪宗教黑暗的冰山一角罢了。

林馆长：这种日子哪能过得下去？难怪欧洲要发动启蒙运

动，人文启蒙的理性之光，果然一点儿都不比科学启蒙逊色！

我：一个掉进泥潭的人要想爬出泥潭，自己求生的努力固然十分要紧，但有机会抓住一根救命稻草也是十分要紧的。16世纪，就连法国著名思想家、国家主权学说的创始人让·博丹本人都写过一部《捉鬼狂》，其中有段文字这么写道："为了平息上帝的愤怒、获得神的祝福，为了增加对上帝之敬畏，为了保护人们免受一些人之毒害，为了保障善民之福祉，为了惩处这种人们可以想象的最可憎之罪行，必须对这些巫师毫不留情。"

陈义忠：让·博丹的《主权论》我读过，没想到他居然还写过《捉鬼狂》这种迂腐的书。

我：是啊，如果连让·博丹这样的学者都有这种思想，就更不要提其他人了。所以，当欧洲启蒙思想家遇见孔子的时候，他们简直就像抓住了一根救命稻草。因为这根救命稻草不仅仅是一个自洽的理论体系，其背后更有长达上千年的成功实践，所以，还有比这更有说服力的东西吗？美国学者赖克韦恩说："孔夫子是18世纪启蒙运动的守护神，他的教导是整个启蒙运动朴实无华的福音。"

林馆长：教授，我现在理解了：这样的人文启蒙运动，我们的确比欧洲提前了1000多年就已经发动了。而随着科举制度的扎根与生长，这场崇尚知识、崇尚理性的人文启蒙运动的确是纵向到底、横向到边的，说它是一场全民的启蒙运动，的确一点儿都不为过。

我： 现在回过头来一起看看我们的祖先是怎样搞人文启蒙的。宋代的《神童诗》写道："天子重英豪，文章教尔曹。万般皆下品，惟有读书高。少小须勤学，文章可立身。满朝朱紫贵，尽是读书人。"《神童诗》共缉诗34首，前面14首是劝学诗，中间5首是描绘科举及第的荣耀，后面15首是表达读书人的喜悦。《神童诗》一经问世，便产生了巨大的社会影响，一直延续

西方思想家论中国科举制度

伏尔泰：假如有一个国家，其人民的生命、名誉及幸福都受到法律保障的话，那就是中国。通过层层严格考试的人才能进入衙门任职，人类的确不可能想象出一个比这更好的政府，在那里一切事务均由相互制约的部门统理，而其成员只有通过层层严格考试后才能录取。中国的一切事务都通过这些部门加以调节。

魁奈：一个中国人必须获得通向进士的各种学位，才能成为一名朝廷命官。政治统治全部交付给这些博学的官吏。

威廉姆斯：从科考的结果看，中国政府的高官阶层中的不少官员都怀有让人极为敬佩的才能和知识，以及爱国、正直和有条不紊的工作态度。它维持了这个国家庞大的机器的运转，也保持着一种不衰的崇文风气。

史皮尔：中国人民的竞争使用于整个政府管理的政治原则公开化。为保证地方行政官员有知识、有能力和值得信赖，各种提拔的基础就根植在教育之上。面对这一事实，整个世界无不为之赞美。听吧！西方国家，它没有世袭等级，或许没有个人荣耀，它没有财富的权力，它不主张任人唯亲，它也不去迎合世俗的偏见和利益……此际，全城、全省都处在一个兴奋的骚动之中，信差在恭候，随时准备用船、马和跑步等方式，将发榜的结果报之全省的每一个角落。在中榜者的家乡，一旦他们归来，张灯结彩，设宴欢迎。面对此，我流下了遗憾的眼泪。在我亲爱的祖国，却看不到如此令人崇敬和令人兴奋的场面。这种伟大的基本原则的糅合，是美国共和体制最缺少的东西。

了 1000 多年。无数蒙童从牙牙学语开始，就学习和背诵这首启蒙诗。人文启蒙的种子，就这么早早地在幼小的心灵里生根发芽，直到有一天长成参天大树——就像那位写作《神童诗》的汪洙，本人就是神童，9 岁能诗，哲宗元符三年中进士，最后官至观文殿大学士，对宋代的教育事业作出了很大贡献。

小徐： 教授，前面在听科举的时候，我的感受还没有这么深。被《女巫之锤》恶心了一把之后，再回来听《神童诗》，我的心里忽然有一种无比温暖的安全感。

我： 是的，小徐，现在你应该能够理解了，为什么西方人会认为"人性本恶"，而中国人却认为"人性本善"？说到底，就是你现在心里这种"无比温暖的安全感"的有或无决定的。

林馆长： 除了《神童诗》，古代的劝学文也很要紧的。

我： 那是，在科举时代，许多名人都写过劝学文。唐代的颜真卿就是其中一位："三更灯火五更鸡，正是男儿读书时。黑发不知勤学早，白首方悔读书迟。"宋代的陆游是另一位："古人学问无遗力，少壮工夫老始成。纸上得来终觉浅，绝知此事要躬行。"

小徐： 嗯嗯，这两首诗都很有名呢！

我： 是的，小徐。不过最有名的劝学文，并不是他们写的，而是皇帝写的。大家还记得北宋完成科举改革的第三个皇帝宋真宗吗？他在完成科举改革之后，撸起袖子亲自搞宣传，他的《劝学诗》应该是历朝历代最有名的：

富家不用买良田，书中自有千钟粟。

安居不用架高堂，书中自有黄金屋。

出门莫愁无人随，书中车马多如簇。

娶妻莫恨无良媒，书中自有颜如玉。

男儿欲遂平生志，六经勤向窗前读。

陈义忠：原来是这首啊！"书中自有黄金屋，书中自有颜如玉"，我从小就是听着这两句诗长大的，可有诱惑力了。

林馆长（笑）：那可不是？皇帝亲自下场劝学，方法简单粗暴，效果却又奇好。你看我们义忠到现在都被诱惑得晕晕乎乎的，更不要提科举时代的学子们了。

我（笑）：能没有诱惑力吗？皇帝说的可都是真的呀！唐代进士宴游曲江之时，人们竞相观看，"长安几于半空"，公卿之家则相率来曲江挑选乘龙快婿——前面提到的元稹，就是这样被韦氏家族选中的。到了宋代，更是流行"榜下择婿"的风尚：进士放榜之日，公卿有女待字闺中的，凌晨就要驱车前往新进士赴琼林宴的必经之路。当新进士经过的时候，各家争先恐后地选人抢人，当日得中东床之选的往往十之八九。司马光有诗云："一朝云路果然登，姓名亚等呼先辈。室中若未结姻亲，自有佳人求匹配。"他的那位老对手王安石，向来是"只要司马光赞成的就反对"，唯独在这个问题上的看法跟他是完全一致的："临津艳艳花千树，夹径斜斜柳数行。却忆金明池上路，红裙争看绿衣郎。"

陈义忠： 却忆金明池上路，红裙争看绿衣郎。

郭英龙： 3年才一科，就考中那么些进士。扣除已婚的，未婚的进士肯定是僧多粥少，求婚的岂不是要打破头了？

我： 那可不是？前面提到的那位"连中三元"的冯京，就是被那位害得宋仁宗被包拯喷了一脸口水的张尧佐看中了，"方负宫掖势，欲妻以女。拥至家中，束之以金带，曰：'此上意也。'顷之，宫中持酒殽来，直出奁具目视之。京笑不视，力辞。"

陈义忠（笑）： 哎呀妈呀，皇亲国戚呢，摆出一大堆嫁妆准备嫁女儿，结果被拒了。

我： 不要说皇亲国戚了，皇帝本人还不是盯着状元招驸马？《唐语林》载："万寿公主，宣宗之女。将嫁，命择良婿。郑颢，宰相子，状元及第，有声名，待婚卢氏。宰臣白敏中奏选尚，颢深衔之。"

郭英龙： 宣宗，就是前面说过的那个"小太宗"吧？

我： 没错，就是那位喜欢读书人的唐宣宗李忱。宰相白敏中出了个馊主意，让他招会昌二年的状元郑颢当驸马，结果人家状元老不高兴了。当了驸马爷之后，郑颢不敢对公主摆脸色，于是就天天找白敏中的碴儿。这位白敏中大家可能没怎么听说过，不过他的堂哥大家一定是认识的，那就是白居易。

陈义忠（笑）： 哎呀，原来是白居易的堂弟呀，这媒婆当得太失败了。

我： 所以说，"红裙争看绿衣郎"真不是吹的。既然"股票"上市后一股难求，那大家就纷纷关口前移搞起了"风投"。宋初宰相李沆早早认定，举子王曾不仅能够中第，而且一定能官至宰辅，于是果断地将自己的女儿嫁给了他。

小徐： 李沆的"风投"投对了没有？

我： 投对了。王曾乡试、会试、殿试连中三元，最终官至宰辅，成为北宋名相。他去世时，宋仁宗辍朝二日，赠谥号"文正"——这可是做臣子的最高谥号了，纵观整个中国历史只有 29 名，包括范仲淹、司马光、曾国藩这些超级大拿。

郭英龙： 教授，您知道吗，在听您讲这些故事的时候，我的心里一直是很温暖的。在我看来，这些充满了喜感的"榜下择婿"故事背后，其实是中国完成人文启蒙之后，全民对知识的崇拜，是古代中国优秀知识分子崇高的社会地位，其折射出来的价值观是十分正向而温暖的——无论是横比还是纵比，这点都太了不起了。

我： 没错，是全民对知识的崇拜，是知识分子崇高的社会地位。《儒林外史》的"范进中举"大家都很熟悉，范进中举之后疯了，众人就让胡屠户打他一巴掌，没想到平时凶得不行的胡屠户却突然间胆小了："虽然是我女婿，如今却做了老爷，就是天上的星宿。天上的星宿是打不得！我听得斋公们说：打了天上的星宿，阎王就要拿去打一百铁棍，发在十八层地狱，永不得翻身。我却不敢做这样的事。"后来实在没办法，只好打了一巴掌，"不觉那只手隐隐的疼将起来；自己看时，把个巴掌仰着，再也弯不过来。自己心里懊恼道：'果然天上文曲星是打不得的，而今菩萨计较起来了.'想一想，更疼得狠了，连忙问郎中讨了个膏药贴着"。一同回家的时候，"屠户见女婿衣裳后襟滚皱了许多，一路低着头替他扯了几十回"。

陈义忠："范进中举"是中学的课文，人人都学过。不过今天再听，我却听出了过去从来没有的感觉。

我：其实不要说是进士、举人了，就算是秀才，也是很受老百姓尊敬的。明代海瑞就描述过自己少年时代的见闻："见闾阎父老，阛阓小民，同席聚饮，恣其笑谈，见一秀才至，则敛容息口，惟秀才之言语是听。秀才行于市，两巷人无不注目视之，曰此某斋长也。人情重士如此，岂畏其威力哉？以为彼读书知礼之人，我辈村粗鄙俗为其所笑耳。"秀才虽然没有资格做官，但是颇有些特权，用顾炎武的话说，就是"一旦为秀才，则免于编氓之苦，不受侵于里胥，齿于衣冠，得于礼见官长，而无笞捶之辱。"虽然这些特权也会导致一些问题，不过整个社会斯文若此，这一场崇尚知识的人文启蒙运动，的确可以说是纵向到底、横向到边，深入于心、浅出于俗的。

小徐：这一场崇尚知识的人文启蒙运动，的确是纵向到底、横向到边，深入于心、浅出于俗的。

陈义忠："科举之传统治理智慧科"三甲进士第二名，我觉得这名进士的水平，一点儿也不虚前面的那几名。

郭英龙：我也觉得，这是一个基础性的问题，其实特别重要。

林馆长：刚才教授在讲秀才的时候，我忽然间好有代入感，感觉自己就像是一名读了点书的秀才。

小徐（笑）： 林馆长，您太谦虚了，您的水平可比秀才高多了，地位也高多了，至少得是个举人。

我（笑）： 以林馆长的水平，举人那可打不住，至少得是名进士——别忘了，这里可是文献名邦，出过 2482 名进士的地方。

林馆长（笑）： 好了，别拿我开玩笑了。教授，您继续讲吧，接下来应该是三甲第三名进士了。

我： 科举的第九大传统治理智慧，是"政治理论的全民共识——一个命运共同体的基石与基因"。

郭英龙： 政治理论的全民共识，嗯，这个也很重要！教授，我还记得上次在新疆的时候，您就专门给我们讲过理论的重要性。国家治理四要素——力量、利益、理论、情感。

我： 是的。我们前面说过，一个国家就好比一个人，一个人是一个命运共同体，因此一个国家也是一个命运共同体。人体大概由 60 万亿个细胞组成，分为 200 多个种类，比如神经细胞、皮肤细胞、骨头细胞，等等。不同种类的细胞，其形态和功能都是不一样的，但是不管是哪种细胞，也不管是哪个细胞，每个细胞核里边的那套基因组是完全一模一样的。我们都知道，基因组是一种双螺旋结构，大概由 30 亿对碱基对组成，保存了完整的生命密码。但是，每个细胞的基因组都只表达与这种细胞有关的一小段基因，也就是通过复杂的生物程序，将这一小段基因翻译成为组装生命所需要的蛋白质，至于基因组里的其他绝大多数基因，则始终保持沉默的状态。因此，一个正常的生命是十分有序的，眼睛里永远长不出骨头，头上也永远长不出脚来。

陈义忠： 嗯，我听懂了。

我： 虽然每个细胞只表达跟自己的细胞功能有关的基因片段，但是每个细胞的基因组都是十分完整的。如果你去检测所有细胞的基因组，就会发现它们是一模一样的。

郭英龙： 所以，在案件调查取证的过程中，只要在现场发现了嫌疑人的任何人体组织，不管是头发、血液还是唾液，都可以通过基因检测来锁定目标，准确率基本上是 100% 的。

我： 如果在一个人的身上居然检测出了两种不同的基因组，那么可以肯定地讲，这不是一个人，而是两个人。

郭英龙： 没错！

我： 生命的原理，可以帮助我们理解国家和社会。既然一个国家就像一个人体，是一个命运共同体，那么这个国家的"基因组"又会是什么呢？在我看来，就是这个国家的理论共识，也就是说，这个国家的每一名成员，对于这个国家究竟从哪里来，要到哪里去，应该如何管理等这些最重大的问题，要有最基本的共识。虽然由于社会的分工需要，每个社会成员都从事不同的工作，就好比只表达了与自己细胞功能有关的基因片段，但是每个成员背后的那套完整的"基因组"，应该是一模一样的，所以，一个国家要成为一个真正的命运共同体，就必须有一套所有成员都共同信奉的理论共识。

小徐： 如此说来，如果在一个国家发现了两种理论共识，就等于是在一个人的身上发现了两种基因组，可以直接断定不是一个命运共同体，对不对？

我： 是的，小徐。以这个标准来衡量，科举时代的中国，就是一个典型的命运共同体。因为那个时候，不管是朝是野，是官是民，是男是女，是长是幼，几乎所有人都在信奉同一种思想，都在服膺同一套理论，那就是至圣先师为我们留下的最宝贵的财富——儒家思想。科举时代，是一个有共识的时代；科举中国，是一个有共识的国家。有共识的时代是美好的，有共识的国家是幸福的。

郭英龙： 确实如此，共识可以最大限度地减少不必要的内耗，节约大量的社会成本。

海瑞像

我：共识进一步，自由就进一步，强制就退一步。一个有共识的社会是有自由的，也是低成本的。我举个例子：海瑞与嘉靖的故事，大家应该都是很熟悉的，今天我们就一起来重温一下，看看能不能像"范进中举"那样，听出点儿不一样的感觉来。

林馆长：相同的素材，不同的视角，不同的感受——今天下午的对话，让我深切地感受到了这一点。

我：明朝中后期，嘉靖皇帝"享国日久，不亲朝，深居西苑，专意斋醮"，搞得大明朝国将不国，民不聊生。嘉靖四十四年，明代第一刺头来了——户部云南清吏司主事海瑞上《治安疏》，痛斥嘉靖皇帝。我数了数，《治安疏》全文3200多字，场面话只有200多字，剩下的3000字基本上都是在骂皇帝——"陛下则锐精未久，妄念牵之而去矣。反刚明而错用之，谓长生可得，而一意玄修。富有四海不曰民之脂膏在是也，而侈兴土木。二十余年不视朝，纲纪驰矣。数行推广事例，名爵滥矣。二王不相见，人以为薄于父子。以猜疑诽谤戮辱臣下，人以为薄于君臣。乐西苑而不返宫，人以为薄于夫妇。天下吏贪将弱，民不聊生，水旱靡时，盗贼滋炽。自陛下登极初年亦有这，而未甚也。今赋役增常，万方则效。陛下破产礼佛日甚，室如县罄，十余年来极矣。天下因即陛下改元之号而臆之曰：'嘉靖者言家家皆净而无财用也。'迩者，严嵩罢相，世蕃极刑，差快人意一时称清时焉。然严嵩罢相之后，犹之严嵩未相之先而已，非大清明世界也。不及汉文帝远甚。天下之人不直陛下久矣，内外臣工之所知也。知之，不可谓愚。"

林馆长："嘉靖者言家家皆净而无财用也"——拿嘉靖的年号来讽刺挖苦皇帝，海瑞确实也是冒死上疏了。

郭英龙："天下之人不直陛下久矣，内外臣工之所知也。知之，不可谓愚"——这段话说得也够大胆的了。

我：据《明史·海瑞传》记载：帝得疏，大怒，抵之地，顾左右曰："趣执之，无使得遁！"宦官黄锦在侧曰："此人素有痴名。闻其上疏时，自知触忤当死，市一棺，诀妻子，待罪于朝，僮仆亦奔散无留者，是不遁也。"帝默然。少顷复取读之，日再三，为感动太息，留中者数月。

陈义忠：说明这嘉靖皇帝其实并不愚蠢，也知道海瑞是为他好。

我：嘉靖当然一点儿也不愚蠢，他的问题是把个人的不良癖好凌驾于整个国家之上，最后害惨了这个国家。说白了，还是公器私有导致的。因此，对于海瑞，嘉靖的心理是十分复杂的：知道海瑞是为他好，但自己就是摆脱不了这个怪癖好；被海瑞骂得十分不爽，又舍不得杀了他。

郭英龙：估计也不太敢杀吧，史官正瞪大眼睛在旁边看着呢。

我：海瑞被关在牢里 10 个月，嘉靖还没想清楚该怎么办，自己就先一命呜呼死掉了。接下来发生的事情就有点意思了，《明史》记载：帝初崩，外庭多未知。提牢主事闻状，以瑞且见用，设酒馔款之。瑞自疑当赴西市，恣饮啖，不顾。主事因附耳语："宫车适晏驾，先生今即出大用矣。"瑞曰："信然乎？"即大恸，尽呕出所饮食，陨绝于地，终夜哭不绝声。

小徐： 唉，生死看淡，不服就干，却因昏君的去世哭成那样。这海瑞与嘉靖之间的互动，的确不是那么简单的。

我： 是的，那一刻我们才知道，原来海瑞骂皇帝，并不是在泄愤，更不是要造反，而是真的为了皇帝好。关于这一点，海瑞心里很清楚，嘉靖心里其实也很清楚，所以才能容忍海瑞如此骂他，最终也没有杀了海瑞。什么叫共识？这就叫共识。在科举时代，这种共识早已成为朝野君臣之间心照不宣的默契，从而成为维系这个体制乃至这个国家的最强有力的凝聚剂。《尚书》曰："予临兆民，凛乎若朽索之驭六马。"言天下莫危于人主也。如果没有这种理论上的共识，没有这种心理上的默契，以私有制皇权如此脆弱敏感的神经，谏臣们就是有100个脑袋也是不够砍的。

郭英龙： 所以您刚才说，"共识进一步，自由就进一步，强制就退一步"，我以为然也。

林馆长： 教授，我明白了：如果双方有共识，即便有些不同观点，你也不会轻易怀疑他怀有异心；如果双方没有共识，那么稍有不同观点，你就会严重怀疑他背有反骨。

我： 没错，接下来，怀疑的焦虑，戒备的成本，内耗的苦痛，就尽在其中了。林馆长，一个命运共同体是经不起这样内耗和撕裂的，一个没有共识的国家，就像一个没有感情的家庭，是走不好，也走不远的。一个家庭如果没有感情了，是不可能靠强制来维系和伪装的；一个国家如果没有共识了，也是不可能靠强制来维系和伪装的。

陈义忠：教授，那应该怎么办呢？

我：义忠，您应该知道答案的：要想挽回家庭，只有一条路可以走，用真诚的行动，重新培养感情；要想复兴国家，也只有一条路可以走，用真理的力量，重新打造共识。

陈义忠：可是，历史上不是有焚书坑儒，也有罢黜百家，独尊儒术吗？共识真的就不能借助强制的力量来实现吗？

我：问得好，焚书坑儒最后成功了吗？

陈义忠：哦，那倒是。要是成功了，就不会有后世的科举了，也不会有我们今天的对话了。

我：至于罢黜百家，独尊儒术，我们也要客观看待：第一，对于百家，儒家既没有"焚"，也没有"坑"。在整个历史长河中，百家一直都在，从来就没有真正被"罢"过，只是逐渐进化成了儒家的辅助者和隐性竞争者而已；第二，放在整个历史长河中，儒家之所以能够成为国家的主流意识形态，说到底并不是凭借强制的力量，而是凭借自身的真理含量更足，凭借自己的学说比任何其他学说都更适合中国社会的发展需要。这是一场长达 2000 多年的竞争，儒家的地位，是竞争之后的自然选择；儒家的不足，最终也要由法家、道家、佛家来相应补足，而这种辅助者的地位和作用，儒家同样也是阻挡不了的。

郭英龙：我十分同意，再帮您加一点：第三，鸦片战争之后，面对工业文明时代的来临，儒家的意识形态还是暴露出了更多的不足，在顽强抗争了几十年之后，最终不还是被打破了吗？教授，我对此的理解是：一切都是客观规律使然，绝非主观人力可以强制扭转。

小徐： 客观规律，就是真理，顺之者昌，逆之者亡。

我： 如果是真理，却要人为阻挡，最终的结果一定是"抽刀断水水更流"；如果不是真理，却要人为抬高，最终的结果一定是"举杯消愁愁更愁"。

林馆长： 抽刀断水水更流，举杯消愁愁更愁——李白要是知道您今天这么借用他的诗句，一定会大笑的。

我： 刚才郭院长的补充很正确。科举时代的中国，一直是一个有共识的国家。然而鸦片战争之后，这种共识终于被一种降维打击的外力打破了。公元 1840 年，鸦片战争爆发，中国先从器物上被打败；公元 1905 年，科举制度废除，中国再从制度上被打败。一句话：维系中国社会稳定发展 2000 多年的老共识终于被打败了，中国从此进入了第二个"历史三峡"的混乱与转型之中。

郭英龙： 教授，您是在借用唐德刚的"历史三峡"理论吧？上次在新疆的时候，您就已经提到过了。按照您的判断，现在中国应该面临即将"出峡"的历史时刻，对不对？

我： 是的，中国这艘大航船最终顺利出峡的最重要的标志，就是新共识的最终形成与成功实践。在我的心目中，这个新共识，一定是贯通中西、融汇古今的新共识；一定是科学

历史三峡

历史三峡理论是历史学家唐德刚关于中国社会政治制度转型的理论，于20世纪90年代提出，此理论集中反映在其著作《晚清七十年》里，在《袁氏当国》中有更具体的探讨。唐德刚把社会政治制度的变化作为历史发展最为重要的特征与标志，他把人类历史发展比作水过三峡。前后两个社会政治形态的转换，其间必然有个转型期，此转型期就是个瓶颈，是个"三峡"。唐教授把先秦以来的中国政治社会制度变迁分为"封建、帝制与民治"三大阶段，共出现两次转型：第一次大转型，自公元前4世纪"商鞅变法"起至秦皇汉武之间，实现了从封建转帝制，历时约300年。此次转型是自动的，内部矛盾运行的结果；第二次大转型，发端于鸦片战争之后，此一转型时间至少为200年，顺利的话，到21世纪中叶方能基本完成。此次转型是受外来刺激而行，是被迫的。

客观、逻辑自洽的新共识；一定是以理服人、直抵人心的新共识；也一定是源于实践、指导实践的新共识。

林馆长：教授，听您这么一说，我突然想起来了今天的榜眼。

小徐："知识政治的长期结盟"，一甲进士第二名榜眼。

林馆长：是的，我现在知道了：在科举时代，知识精英与政治精英之所以能够长期结盟，就是因为背后有一套完整自洽的理论共识；很可惜的是，鸦片战争之后，这个老共识被打破了，知识与政治的结盟体也就随之被打破了。所以，未来的知识与政治要想重新结盟，就必须先构建出一套新共识，而且一定是一套堪与老共识相提并论而又超越老共识的新共识。教授，我这样理解对不对？

我： 完全正确。

小徐： 说了半天，原来第九名进士与第二名进士是一家人呢！

林馆长： 那是！一个是苏轼，一个是苏辙，嘉祐二年，兄弟同登进士榜，苏轼赐进士出身，苏辙赐同进士出身。

陈义忠： 看来这第九名进士，林馆长是同意了。

林馆长（笑）： 其实这9名进士，刘教授一说名字，我心里就都认可了。是他自己要求我们积极参与讨论的，所以我很认真的好不好，戏码要做就要做全套。怎么样，教授，我这个同考官，您还满意吗？

我（笑）： 我是陪考生应试的老书童，轮不上我评价您。不过我今天一口气推荐了9名进士，您都笑纳了，您说我能不满意吗？

小徐： 林馆长，戏码还没有做全套呢，不是要取10名进士吗？还有最后一个没讲呀。

郭英龙（笑）： 就是，咱们这个草台班子还没到解散的时候呢，再坚持一下。

林馆长： 好吧，既然是最后一名进士了，那我可要挑剔一点，否则说我虎头蛇尾了。教授，这名举子，姓甚名谁啊？

小徐（笑）： 这戏码可真足！

我： 科举的第十大传统治理智慧，就是"落叶归根的反哺机制——致仕还乡带来基层治理与教化的良性循环"。

陈义忠： 哈，这个有意思！

林馆长：义忠，沉住气，不要轻易表态啊，且听教授说道。

我：《尚书大传·略说》有云："大夫七十而致仕，老于乡里，大夫为父师，士为少师。""致仕"就是当官当到头了，也就是退休的意思；多大年龄退休呢？70 岁；退休后去哪儿呢？"老于乡里"，也就是告老还乡。

陈义忠：70 岁退休，比现在的退休年龄还要晚呢！

林馆长：杜甫诗云："酒债寻常行处有，人生七十古来稀。"中国古代老百姓的平均寿命就摆在那里，70 岁退休的确算是比较晚的了。

我：到了明朝，致仕年龄就提前到了 60 岁，一直影响至今。通过致仕制度，科举时代的中国逐渐形成了一种致仕荣耀、知止求退的政治风气。按照礼法惯例，官员到龄一定要"乞骸骨"求退，皇帝必称"社稷所倚"而加以挽留，官员则以不能阻塞后人为由予以坚持，反复数次之后，皇帝只好不再勉强，以优厚待遇让官员回乡安度晚年——"君以恩御臣，臣以义事君，贪以是息，而让以是作"。

郭英龙：这种君臣关系我觉得挺好的，双方在致仕问题上的良性互动，虽然是客套，但是让人感觉挺融洽、挺和谐的。

我：是的，不过我们今天探讨的重点，不是君臣关系，而是"老于乡里"。虽然没有明文规定，但是官员退休之后，基本上都是回到自己的老家安置居住的。科举时代实行流官制度，官员是不能在老家任职的，一出仕就意味着背井离乡，因此一致仕就必然归心似箭。当然了，在漫长的农业时代，农村是产业的重心，也是生活的重心，那时候的城乡差别远没有今天这么大，回乡后的生活质量估计并不比留在京城差多少。在"皇权不下县"的年代里，农村本质上是一个"乡绅自治社会"，而所谓乡绅，主要就是指这些致仕还乡的退休官员，又称"乡贤"。

小徐：教授，我忽然想到了一首诗——贺知章的《回乡偶书》，这首诗好像就是描绘他致仕还乡的场景吧？

我：是的。贺知章是浙江越州人，唐武后证圣元年状元，也是浙江历史上第一位有史可查的状元，官至太子宾客、银青光禄大夫兼正授秘书监。贺知章70岁到点了就想致仕，结果被皇帝一再挽留，直到84岁才致仕成功。依依不舍的唐玄宗不仅亲自作诗送他，而且命太子及百官为他送行。就在此次回乡路上，贺知章触景生情，写下了流传后世的《回乡偶书》二首：

其一

少小离家老大回，乡音无改鬓毛衰。

儿童相见不相识，笑问客从何处来。

其二

离别家乡岁月多，近来人事半消磨。

惟有门前镜湖水，春风不改旧时波。

小徐："儿童相见不相识，笑问客从何处来"，说明贺知章的确已经别家很久了——84 岁才致仕回乡，84 岁也要致仕回乡。

我：贺知章致仕的时候确实太老了，所以回乡的当年就去世了。不过，他的致仕年龄并不具有代表性，一般情况下，官员致仕回乡之后，还是会有一段退休时光的。而恰恰是这段时光，对古代中国的农村基层社会产生了十分深远的影响。

郭英龙：愿闻其详。

我：致仕还乡的官员，既有政治资源，又有学问，无疑会给老家的基层社会带来相当丰富的治理资源和教化资源。在科举时代，县官也罢，府官也罢，反正都是从外地过来任职的流官，而且任职时间往往都很短——以兴化军（府）为例，从宋太平兴国五年到清宣统二年，前后 931 年时间里，兴化共有 349 名知军、知府，平均任期仅有 2.6 年。在这种情况下，地方官唯有依托乡贤，才能治理好基层社会。这些乡贤当过官，因此在话语体系的对接上不存在任何问题；这些乡贤又都是本地人，因此对本土宗族具有天然的号召力，有了他们的帮助，基层治理往往事半功倍。反过来说，这些乡贤也负有保护家乡老百姓的责任，否则也会损害自己的地位和名声，因此乡贤群体往往又是劣政的天然抵御者与有效缓冲带。

陈义忠：教授，我又想起了陈池养。他当过知县、知州，致仕还乡之后，就属于典型的乡贤。池养公兴修水利，造福家乡，当时的闽浙总督孙尔准就特别倚重他，不仅委托他主持修建镇海堤，而且为其争取政策支持，还举全家之力支持他——

为了修建镇海堤，孙夫人捐出了家财，抛 11.5 万块杂石护堤遮浪。我觉得，他们之间的关系，就是您所说的官府与乡贤之间良性互动的典范。

林馆长：木兰陂的修建，又何尝不是乡贤的功劳呢？当年李宏 7 万缗经费全部耗尽，木兰陂八字都还没有一撇呢，若非"三余七朱，陈林吴顾"14 大户及时捐出 70 万缗鼎力相助，木兰陂是不可能修建成功的——这 14 大户，无一不是致仕还乡的乡贤。

我：除了治理资源，致仕还乡的乡贤还会为家乡带来丰厚的教化资源。在科举时代，家族里如果出了一个聪明娃，往往会举全家之力培养他读书，指望着他未来中了举，出了仕，既可以光宗耀祖，又可以荫庇家族。等到这个读书人致仕还乡了，往往也会利用自己的积蓄和影响力，在家乡捐义田、办义庄、兴义学，继续培养家族下一代的聪明娃。这种家族义庄的典范，就是范仲淹所创办的"范义庄"。

陈义忠：范仲淹是哪里人？

我：范仲淹是苏州人。公元 1049 年，时年 61 岁的范仲淹，以苏州灵芝坊祖宅创立范义庄，用自己的俸禄购买义田 1200 亩，作为宗族公产周济族人。这位北宋名臣以其写作《岳阳楼记》的如椽巨笔，亲手拟定了《义庄规矩》，也让自己成为中国历史上的义庄首创者。他在《告子弟书》中说："吾吴中宗族甚众，于吾固有亲疏，然以吾祖宗视之，则均是子孙，固无亲疏也。苟祖宗之意无亲疏，则饥寒者吾安得不恤也？自祖宗来，积德百余年，而始发于吾，得至大官。若独享富贵而不恤宗族，异日何以见祖宗于地下，今何颜入家庙乎？"

林馆长：修身齐家治国平天下，范仲淹真乃中国读书人和士大夫的典范。

我：范仲淹次子范纯仁两度拜相，官做得比父亲还大。他继承父亲衣钵，将《义庄规矩》刻石存世，立于范仲淹祠堂之侧，要求"子子孙孙尊承勿替"，并将自己的俸禄大多投入义庄，把义田增至 3000 亩。令人难以置信的是，始建于北宋的范义庄居然穿越了王朝更迭，代代相传了八九百年时间，直到清末宣统年间，依然拥有义田 5300 亩，运作良好。

小徐：哇，这么厉害！

我：范义庄附有义学，义学的一切费用支出，以及"备师资束脩之礼，子弟笔札之费"等，皆来源于所置义田的收益。范氏义学对本族适龄子弟实行免费教育，还负担子弟参加科举考试的费用，"诸位子弟得贡赴大比试者，每人支钱一十贯文""庶使诸房子弟知读书之美，有以激劝"。范仲淹的首创义举，得到了北宋朝廷的肯定和嘉奖，"朝旨以义庄义学有补世教，申饬攸司，禁治烦扰，常加优恤"。于是士大夫们纷纷效仿，置办义田、义庄、义学蔚然成风。

陈义忠：那除了范义庄之外，历史上还有哪些义庄比较有名呢？

我：江苏无锡的荡口华氏义庄也比较有名。华氏义庄号称"江南第一义庄"，持续兴办了 400 余年，助贫困，训蒙

范义庄（现为苏州景范中学所用）

童，共培养了 22 名进士。其中，嘉靖五年进士华察，官至侍读学士，掌南院，致仕还乡之后，资助无锡筑城抗倭，协助官府"丈田清粮"，为地方修建桥梁——他就是《唐伯虎点秋香》里华太师的原型；清末，华氏义庄又开办了新式学堂，培养出了钱穆、钱伟长这样的英才；到新中国成立的时候，无锡荡口区共有 12 个义庄，拥有良田 1.3 万多亩。

林馆长：教授，我觉得除了创办家族义庄之外，这些致仕还乡的官员创办更多、影响更大的，其实还是书院。

我：没错，比起义庄义学，书院的宗旨更加开放，教育的辐射面也更大。当年兴化府书院林立，大多数书院都是由致仕还乡的官员一手创办；至于各书院主持教学的山长和教授们，基本上都是由进士出身的名师来担任。唐敬宗宝历二年，孔子第四十一

链 接

书 院

　　书院是古代中国特有的教育组织和学术研究机构，多为著名学者创建或主持，有官办和私立之分。书院设山长，主管教学，兼管院务。官办书院由地方官礼聘山长，私办书院自聘山长，须呈报官署备案。生员名额无定。最早的官办书院始于唐朝，"书院之名，起于唐玄宗之时，丽正书院、集贤书院皆建于省外，为修书之地"。作为民间讲学基地的书院出现于五代。到了北宋时期，以理学家为代表的知识阶层为了重振儒家文化，有意识地兴办书院。宋代书院大多自筹经费建造校舍，一般建于风景秀丽之名山，目的是教育、培养人的学问和德性，而不是应试获取功名。宋代有四大书院：河南商丘的应天府书院、湖南长沙的岳麓书院、江西庐山的白鹿洞书院、河南登封的嵩阳书院。元朝书院制度更为兴盛，专讲程朱之学，并供祀两宋理学家。明朝初年书院转衰，直到王阳明出，才再度兴盛。后因批评时政，明代书院多次遭毁。清代书院达 2000 余所，官学化也达到极点，大部分书院与官学无异。光绪二十七年（公元 1901 年），诏令各省的书院改为大学堂，各府、厅、直隶州的书院改为中学堂，各州县的书院改为小学堂。至此，古代书院退出了历史舞台。

代孙孔仲良任莆田县令，孔氏子孙从此世居莆田涵江璜山，主持涵江书院，薪火相传至今。遥想兴化当年，一批又一批致仕还乡的官员，源源不断地为家乡带来了高质量的教育资源；一批又一批年轻的读书人，在这种高质量教育资源的浸润之下，源源不断地成长了起来，又源源不断地走向科举，走向梦想，走向远方。

　　郭英龙： 再然后，等到这批年轻的读书人也致仕还乡了，又会为家乡带回高质量的教育资源。于是，新的循环又开始了。

　　林馆长： 唉，现在可看不到这个场景了。

　　我： 可不是吗？科举制度废除之后，中国进入了工业化与城市化的时代，致仕还乡已经成为一种遥远的记忆。如今，一名优秀的农村孩子，通过教育离开农村，来到一座陌生的城市工作生活。不出意外的话，他将会在这座城市里退休，又在这座城市里终老。落叶飘零，从此不再入泥，不再归根，而那块将自己的精华全部奉献给了世界的土地，也就渐渐地走向了贫瘠，走向了没落。人才资源是第一资源，最优秀的人才只出不进，只去不回，这种开放式的失血状态，是任何一个社会都无法长期承受的。

陈义忠： 难怪过去很长时间农村总是发展得不太好，原来关键的症结在这儿呢！

林馆长： 没错，过去说到农村发展，就只想到如何为农村注入资金资源、项目资源，从来就没有人想到过应该为农村注入人才资源。

陈义忠： 林馆长，其实过去也有想过要为农村注入人才资源，只不过是这些人才资源基本上都是外来的，有点像古代的"流官"，而"流官"往往在泥土里是待不久的。

林馆长： 所以，过去我们从来就没有想到过，是不是应该为农村注入属于自己的"乡贤"？想想也是，至少与外来的年轻"流官"相比，这些致仕还乡的"乡贤"有经验、有资源，与这块土地又有着天然的情感纽带，一旦回来就不会再离开了。

陈义忠： 请原谅我说得绝对一点，其实一个人退休之后，那座城市不一定很需要他了，然而他的家乡却很需要他。

郭英龙： 嗯，落叶归根，就是化泥反哺，就是良性循环。

小徐：刘教授，我忽然想起了一首诗：

浩荡离愁白日斜，吟鞭东指即天涯。
落红不是无情物，化作春泥更护花。

我：清代诗人龚自珍的《己亥杂诗》。道光十一年，龚自珍因为得罪权贵辞官回乡，在南归途中写下了300多首七言绝句，这是其中的第五首。小徐不错哦，看来你小时候背过的那些诗，都已经从冬眠中苏醒过来了。

小徐（笑）：可不是吗？语言的记忆离不开语言的环境。听了这么长时间的科举故事，自己似乎也回到了那个遥远而又熟悉的年代，忽然有一种心弦被拨动、记忆被唤醒的感觉。

郭英龙："落红不是无情物，化作春泥更护花"，原来科举时代真的是一个大宝库，蕴含了无数的温暖，也蕴藏着无数的智慧。今天的对话让我确信：若不是因为受到工业时代的降维打击，中国传统治理体系的确已经在自己的时代里做到了极致。即便是在今天这个时代，我们依然能从科举时代汲取诸多的治理智慧。

我：那么，"科举之传统治理智慧科"三甲第四名进士，"落叶归根的反哺机制——致仕还乡带来基层治理与教化资源的良性循环"，诸位考官同意吗？

郭英龙：刘教授，您今天所总结的"科举之十大传统治理智慧"，我全部都同意。

链·接

中国域外的科举

日本：公元7世纪至8世纪之际，日本模仿唐制实行贡举制度。然而，由于贵族干政、学官世袭，10世纪以后，大学寮基本上为贵族把持。博士推荐学生参加科举，不是依据才学高下，而是以资历名望，致使科举制度日渐流于形式化。11世纪后，日本贡举在形式上还继续实行式部省试，但考生皆由权贵推荐，应考者几乎无条件及第，科举制至此已完全异化。明治时代，人才选拔的考试制度为近代学校制度所取代。

韩国：从公元958年至公元1894年，韩国的科举制在历史上存在了936年，成为中国域外实行时间最长、体系最完备的科举。近500年的高丽王朝，科举制度实兼唐、五代、宋、元等诸朝制度而成。公元1372年，明太祖遣使往颁科举诏后，高丽科举乡会试程式一依明制。李朝几乎每年都开科，"国家用人之道，只在于科举"，科举在李朝的地位不亚于科举在中国历史上的地位，有"我国公道，惟在科举"，"私门塞而公道开，浮华斥而真儒出"之说。公元1894年，甲午战争爆发，朝鲜停罢科举。

越南：从公元1075年始至公元1919年止，越南是中国域外最迟实行和最后废止科举的国家。李朝建立科举制度，模仿中国实行3场考试。公元1807年，阮朝阮世祖开乡试，其制度模仿中国清代科举，其形式内容仍然和中国科举考试大同小异。公元1832年，越南引进八股文作为考试文体。1919年，越南举行了最后一科会试，取中23名。此后，科举制度在越南和世界范围内完全退出了历史舞台。

林馆长： 这10名进士，不仅能力出众，排名也很公平，此科取士，可谓得人，我个人十分满意。

陈义忠： 我也举双手赞成！

小徐： 那我梳理一下，各位考官一起来考考我的记忆力哦！中华人民共和国七十五年甲辰龙年正月初四，"科举之传统治理智慧科"春闱开榜，共取中进士10名。

第一甲赐进士及第

第一名：机会公平的阶层流动——天下国家最强大的稳定器

第二名：知识政治的长期结盟——官吏分开的知识分子主政传统

第三名：公私合营的权力结构——科举的"公天下"与皇权的"家天下"

第二甲赐进士出身

第一名：选人用人的分工协作——儒表法里的完美统一

第二名：道统政统的相互成就——把政统关进道统的笼子里

第三名：可进可退的君子之风——政治人格与知识人格的合与分

第三甲赐同进士出身

第一名：权力制衡的中国方案——廷议、御史、言官、史官、经筵制度的综合制衡

第二名：崇尚知识的人文启蒙——遥遥领先西方上千年的全民启蒙运动

第三名：政治理论的全民共识——一个命运共同体的基石和基因

第四名：落叶归根的反哺机制——致仕还乡带来基层治理和教化的良性循环

刘教授，我有没有记错呢？

林馆长：小徐，你这高考状元的记忆力，真是没的说了！

郭英龙：小徐梳理得好清楚啊，简直就是过耳不忘！

陈义忠：小徐，我有点好奇，你要是早生 1000 年的话，会不会也考中状元呢？

小徐（笑）：义忠叔，女孩子哪里能参加科举？

陈义忠：哦，那倒是，我都忘了这一点。

我：小徐要早生 1000 年，大概率就是《儒林外史》中的那位鲁小姐，"这小姐资性又高，记心又好，到此时，王、唐、瞿、薛以及诸大家之文，历科程墨，各省宗师考卷，肚里记得三千余篇。自己作出来的文章又理真法老，花团锦簇。鲁编修每常叹道：'假若是个儿子，几十个进士、状元都中来了。'"

陈义忠：这说明科举时代还是有缺陷的，重男轻女，荒废了这个世界的一半智慧。

郭英龙：其实教授在前面就提到过，科举也是有缺陷的，我一直都很期待能够听听呢！教授，要不您也给我们讲讲吧？

我：好呀！科举历经上千年的进化，的确已经在属于自己的时代里做到了臻于完美。然而万物皆有长短，作为一种传统的国家治理体系，科举的确也是有其历史局限性的，我们不妨称之为科举的传统治理缺陷——既然你们想听，要不我也讲讲？

小徐：好呀好呀，我也很想听呢！

林馆长：教授，您今天如此推崇科举，我还以为在您的眼里，科举就是完美无缺的呢！没想到您还真是一个实事求是的人。虽然还没听您具体讲科举的治理缺陷，但是我得先为您的这种研究态度和方法点个赞！

郭英龙：林馆长，我对刘教授很了解，所以我倒是一点儿也不觉得奇怪，一直都在等他讲这部分内容呢！

陈义忠：那咱们要不要先休息一下？林馆长，您给大家再泡一壶好茶吧。

林馆长：好的，要不你们到碑廊那里走走吧。我来给大家换上一壶大红袍，等你们回来，咱们继续听教授讲科举的传统治理缺陷。

小徐：好嘞，谢谢林馆长，那我们去去就回。

6

科举时代的那一名名举子，多么像茶杯里的那一片片茶叶，经历了萎凋，经历了炒青，经历了揉捻，经历了烘焙，却依然保持着完整，保持着自然。等到需要用它的时候，以沸水冲泡之，它就会重新舒展开来。这时候你就会发现，虽然它的生命曾经干燥而蜷曲，但是它的精神从来就没有被切碎过，它的心依然还是完整而自然的。

　　碑廊在纪念馆右侧，有数十块旧石碑。认真阅读碑文，才发现都是历朝历代的"重修木兰陂记"。原来，超卓伟大如木兰陂者，同样也会有自己的限度，同样也需要与时俱进。庭院前的山坡上，另立一块新石碑，勒刻着"木兰陂历史水位线"：1999 年第 14 号台风，木兰陂水位 10.07 米；2023 年"海葵台风"，木兰陂水位 10.57 米，过陂水深达 5.41 米。陈义忠告诉我们，即便有了木兰陂，木兰溪下游依然无法抵御特大台风引发的水患。1999 年，第 14 号台风重创莆田，时任福建省代省长的习近平同志下决心彻底治理木兰溪下游，4 次亲临木兰溪现场并参加义务劳动。这项继修筑木兰陂之后跨越千年的新时代水利工程，终于彻底根治了木兰溪水患。2023 年的"海葵台风"，降雨量更大，水位更高，然而房屋倒塌数量相比 1999 年下降了 98.1%，人员伤亡数量为零……我们回到庭院重新坐下，林馆长为每个人斟上了一杯大红袍岩茶。

小徐： 林馆长，这茶的香气好特别呢！

林馆长： 这就是大红袍，武夷山岩茶的一种，岩韵馥郁，香如兰花，被誉为茶中状元。

小徐： 茶中状元，这么厉害！林馆长，为什么要叫大红袍呢？

林馆长： 大红袍的茶名源自一个与科举有关的故事传说。明洪武十七年，朱元璋重新开科取士，28岁的福建建阳举子丁显高中状元，被授翰林院修撰。相传，丁显此番进京赶考，途经武夷山时病倒了，天心寺的老方丈就用在九龙窠采制的

茶叶冲泡了给他喝，喝了几碗就腹痛减退，几天之后就康复了。丁显高中状元之后衣锦还乡，特意前往武夷山天心寺拜谢方丈救治之恩，方知是九龙窠的茶叶救了自己。时值春茶开采季节，于是老方丈就带领大小和尚采茶制茶，然后用锡罐装好茶叶，由状元带回京城。状元回朝后，恰逢皇后得病，于是状元献上茶叶，皇后饮用后果然很快康复。皇帝大喜，乃御赐红袍一件，命状元亲自前往九龙窠披在茶树之上，并派人看管，年年采制，悉数进贡——这几棵茶树因此得名大红袍。

小徐： 真的假的？这故事听上去好像有点套路呢！

我： 这个丁显确有其人，也确是洪武十七年的状元，大红袍也确是皇家贡茶。至于其他的，也许会有些传说的色彩——

反正马皇后是在洪武十五年的时候去世的。

小徐：哦，我说呢！教授，这位状元后来怎样了？

我：其实，当时丁显的殿试成绩只是三甲进士。不料钦点状元那天，朱元璋做了个梦，梦见墙上有一根大钉子。醒来之后，朱元璋立即在殿试名单中一顿狂找，果然发现丁显这个名字，不由大喜，立即拔擢为状元——这个丁显的运气简直好到爆了。不过，福兮祸之所伏，这位新科状元因为上疏论事时言辞过于激烈，被朱元璋一怒之下谪戍广西驯象卫，多年后不幸病死在了那里。得知消息后，朱元璋十分震怒："丁显年轻气盛，朕本意磨炼，武将们何不加监护，竟让他赍志而没？"遂将武将们悉数治罪。

陈义忠：这朱元璋也真是的，初一是你，十五也是你，一高兴就拔擢为状元，一不高兴就贬到边境，一生气又要迁怒于人。

林馆长：所以说，伴君如伴虎。有时候觉得，古代读书人就是在赌运气，碰到了宋仁宗这样的皇帝，估计做梦都要笑醒；碰到了朱元璋这样的皇帝，怕是做梦都要惊醒吧？

小徐：这样的皇权，我一点都不喜欢。

我：你们不是要听我讲科举的治理缺陷吗？其实这就是科举时代的第一大传统治理缺陷，"公私合营难逃历史周期率——科举无法彻底制约皇权的私有制"。

郭英龙：公私合营难逃历史周期率，教授，我发现这个治理缺陷与第三大传统治理智慧是相对应的。

我：是的，第三大传统治理智慧是"公私合营的权力结构——科举的'公天下'与皇权的'家天下'"；第一大传统治理缺陷是"公私合营难逃历史周期率"，二者的确是相互对应的。

小徐：那这第一大传统治理缺陷，可以算是"科举之传统治理智慧科"的第一名落第举子了。

林馆长：教授，关于科举的第一大传统治理缺陷，您在阐述第三大传统治理智慧的时候其实已经顺便论述过了，所以我们都很接受。不过，其中有个问题还想请您具体讲讲。

我：什么问题？

林馆长：为什么皇权在科举强有力的制衡之下依然会一步步地走向失控呢？科举精心编织的制衡之网又是如何被一步步

撕破的呢？

我：在我看来，如果科举只是对付皇帝一个人，那么无论这个皇帝如何折腾，都不可能挣脱科举的制衡之网。然而，关键的问题就在于，皇权并不是指皇帝一个人，而是指以皇帝为核心的一整套私有制政治。由于公器私有违背了事物的客观规律，导致皇帝这个职位设计得很不合理——权力太大，责任太多，压力太大，享受太多。因此，虽然拥有最好的医疗保障，皇帝依然普遍短命，平均年龄只有 39 岁。要知道，古代中国普通老百姓的平均年龄都已经达到了 57 岁，当皇帝要整整少活 18 年，属于典型的高危职业——要不要干，你们自己看着办。

小徐：我肯定不干，我才不想当皇帝呢！

郭英龙：教授不说了吗，"予临兆民，凛乎若朽索之驭六马"，当皇帝看似风光，其实就是一件刀尖舔血的事情。

陈义忠：所以，大数据证明当皇帝折寿。

我：当皇帝折寿，不仅是在折自己的寿，更是在折子孙后代的寿；刀尖舔血，不仅是在舔自己的血，更是在舔子孙后代的血。你们想想看，哪次改朝换代，前朝皇族不是被屠杀殆尽的？

林馆长：那可不？除了赵宋还算是比较善待后周柴氏之外，其余朝代基本上都是将前朝皇族屠杀殆尽的。

我：开国皇帝崛起于乱世之中，自然英明神武，勤奋自律，还勉强当得起这个皇帝。可是子孙后代"生于深宫之中，长于妇人之手"，却因为血缘关系唾手得了这个帝位，哪里担得起如此重大的责任？于是折寿也就成为必然。皇帝早死，太子往往年幼，也无法治国。

林馆长：那是，太子不一定都是嫡长子，历史上有太多废黜嫡长子，另立庶幼子的宫斗剧，这就会导致继任的新皇帝更加年幼。

我：可不是么，新皇年幼，于是太后临朝称制。可是，中国古代女子不得干政，太后多数没有能力治国，于是只好委托他人柄政；可是从宫斗中挣扎出来的人，往往都是有心理障碍的，她们谁都不敢信任，只信任自家的兄弟，也就是外戚。这下要命了，本来科举这副刀枪不入的铠甲只有皇帝这一个漏洞，现在外戚当了权，而外戚也不是科举出身的，第二个漏洞出现了。

郭英龙：阿喀琉斯之踵扩大化了，现在胸口也有死穴，被流矢命中的概率大大增加了。

我：渐渐地，幼帝长大了，可以亲政了。然而外戚专权已久，权力的滋味可是很甜的，怎么舍得交出去呢？就算你想交出去，身后紧紧跟随的既得利益集团也不会允许你交出去的。于是，甥舅之间的夺权大战又开始了。

陈义忠：唉，最是无情帝王家。

林馆长：甥舅算什么，想想兄弟相残、父子母子相残吧。

我：这就是权力的异化。亲情本应是人世间最温暖、最强韧的东西，面对皇权时居然也不堪一击。说明皇权这个东西，已经违背了人世间的规律，就好比黑洞，早晚是要扭曲一切，吞噬一切的。一个人怎么能拥有那么大且理论上不受任何限制的权力呢？就不怕被它扭曲和吞噬吗？——予临皇权，凛乎若肉身之临黑洞。

小徐：教授，那外甥又是怎么从舅舅手里夺权的呢？

我：专权者必定爪牙遍布，外朝直接动手很危险，新皇帝大概率会倚靠内廷筹划夺权，于是宦官自然而然地登上了政治舞台。

郭英龙：宦官也不是科举的，第三个漏洞出现了，这下子头部也有死穴了。

陈义忠：这个漏洞更要命，历史告诉我们，宦官一旦阴狠毒辣起来，绝非一般人可以想象的。

我：那可不？秦朝的赵高，东汉的张让，唐朝的李辅国，北宋的童贯，明朝的王振、刘瑾、魏忠贤，个个都是把国家往死里整的"天才"。比如东汉的张让，怂恿汉灵帝设立卖官场所"四园卖官所"，又设立"裸游馆"以供汉灵帝淫乐，居然还能让灵帝一口一个"张常侍是我父"，把皇帝妥妥地玩弄于股掌之中。公元189年，汉灵帝驾崩，以张让为首的宦官集团与以何进为首的外戚集团终于火并了，先是张让设计伏杀了何进，接着袁绍入宫杀尽宦官，张让投水自杀。

林馆长：然后东汉气数已尽，三国演义开始了。每逢王朝末年，外戚、宦官总是如此一番骚操作，然后就眼睁睁地看着王朝灭亡了。

小徐：无语。

我：可是，这又怪得了谁呢？最高权力本来就不应该私有，皇权私有，就必然意味着各种扭曲——扭曲的关系、扭曲的心理、扭曲的权力、扭曲的享受。外戚是怎么来的？还不是因为皇帝有三宫六院？宦官是怎么来的？还不是因为深宫之中不允许有其他男性？外戚和宦官专权，本来就是皇权私有的伴生物，也是这个世界对皇权私有的惩罚。

郭英龙：所以，能不能这样说，公私合营的权力结构，最初的合作还算愉快，然而皇权私有注定会引发皇帝、外戚、宦官"铁三角"的恶性互动，最终导致皇权失控，摧毁科举辛辛苦苦修筑的防护堤，于是历史周期率开始了。

我：郭院长总结得十分准确。

郭英龙：所以您前面说过了，要想步入现代政治，就必须首先解决皇权私有的问题。现代政治的标志，就是从封闭的家族政治，走向开放的政党政治。

我：是的，这些我们前面已经谈过了。如果用这个标准来衡量，今天的中国早已步入了现代政治，这就是我们常说的"立党为公，执政为民"。现在我们要做的，其实就是两点：第一，如何从方法上坚持不懈地将"立党为公，执政为民"的立场不断转变为现实；第二，如何从方法上继续创造出一种不亚于科举的选贤与能的体制机制。

陈义忠：我同意！这两点十分重要，也十分迫切。

小徐：刘教授，我怎么觉得，这个治理缺陷好像不能把账算到科举的头上吧？这是皇权的问题，而不是科举的问题。

林馆长：我也觉得。

我：我知道，可这就是科举的命。在 1300 年的历史长河中，科举都不知道替皇权顶过多少包，挨过多少打，所以今天就再让他顶一次包吧。只要你们心里明白这一点，我相信他还是会很开心的。

小徐：我知道的，教授，我就是忽然有点心痛而已。我现在明白了，原来张载的"横渠四句"——"为天地立心，为生民立命，为往圣继绝学，为万世开太平"，绝不是简简单单在耍酷。

我：刚才林馆长在问，科举精心编织的制衡之网是如何被一步步撕破的？其实，被皇权一步步撕破的，哪里是什么制衡之网，而是古代读书人的血肉之躯。只不过，私有制的皇权撕得破他们的血肉，却永远撕不破他们的精神。

郭英龙：基辛格在《论中国》中有句话，*Through a painful and often humiliating process. China's statesmen in the end preserved the moral and territorial claims of their disintegrating world order.* 后来我发现，基辛格的这句话，被意译成了一句网络上很流行的话——"中国人总是被他们之中最勇敢的人保护得很好"。

小徐：嗯，这句话跟原文的差距好像有点大，不过既然这句意译的话能够流行起来，说明大概率是说到中国人的心坎上了。

我： 那我们继续往下讲？

小徐： 好的，那就继续，教授，我还想听您讲。

我： 科举的第二大传统治理缺陷，是"道德自觉忽视了制度倒逼——德治的成功妨碍了民主法治的进化"。

郭英龙： 哦，这个问题很重要！

我： 要想做好一件事，往往需要两种动力机制：一种叫自觉，另一种叫倒逼。这两种动力机制是跳探戈的——自觉进一步，倒逼就退一步；自觉退一步，倒逼就进一步。

陈义忠： 自觉与倒逼，嗯，有道理。

我： 对于一个企业来说，市场就是一种倒逼。没有市场的倒逼，企业是没有生产力的。可是，同样面临市场的倒逼，有的企业成功了，有的企业破产了，说明成功的企业够自觉，破产的企业不够自觉。

林馆长： 嗯，的确是这个理。

我： 对于一支军队来说，战场就是一种倒逼。没有战场的倒逼，军队是没有战斗力的。可是，同样面临战场的倒逼，有的军队打胜仗了，有的军队吃败仗了。说到底，打胜仗的军队够自觉，吃败仗的军队不够自觉。

郭英龙： 教授，您的这句话让我想起了中日甲午战争。

我： 是的，中日甲午战争十分典型地证明了这个道理。在甲午战争爆发之前相当长的一段时间里，中国海军的实力一直占据着绝对的优势。公元1886年，北洋舰队访问日本长崎，结果上岸玩乐的水兵与日本人发生了冲突，死伤数十人。北洋

链接

长崎事件

公元1886年8月1日，北洋水师镇远、定远、威远、济远四舰前往日本长崎的三菱造船所检修，并展开对日本的"亲善访问"，这也是历史上中国海军舰队首次访问日本。长崎市民挤满了码头，首次目睹来自中国的铁甲巨舰，情绪十分复杂。8月13日，部分中国水兵酗酒后，与日方警察发生冲突，导致一名日本警察被刺成重伤，一名中国水兵轻伤被捕。8月15日，全舰队放假一天，450名水兵上岸后遭到日本警察袭击。数百名警察将各街道两头堵塞，围住中国水兵挥刀砍杀。中国水兵当场被砍死5名，重伤6名，轻伤38名，失踪5名；日本警察也被打死5名，受伤30名。事件发生后，北洋水师官兵群情激奋，定远等四舰迅速进入临战状态，褪去炮衣，将炮口对准长崎市区。总教习琅威理主张对日开战："即日行动，置日本海军于不振之地。"当时日本海军才刚刚起步，绝非中国海军对手。公元1887年2月，双方在英、德公使的调停下达成协议，日方向中方支付恤款52500元，中方向日方支付恤款15500元，长崎医院的医疗救护费2700元由日方支付。在长崎事件中，清军发电报所用的汉字译电本被日方窃取并被成功破译，导致中国在后来的甲午战争及外交战中陷入了很大的被动。

舰队立即褪去炮衣，将舰炮对准了长崎市区，逼迫日本人道歉赔款，是为"长崎事件"。受到了刺激的日本人从此发誓一定要"打败定远"。为了发展海军，日本天皇每年捐出30万日元，自己每天只吃一顿饭，皇太后把自己的首饰都卖了。然而，此时的清朝在干什么呢？为了给慈禧太后重建颐和园，清政府总共花费了1100万两白银，其中的860万两挪用自海军经费，直接导致北洋海军在军舰技术发展最快速、中日军备竞赛最激烈的6年时间里，始终未添一舰，未添一炮。接下来，一切都顺理成章了：大东沟一战，北洋舰队遭到重创；威海卫一战，北洋舰队全军覆没；然后，清政府战败，签订《马关条约》，割让台湾，赔偿 2 亿两白银。日本人就是这样吸吮着中国人的血，养壮了自己，直至最后发动全面侵华战争。

　　陈义忠：真是锥心之痛啊！

　　郭英龙：所以，您说得很对，同样是面对战争危险的倒逼，当时的清政府就是太不自觉了，最后付出的就是整个国运的代价。

　　我：所以说，自觉和倒逼，是事物发展永恒的两翼。对于一个政府来说，要想治理好国家，同样需要这两种动力机制。以科举为代表的传统治理方式，堪称古代自觉的巅峰之作，可

中国甲午战争博物馆

称之为德治仁政。只不过，无论如何自觉，中国的传统治理方式始终都是自上而下的，严重缺乏自下而上的倒逼机制——这种倒逼机制，就是民主法治。

郭英龙：没错，民主法治的确是一种倒逼机制，也是国家治理现代化的重要标志。

我：其实，宽泛地说，古代王朝也是有倒逼机制的，那就是历史周期率。只不过那是一种破坏性倒逼，代价极其惨重，惩罚又来得太慢，不能及时有效地对国家治理行为起到良性的矫正作用——对于很多不自觉的人来说，既然300年才来那么一下，那我死后管你洪水滔天！

陈义忠：所以，跳出历史周期率的答案，还是毛主席与黄炎培"窑洞对"的那段话："我们已经找到新路，我们能跳出这周期率。这条新路，就是民主。只有让人民来监督政府，政府才不敢松懈。只有人人起来负责，才不会人亡政息。"

郭英龙：毛主席的这段话，道出了国家治理现代化的真谛，也大大加深了我对中国共产党的理解。我在跟香港公务员交流的时候，就经常会引用这段话。

我：没错，这句话证明，中国共产党其实是天生自带"民主基因"的，关键是要让这种基因得到持续的、正确的表达。与历史周期率倒逼的滞后性相比，民主法治是一种如影随形的倒逼机制，坏人是绝对混不了300年的；更关键的是，与历史周期率的超级破坏性相比，民主法治还是一种建设性的倒逼机制，代价小，收益高。

小徐：可是，教授，这跟科举又有什么关系呢？科举是自觉的巅峰之作，民主是倒逼的巅峰之作，二者可以各司其职，互不取代。所以，古代没有民主法治，好像也怪不到科举的头上吧？

我：是的，古代没有民主法治，说到底是时代的问题，而不是科举的问题——科举已经把自己该做的都做到了极致。我之所以这么说，主要是想要说明一个道理：过于成功往往会让人失去自我反思的能力。

小徐：过于成功往往会让人失去自我反思的能力。

我：我说句话，看你们会不会同意：我们之所以改正不了自己的缺点，主要是因为我们有优点。

小徐："我们之所以改正不了自己的缺点，主要是因为我们有优点"，嗯，这句话好像有点道理。

林馆长：小徐，你还年轻，对于一个上了点儿年纪的人来说，这句话是很有道理的。

我：因为我们的朋友都是看中我们的优点跟我们交往的，一般不会轻易指出我们的缺点。然而，这往往会导致我们失去了发现缺点的机会，也缺乏改正缺点的压力。这些缺点就这样伴随我们终生，直到被我们带进坟墓。

郭英龙：刘教授，我明白您的意思了：科举实在是太成功了，所以它的光芒遮蔽了这个体制的缺陷，导致古人没有发现其缺陷，对不对？

我：是的。科举成功地将王朝周期率的发动时间推迟到了300年，在这300年里边，有200多年是比较稳定的，只有几十年是内乱的，说明优点还是大于缺点的。所以，即便是经历了内乱的痛苦折磨，古人的反思也仅限于"自觉"：就是因为有人忘记了老祖宗的教导，不自觉了，所以才会发生这么严重的问题。于是，古人开出的药方，还是唤醒自觉，加强自觉。

郭英龙：也就是说，这其实是一个体制缺陷——缺乏倒逼机制，可是古人并不知道这个道理，因此一味地求助于自觉。教授，我怎么觉得，这可能会让自觉变得不堪重负？

我：可不是吗？这就好比物理学的力臂原理：一个重物，如果两端各有一个支点的话，一起支撑着就会很轻松；如果只有单端一个支点，那

链·接

边际效益

边际效益也称边际效应，是指每多投入一单位产量所带来的收益的增加量。边际收益与边际成本的比较，是指卖主在市场上多投入一单位产量所得到的追加收入与所支付的追加成本的比较。当这种追加收入大于追加成本时，卖主会扩大生产；当这种追加收入等于追加成本时，卖主可以得到最大利润，即达到最大利润点；如果再扩大生产，追加收入就有可能小于追加成本，卖主会亏损。边际效益递减，是指在一定时间内，其他条件不变的情况下，当开始增加消费量时，边际效用会增加，即总效用增加幅度大，但累积到相当消费量后，随消费量增加而边际效用会逐渐减少；若边际效用仍为正，表示总效用持续增加，但增加幅度逐渐平缓；消费量累积到饱和，边际效用递减至零时，表示总效用不会再累积增加，此时总效用达到最大；若边际效用减为负，表示总效用亦会逐渐减少。边际收益递减规律体现的是生产要素与收益之间的反向关系。

么这个支点就会很辛苦。一旦重物增加到了一定的分量，或者力臂延长到了一定的长度，整个力臂都有可能突然折断。这也是经济学的边际效益原理：该是"制度的倒逼"发挥作用的时候，却一味地求助于"人的自觉"，那么在自觉上投入的边际成本将会越来越大，得到的边际效益却会越来越低。

陈义忠： 教授，这个道理太重要了！

我： 当然我说这些，并不是为了否定自觉的意义。恰恰相反，自觉是极其重要的。说到底，倒逼本身只是一种手段，倒逼出一个人的自觉来才是目的。只不过是因为世间不可能有百分之百的自觉，也不可能有永恒的自觉，所以一定需要倒逼机制的帮忙。还是那句话，倒逼和自觉，是事物发展永恒的两翼，国家治理必须始终掌握好二者的平衡。

小徐： 如此说来，作为政治自觉的巅峰之作，科举到现在都有着值得我们认真汲取的传统治理智慧，对吧？

我： 是的，小徐。

陈义忠： 现在我明白了，为什么我们党会提出"自我革命是跳出治乱兴衰历史周期率的第二个答案"——既然自觉与倒逼是事物发展永恒的两翼，那么人民监督与自我革命就是跳出历史周期率永恒的两翼。

林馆长： 找到学理依据了，义忠。

郭英龙： 所以说，科举的第二大传统治理缺陷，是缺陷，也不是缺陷，更多的是对我们的提醒和启迪。

小徐： 就好比当年落第的举子，是失败，也不是失败，更多的是对未来的努力和憧憬。

我：如果稍微切换一点角度，我们还可以把"道德自觉忽视了制度倒逼——德治的成功妨碍了民主法治的进化"，表述为"纵向治理影响了横向发育——家国二元结构抑制了契约精神的发育"。

郭英龙：嗯，契约精神。上次在新疆，您在给我们讲中西文明比较的时候，专门讲过契约精神发育的地缘政治环境。

我：是的，郭院长。中欧不同的地理环境条件，决定了中国的长期统一与欧洲的长期分裂。要在1000万平方公里左右的辽阔疆土实现长期的大一统，中国不可能不采用权力导向性的政治体制。法家高度的组织性纪律性，对于权力导向型的政治体制来说无疑是一把双刃剑，于是中国人经过长期的探索，用科举为法家注入了儒家的灵魂，从而在家和国两个层面共同塑造了中国——在家的层面，是家族血缘的宗法治理；在国的层间，是儒表法里的权力治理。然而也正因如此，横向平等的契约精神一直得不到很好的发育。在农业生产方式和农村生活方式共同塑造的"熟人社会"时代，这种"家—国"二元治理结构的确是没有问题的，但是在工业生产方式和城市生活方式共同塑造的"生人社会"时代，这种"家—国"二元治理结构会越来越力不从心。横向平等的社会关系，呼唤横向平等的治理方式，于是契约精神以及奠基其上的民主法治，也就成为未来发展的必然方向。

林馆长：刘教授，那您的意思是，我们应该摧毁传统的

"家—国"二元治理结构，构建一种契约型的治理结构吗？

我：林馆长，家国怎么可能被摧毁呢？这是中国人的治理根基，也是中国人的精神信仰。我想说的是，我们必须意识到，在传统的家与国之间，已经出现了一个横向发育的社会，传统的"家—国"二元结构，已经演变成了现代的"家庭—社会—国家"三元结构。虽然中国古代就有"社会"一词，但是现在我们所使用的"社会"一词，其实是近代日本人翻译英语"society"而引进的外来词。"家—国"二元结构，对应的是"孝—忠"二元价值体系；"家庭—社会—国家"三元结构，对应的是"孝—约—忠"三元价值体系。

林馆长：那我理解了，原来还是继承与创新的关系。

小徐：教授，我怎么觉得，这依然是个时代的问题，并不是科举本身的缺陷。当然了，既然科举几乎塑造了整个时代，那么时代的问题的确也可以归咎于科举。从这个意义上说，您所概括的科举的第二大传统治理缺陷，我是同意的。

郭英龙：我赞同小徐的观点，只补充一句话：别忘了教授前面说过的"面向未来的历史观"，如果不知道未来需要什么，就不知道历史要研究什么。所以，为了未来能够更加美好，有时候也只好委屈一下科举，替旧时代顶个包了。

小徐：嗯嗯，郭院长提醒得很及时。

林馆长：大家边聊天边喝茶啊，这茶中状元可是很耐冲泡的，你们看这泡茶，都已经冲泡了七八次，依然香气绵柔。就好比这科举制度，刘教授给我们"冲泡"了这么久，居然还能够"冲泡"出香味来。

郭英龙：看来林馆长是懂茶的，刘教授，我怎么觉得，福建人个个都是茶中高手？

陈义忠（笑）：那可不？我们的蔡襄在 1000 年之前就写出了《茶录》，上篇论茶，分色、香、味、藏茶、炙茶、碾茶、罗茶、侯茶、熁盏、点茶十目；下篇论器，分茶焙、茶笼、砧椎、茶铃、茶碾、茶罗、茶盏、茶匙、汤瓶九目。作为福建人，懂茶那是必须的。

我（笑）：义忠，那您要不要研究一下，福建人懂茶，和福建人科举厉害有没有什么关系？

陈义忠：哎呀，这个问题我倒是从来没有考虑过。反正那位丁显就是因为喝了大红袍，所以整个人都好了，否则也中不了状元。我就在想，茶中有那么多的有益成分，茶多酚、茶色素、茶氨酸，一定滋养过一代又一代的福建举子，助力他们寒窗苦读，助力他们决胜科场。

小徐（笑）：哈哈，这个问题我知道答案：科举就像是林馆长泡岩茶，冲泡了七八次，还是不肯放弃，所以最终考上了——这就是"岩茶精神"，不抛弃，不放弃。

林馆长（笑）：小徐，你不要这么幽默好不好。

我：我曾经邀请一位中国哲学大家来单位讲课。他对我说，最代表中国文化的，是中医和中国茶。这话给我留下了深刻的印象，从此以后我就常琢磨它。有一次我回汶川，我的好朋友茶祥子就扎根在那里制作手工茶，见到我就愁眉苦脸地说，他的茶被选中参加国际展览了，外交部门要求他在现场向外国政要讲解中国茶的精髓。可是，不管他怎么备课，外交部门就是不满意。那天晚上，我们几个朋友陪着他一直备课到了凌晨。我对他说，外国人习惯于把茶叶切碎，然后装成袋泡茶冲泡，因为在外国人的思维里，切碎茶叶从科学上说并不会影响茶叶的营养价值。可是，中国人是绝对不会把茶叶切碎的，从采摘，到萎凋，到做青，到炒青，到揉捻，到初焙，到复焙，每一片茶叶自始至终都被小心翼翼地保持着完整。等到人们需要喝它的时候，以沸水冲泡，干燥而蜷曲的茶叶就又重新在茶杯里舒展开来，就好比一个生命在茶杯里的重新绽放，如此完整，如此自然。我对茶祥子说，其实可以用一句话来概括中国茶和外国茶的区别——"中国茶，把自然带进我们的茶杯"。

郭英龙：中国茶，把自然带进我们的茶杯。

小徐：哇，教授，这句话好有感觉啊！

武夷岩茶大红袍

我：你们不觉得吗，科举时代的那一名名举子，多么像茶杯里的那一片片茶叶，经历了萎凋，经历了炒青，经历了揉捻，经历了烘焙，却依然保持着完整，保持着自然。等到需要用它的时候，以沸水冲泡之，它就会重新舒展开来。这时候你就会发现，虽然他的生命曾经干燥而蜷曲，但是他的精神从来就没有被切碎过，他的心依然还是完整而自然的。

林馆长：虽然他的生命曾经干燥而蜷曲，但是他的精神从来就没有被切碎过，他的心依然还是完整而自然的。

小徐：是啊，如果精神被切碎了，那就再也回不来了。

郭英龙：今天这顿茶，喝得值了。

陈义忠：教授，我多问一句哈：茶祥子这么备课，外交部门和外国政要满意吗？

林馆长：那还用问，肯定满意啊！管他们满意不满意，反正我很满意！

小徐（笑）：这么武断的林馆长，我还是头一回见。

我：那咱们就继续吧。科举的第三大传统治理缺陷，是"重文轻理迟滞了自然科学——科举吸纳了全民族最优质的智力资源"。

小徐：哇，自然科学！这个我要听的。

郭英龙：这个问题也很重要的！

我：关于现代自然科学为什么没有在中国诞生，社会上有很多流行的观点。有人认为，中国人偏向于综合思维方式，所以与现代自然科学的分析思维不太匹配；也有人认为，中国人

现代自然科学的兴起

　　16世纪到17世纪是现代自然科学的启蒙阶段。大多数科学史理论往往将1543年作为自然科学史的起点。这一年，哥白尼的《天体运行论》与维萨里的《论人体的构成》相继出版问世。这个时期最重要的科学发展事件有3件：日心说的提出、血液循环学说的提出、伽利略的科学研究方法的推广。日心说作为否定宗教地心说的科学武器，为16世纪后期科学思想对宗教神权的否定奠定了基础；血液循环学说从人体活动的研究角度对西方传统的体液说和宗教神学对于人体结构的错误认知进行了否定；伽利略则在17世纪对已有的科学理论进行了完善，提出了一套较为完备的实验方法与研究理论，被后世尊称为近代科学之父。伽利略的科学思想是近代自然科学作为独立学科正式产生的标志：一方面，伽利略的天文观测活动为此前的哥白尼学说提供了有力的证据；另一方面，伽利略的物理运动实验为日后的经典力学奠定了基础。18世纪到19世纪是现代自然科学的完全成形阶段。这个阶段，物理学、化学、生物学等学科纷纷成为独立的科学体系。17世纪后期牛顿提出的经典力学为此后的第一次工业革命提供了明确的理论基础；18世纪电力学的发展则直接促成了第二次工业革命的出现；而能量守恒定律与转化定律、进化论、细胞学说则被誉为19世纪的三大发现。在这场突破性的科学进程当中，一方面，科学与技术紧密结合，构成了人类文明革新的基础物质力量；另一方面，技术也为科学研究突破瓶颈提供了条件。

偏向于形象思维，所以与数学的抽象思维不太匹配；还有人认为，中国的象形文字偏向于感觉思维，所以不如西方的拼音文字有利于发展逻辑思维。反正，按照这些观点，中国人的思维方式是搞不出来现代自然科学来的。

　　林馆长：我的确也听过类似的观点，刘教授，您怎么看呢？

　　我：哪有那么多的弯弯绕？从人类的思维角度看，有综合就必然有分析，有形象就必然有抽象，有感觉就必然有逻辑，这些思维方式每个民族都是兼而有之的，不存在哪个民族在哪方面更厉害的问题；况且这些思维方式对于现代自然科学而言都是十分重要的，不存在哪种思维方式更适合的问题——爱因斯坦若不是因为形象思维强，根本就不可能创立广义相对论，反而是他的数学水平相对比较一般。所以，在我看来，从思维方式的角度考虑这个问题，基本属于瞎操心。你想想看，要是中国人的思维方式不适合研究数学，那为什么每年的国际数学奥林匹克竞赛，得金牌的几乎全是中国人或华裔？

小徐：对哦！2023 年 7 月，第 64 届国际数学奥林匹克竞赛，中国队的 6 名队员又全部获得了金牌，这已经是中国队总分五连冠了。美国队获 5 金 1 银，再次获得总分亚军，不过美国队的这 6 名队员，与往届一样，依然是清一色的华裔。所以您说得对，说中国人的思维方式不适合研究数学，那的确是在胡扯。数学研究得来，自然科学当然也都研究得来了。

郭英龙：如果不是思维方式的问题，那是因为什么呢？反正不可能是智商。论智商，中国人不说比别人强就算是客气的了。

我：原因其实很简单，中国的科举实在是太发达太成功了，以至于将全民族最优质的智力资源全部吸纳到了科举之中，从而大大迟滞了自然科学在中国的诞生和发展。

林馆长：您这么一提醒，我发现还真是有道理呢：科举不管是考经义、考策论，还是考辞赋，反正都是考文科的东西，根本就没有理科的存在空间。久而久之，谁会去学理科啊，都学文科去了。

我： 其实，中国人不仅今天能在数学奥林匹克竞赛得冠军，在古代，中国的数学发展水平也曾经长时间遥遥领先于西方。十进位值制在甲骨文时代就已经初步形成，春秋时期出现了筹算方法，采用严格的"逢十进一"。这项非凡的数学成就后来被阿拉伯人传入了欧洲，对于推动世界数学的发展起到了决定性的作用，堪称数学王国的一场革命，也奠定了天文学、物理学等自然科学发展的基石。直到隋唐时期乃至宋元时期，中国的数学水平依然是遥遥领先于欧洲的，出现了《周髀算经》《九章算术》《海岛算经》等一大批算术专著。就拿2000年前的《九章算术》来说吧，关于负数的认定和运算，关于分数四则运算，关于联立一次方程解法，都是遥遥领先于世界的。魏晋数学家刘徽的《九章算术注》在世界上最早提出了十进小数概念，并用十进小数来表示无理数的立方根；在代数方面，他正确提出了正负数的概念及其加减运算的法则，改进了线性方程组的解法；在几何方面，他提出了"割圆术"，直接奠定了此后1000多年时间里中国在圆周率计算方面世界领先的地位。

陈义忠： 这么厉害啊？这就有点颠覆过去的旧观念了。

我： 我在前面讲过了，唐代科举就有明算科，专门用于选拔算学人才。《通典·选举三》记载："为算者，试《九章》、《海岛》、《孙子》、《五曹》、《夏侯阳》、《周髀》、《五经》、《缀术》、《缉古》帖各有差，兼试问大义，皆通者为第。"

小徐：哇，数学好也能当官，这个制度太先进了。

我：很可惜，大概到了晚唐，明算科就基本上废止了。

小徐：为啥啊？这也太可惜了。

我：原因很简单：明算科不如其他科目有前途，尤其不如进士科和明经科。唐朝的国子学博士是正五品上，而算术博士是从九品下，在官员序列中是最低的。一开始就输在了起跑线上，你说谁家的大人愿意送自己的孩子去学算术呢？

小徐：那为啥不能提高品级呢？凭啥歧视明算科啊？

我：小徐，不是古人故意歧视明算科，而是由当时国家治理的实际需要决定的。要知道，自然科学是处理物与物的关系，而人文社会科学是处理人与人的关系。科举的目的就是选拔治国人才，而治国的关键就是处理人与人的关系，这就决定了当时的文科知识的确比理科知识要更加适合于治国，进士科和明经科自然也就在与明算科的竞争中逐渐占据了上风。古人又不会未卜先知，哪里会知道1000多年之后自然科学会大爆发呢？一切无疑都是从当时的实际需要出发的。

小徐：哦，那倒也是。

郭英龙：自然科学是处理物与物的关系，人文社会科学是处理人与人的关系，教授，这句话很有道理的。以后有机会的话，您专门给我们讲讲自然科学与人文社会科学的区别吧。

我：好的，郭院长。

陈义忠：明算科就算是开科，学的人也很少；明算科取消

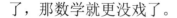

了，那数学就更没戏了。

我：是的，到了宋代，科举最终归于进士一科。进士一旦中第，一切就都不一样了。你说，还有谁会让孩子去学数学，去学自然科学？义忠，您要是穿越到那个年代当父母，大概也舍不得把自己的孩子往那"没前途"的数学和"奇技淫巧"的自然科学上推吧？

陈义忠：那是，人同此心，可以理解。

我：科举越是成功，人才就越是积聚。待到科举一统天下的时候，全民族最优质的智力资源就几乎被科举所垄断和吸收了。从此，中国的数学与自然科学的发展再也得不到优质智力资源的加持，逐渐走向了贫瘠。就这样，在科举的有力狙击之下，中国隋唐之前曾经遥遥领先的数学和自然科学，发展速度逐渐减缓，最终停滞不前，直到被曾经远远落后于自己的欧洲所赶上和超过。

小徐：我的天啊，这个缺陷可真的要归咎于科举了。虽然从主观上说，科举也是无辜的，但是从客观上说，无比成功的科举的确对自然科学的发展造成了毁灭性的虹吸效应。

我：所以，小徐，你知道吗，科举时代硕果仅存的那些科学家，基本上都是从科举的门缝里漏出去的"弃儿"。李时珍14岁就中了秀才，但随后3次到武昌应试乡试，均不第，于是他决心弃儒学医。为了说服父亲，他写下《铭志诗》，表达了自己学医的坚定决心：

身如逆流船，心比铁石坚。

望父全儿志，至死不怕难。

小徐：今天的孩子学医多么有前途，而当年的李时珍要想学个医，简直就是要拼命——"望父全儿志，至死不怕难"。

我：其实，李时珍的父亲李言闻自己就是名医，可即便如此，他一开始也不乐意让李时珍子承父业，而是逼着他去参加科举。什么叫"身如逆流船"？当时的"流"是什么呢？是科举，是金榜题名。不去科举去学医，简直就是在逆水行舟，真不是一般人能做得到的。

林馆长：幸亏李时珍最终还是下了这个决心，否则这个世界也就不会有《本草纲目》这部医药学巨著了。

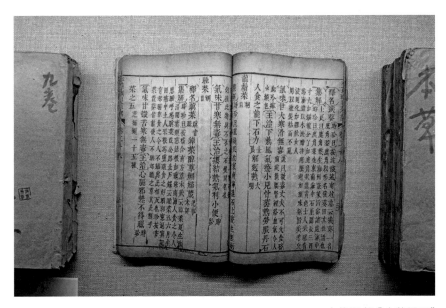

古代医书《本草纲目》

我：是啊，彻底摆脱了科举羁绊的李时珍，尽情挥洒着自己的医学天赋，先后到武当山、庐山、茅山、牛首山等地搜集药材标本和处方，并拜渔人、樵夫、农民、车夫、药工、捕蛇者为师，记录了上千万字的札记，历经 27 年寒暑，三易其稿，终于在万历十八年完成了 192 万字的巨著《本草纲目》。这是当时世界上最系统、最完整、最科学的一部医药学著作，对于世界医药学、植物学、动物学、矿物学、化学的发展都产生了深远的影响，被誉为"东方医药巨典"。

小徐：教授，今天听您讲了这么长时间的科举，这是我第一次为一个人没有参加科举而感到庆幸。

我：明朝另一名大科学家宋应星的科举成绩比李时珍要稍微好一些。万历四十三年，29 岁的宋应星参加乡试，在全省 1 万多名考生中，考取了全省第三名举人。没有想到的是，随后他 5 次参加会试，居然都以失败而告终，于是宋应星决定不再应试。由于举人也有资格出仕，宋应星也担任过县学教谕、州府推官等小官。不过他对于做官不大感兴趣，而是把主要精力都放在了科学研究上。科学巨著《天工开物》因此诞生，这是世界上第一部关于农业和手工业生产的综合性著作，被外国学者誉为"中国 17 世纪的工艺百科全书"。

郭英龙：科举的弃儿，科学的巨人。教授，您的总结是对的，一个人的时间、精力、智力都是有限的，如果不放弃科举，就不太可能成为大科学家。

陈义忠：或者更准确地说，如果不被科举抛弃，就不可能成为大科学家。不管是李时珍，还是宋应星，都是在屡试不第之后，才正式开启自己的科学人生的。

小徐（笑）： 所以，总结一句话：对于科举，如果不抛弃，不放弃，就不可能成为大科学家。

我： 其实，古代也有个别大科学家是进士出身的，沈括、徐光启就是其中的杰出代表。不过呢，概率是真心不高。而且，谁也无法设想，这些人如果不受科举牵制的话，取得的科学成就会不会更高呢？反正根据研究，明清时期的科学家获得重大成果的平均年龄为 51 岁，而同时期的西方科学家获得重大成果的平均年龄则为 38 岁。从一个人的创造力曲线来看，38 岁的确是创造力的巅峰年龄，51 岁就基本上处于创造力走下坡路的阶段。51 岁对 38 岁，中国明清科学家比西方科学家整整"晚熟"了 13 年。那么，这 13 年他们都干什么去了呢？

小徐： 这 13 年他们都科举去了。

林馆长： 还真是的，一科 3 年，这 13 年时间的确够他们考上三五次了。如果不碰上三五次壁，他们大概也不会死心吧——除了自己死心，家人也得死心才行啊！

陈义忠： 不撞南墙不回头，不到黄河心不死。这些科学天才，看来都曾被科举耽误了不少时间，其实这又何尝不是一种损失呢？

我： 义忠，这只是看得见的损失，看不见的损失就不知道有多少了。李时珍、宋应星只是科举的门缝里漏掉的科学天才而已，更多本来有可能成为优秀科学家的人，就这样被科举一把关在了门里。中国历史上究竟有多少有科学天赋的人因为科举出仕而没有从事科学研究，又究竟有多少有科学天赋的人因为科举落第而终生受困于场屋，今天的我们就永远不得而知了。毕竟，理科天赋与文科天赋还是有所不同的。在科举一统天下的时代，有理科天赋的人基本上找不到发挥长处的平台，往往被迫以短击长地去参加科举考试，这浪费的不仅仅是一个人的科学天赋，更是一个民族的科学天赋；吃亏的不仅仅是一个人的科学前途，更是一个民族的科学前途。

小徐：教授，您今天讲了科举的三大传统治理缺陷，严格地说，前面两个我都不认为是科举的问题。但是这一个我必须承认，的确是科举的问题。虽然科举主观上并没有过错，但是它的成功的确在客观上迟滞了自然科学在中国的诞生和发展。这个账，得算在它的头上。

我：小徐，这就叫作"福兮祸之所伏，祸兮福之所倚"。当中国人在搞科举的时候，西方社会长期处于一片混乱和黑暗之中。然而，正因为他们没有科举，也就不存在一个能够将全社会最优质的智力资源统统吸纳的巨无霸，所以各个领域都有机会获得一定的资源和发展，其中当然也包括了自然科学领域。而在经过了长时间的累积效应之后，西方社会的自然科学就如同龟兔赛跑一般，终于率先抵达了质变的临界点，一个新的时代来临了。

小徐：教授，这个分析是有道理的，我接受。

我：用一句话总结：科举为中国社会打开了一扇治国的大

门，却在不经意间关上了所有的窗户；西方社会始终打不开这扇大门，却在不经意间打开了所有的窗户，而恰好其中有一扇窗户，让西方人窥见了自然科学的星辰大海。小徐，这就是进化的辩证法，在一个时代里进化得最成功的那个，往往会在下一个时代里输掉竞争，因为今天帮助他走向成功的路径依赖，往往会扼杀掉通往未来的其他可能。

林馆长：教授，我很同意您的这个观点。

陈义忠：是的，我也觉得这个观点是实事求是的。

郭英龙：这个问题非同小可，今天受教了。教授，我知道您一直在倡导将自然科学知识与人文社会科学知识打通，以问题为导向开展超学科研究，所以我相信您在这方面一定有了很多的思考，以后有机会的话，您专门给我们讲一次吧。

我：好的，郭院长。这是一个非常重大的问题，涉及文科与理科的关系，涉及体制与创新的关系，涉及教育与人才的关系，涉及环境与天才的关系，有机会的话我们一起认真讨论吧。

小徐：我也要参加！

郭英龙（笑）：好吧，见者有份。

小徐：教授，科举还有治理缺陷吗？是不是只有这三个了？

我：当然不止这三个。科举的第四大传统治理缺陷，是"崇文贱商抑制了商业发展——农业时代的成功阻碍了工业时代的萌芽"。

郭英龙： 商业发展，这个问题也很重要！

陈义忠（笑）： 我发现刘教授每说一个问题，郭院长的第一反应就是——"这个问题也很重要"。

郭英龙（笑）： 确实很重要嘛！

我（笑）： 如果不重要，就不会说是治理缺陷了。许多人说起科举的缺陷，第一反应就是考试作弊啥的。那算啥大缺陷？疥癣之疾而已，国家治理最需要解决的是心腹大患。

林馆长： 科举的第四大传统治理缺陷，教授请具体说说吧。

我： 我们都知道，从秦朝开始，重农抑商就成为基本国策。到了科举时代，不仅重农抑商，还崇文贱商。雍正皇帝有句名言："朕观四民之业，士之外，农为最贵。凡士工商贾，皆赖食于农，以故农为天下之本务，而工贾皆其末也。"雍正的本意，是在强调"农"的重要性，不过必须是"士之外，农为最贵"，这说明在农业时代，知识分子还是最受推崇的，而最没有地位的，无疑就是工商了。

陈义忠： 那是肯定的了，用您的话说，有科举在，聪明人也不愿意去经商的。

我： 没错，既然科举吸纳了全民族最优质的智力资源，那么工商的命运与自然科学的命运无疑是一样的，因为长期得不到优质智力资源的滋养，最终导致发育不良。工商发育不良，金融自然也就发育不起来，因为金融本身就是工商的高级发展阶段。

郭英龙： 长期这样下去，肯定会有问题的。

我： 那可不？在农业时代，工商金融发育不良，虽然也会带来一些问题，但是基本上还是能够忍受的。因为在农业为王的时代里，农业乃是皇冠上的明珠，所以"重农"本身的优点，基本上可以遮盖"抑商"的缺点。况且，农业这种产业一般是不需要重投资的，所以商业和金融不发达，其实对农业的影响也不大。

陈义忠： 教授，什么叫"不需要重投资"？

我： 义忠，您想想看，一亩地，是不是播下的种子越多，施下的肥料越多，产出的粮食就越多？

陈义忠： 当然不是了，如果种子太多，肥料太多，没准庄稼都死了呢！

我： 这就叫"不需要重投资"。农业这种产业，基本上是平均用力的，不需要集中巨大的资金量在单点上进行重投资，因此只需要搞一些地方性的小金融，就足以支撑这种产业的发展了。所以我刚才说，商业和金融不发达，对农业的影响并不大。

陈义忠： 嗯嗯，理解了。

我： 但是，这个特点到了工业时代那可就不行了。工业是一种典型的需要重投资的产业。郭院长，您还记得我上次在新疆的时候，给你们讲过瓦特蒸汽机的故事吗？

郭英龙： 当然记得了，印象十分深刻。

我： 他们几位没有听过，我来简单说几句。瓦特当年的身份，是苏格兰格拉斯哥大学的一名负责保管和修理教学仪器的普通职员，根本就没有足够的经费去试制蒸汽机，刚刚搞了点模型就破产了，欠下 1000 英镑的巨债。这个时候，富商罗巴克主动找到了他，与他签了一个合同，合同规定：瓦特的债务由罗巴克代他偿还；所有的试制费用均由罗巴克承担；如果没有成功，一分钱也不找瓦特要，算是罗巴克自己倒霉；万一成功了，双方利益分成，瓦特得 1/3，罗巴克得 2/3。

小徐：这么好啊？我的债务你都替我还了，所有的投资你都出了，输了都算你的，赢了大家分钱——还有比这更好的事吗？我要是瓦特，绝对一口答应了。

我（笑）：瓦特也是这么做的。从此以后，在罗巴克的资金支持下，瓦特专心投入试制蒸汽机。结果搞呀搞，搞了 10 年，没搞出来。一场经济危机来袭，罗巴克顶不住，破产了。

陈义忠：哎呀妈呀，把人家罗巴克给整破产了。

我：瓦特心想，完了，把人家给整破产了，那就不搞了吧。这时候，另一名富商博尔顿站了出来。博尔顿把罗巴克的合同买了下来，跟瓦特签了一个一模一样的合同，继续支持他试制蒸汽机。这次，博尔顿先后投入了四五万英镑巨资。又搞了 10 年，还是没搞出来，又一场经济危机来袭，博尔顿也快要破产了。不过他家底更厚，砸锅卖铁，典当工厂，又继续坚持了 4 年。就在两个人真的要坚持不下去的时候，老天爷终于开眼了，第四项专利被瓦特攻破，可以工业实用的蒸汽机被瓦特发明出来了。两个人大喜过望，立即成立了一家公司，专门造蒸汽机去卖，每台收 100 英镑专利费。在他们有生之年，这家公司一共卖出了 1165 台蒸汽机，仅仅专利费收入就达到了 11 万余英镑，本金全部捞回来了，两个人名利双收。但是，比起他们名利双收更加要紧的是，历史被彻底改写了——1790 年瓦特发明蒸汽机，1840 年鸦片战争爆发，中国国门被打开，西方化席卷了整个世界。

林馆长： 我明白了：如果没有罗巴克和博尔顿的全力支持，瓦特根本就发明不了蒸汽机，工业革命也就不可能发动。

我： 这就是金融的力量，这就是商业的重要性。在工业时代，不管是技术突破，还是规模生产，往往都需要集中力量进行重投资。于是，在农业时代可有可无的大金融，在工业时代就变成了必需品。大家想想看，如果当年没有金融的大力支持，蒸汽机根本就不可能面世，人类连工业革命的门都推不开——逻辑起点被掐灭了，自然也就没有后面的逻辑过程和逻辑结果了。

郭英龙： 金融和资本，的确是近代工业的催化剂和助推器。您说得对，科举对于商业和金融的抑制，在农业时代还没有暴露出太大的问题来，到了工业时代就彻底暴露了。

小徐： 瓦特蒸汽机的故事真是发人深省，一个故事就足以说明整个问题。难怪您会说，农业时代的成功抑制了工业时代的萌芽。我觉得哪怕到了今天，在金融支持创新的问题上，我们依然做得不够好。

陈义忠： 所以这件事也提醒我们，要想构建现代产业体系，推动科学技术创新，就必须充分认识金融和资本的重要性。

我：这就是科举的第四大传统治理缺陷："崇文贱商抑制了商业发展——农业时代的成功抑制了工业时代的萌芽。"各位同意吗？

小徐：同意，这名举子落第，的确也是有理由的。

郭英龙：刘教授，科举还有第五大治理缺陷吗？

我：有的，科举的第五大传统治理缺陷，是"官学合一堵塞了多元通道——诗文取士无法胜任现代社会的多元性"。

陈义忠：真的还有啊！看来这落第的举子还真不少。

我：所谓官学合一，就是我们前面所说的知识与政治的高度结盟乃至于高度合一。这一点其实是有副作用的：读书的唯一目的就是做官，可是官员的职位又注定不够分配，这就会导致绝大多数挤不过独木桥的读书人，在日复一日的应试中蹉跎了生命。他们本也是这个社会的佼佼者，却被终生囚困在了场屋之中，无法将精力投入其他的领域，最终导致了一个民族的天赋浪费，也迟滞了其他知识领域应有的发展——前面讲到的自然科学，只是其中的一个方面。

林馆长：这种天赋浪费还会引发其他严重后果，比如黄巢起义。

我：是的，黄巢就是因为"屡举进士不第，遂为盗"。他在长安落第的时候，目睹了新科进士在曲江之畔、百花丛中得意狂欢的景象，心中无比的愤懑，遂作《不第后赋菊》诗曰：

"待到秋来九月八，我花开后百花杀。冲天香阵透长安，满城尽带黄金甲。"黄巢起义军攻占长安之后，"内库烧为锦绣灰，天街踏尽公卿骨"，其背后，又何尝不是由于政治对知识的垄断所导致的一种报复呢？

小徐：刘教授，我理解了：三百六十行，行行出状元，这个社会的每个领域其实都是需要知识加持的，因此，知识分子本应"万类霜天竞自由"，在各个领域都能够找到自己的用武之地和进化空间。这不管是对知识分子自身的价值实现，还是对整个社会的进步发展，都是十分有利的。然而，在科举时代，政治为了笼络英彦，垄断了知识分子的前途，迫使知识分子只能去挤科举这座独木桥，这不仅是对落第士子的不公平，也是对其他领域的不公平。所以，您说得很对，有了"官学合一"，自然也就堵塞了"多元通道"。

我：是的，小徐。如果站在现代社会的角度来看，科举时代的诗文取士也无法胜任现代社会的多元性。在农业为王的时代里，生产力要素比较单一，生产关系也比较简单，因此擅长经义辞赋的官员基本上是能够胜任国家治理任务的。然而，科举造就的传统知识体系虽然可以应对农业社会比较简单的经济基础，却难以胜任现代社会高度复杂的专业分工体系。

陈义忠：那是，现代社会的产业体系高度分工，生产力要素十分复杂，与之相对应的，政府的管理职能也已经实现了高度分工。今天要想当好一名地方官，对各种专业知识的要求那是相当复杂的，光是懂得四书五经肯定是远远不够的。

我： 是的，有道是"百代皆行秦政制"，作为一个大一统的国家，中国自古以来都是一个权力导向型的社会。我们的祖先驯服权力的首选方法，并不是西式的制衡，而是为权力注入知识的灵魂。因此，为权力注入什么知识，权力就会变成什么模样。在农业时代，为权力注入儒家知识基本上就可以了，但是进入工业时代之后，经济发展日趋专业复杂，国家治理也日趋专业复杂，这个时候，权力如果只懂得四书五经和写诗，是难以胜任现代国家治理任务的。

郭英龙： 所以，您的意思是，今天这个社会，应该为权力注入各种多元化的知识，才能胜任现代国家治理任务，对吧？

我： 是的，郭院长。

郭英龙： 可是，一个人不可能什么知识都懂啊，在分科教育的时代，每个人的专业背景都是各不相同的。

我： 郭院长说得很对。所以，我的真实意思有3点：第一，在现代社会，各种专业背景的知识分子，都有资格成为政治精英；第二，现代社会的政治精英，应该尽可能地在自己的专业背景基础上，加强必要的跨学科能力，这种能力越强，就越能胜任现代社会的管理；第三，即便是加强了跨学科能力，也不可能穷尽所有的学科知识，因此现代社会的政治精英，不仅要学会分工协作，还要学会尊重知识，依靠专家。

郭英龙： 我理解了，这3个观点无疑都是成立的。

我： 在科举时代，唯有儒家知识体系才有可能孕育出政治精英。到了现代社会，政治精英的来源理应更加广泛，更加多元。除了各种不同的知识体系之外，现代社会丰富的科技实践、经济实践、行政实践，同样也是孕育现代政治精英的土壤。在我心中，现代社会的政治精英，应该做到"德才兼备、文理兼通、政经兼容、儒法兼具"。

陈义忠：现代社会的政治精英，应该做到"德才兼备、文理兼通、政经兼容、儒法兼具"，教授，这段话的内涵十分丰富。

林馆长：嗯，这话耐琢磨！

我：一个人在国民教育阶段完成的是专业教育，因此，如何补足其他方面的素养，或许就是干部教育的使命。刚才这几句话，是我自己勾勒的关于现代政治精英的初步画像，也是我对自己未来工作方向的思考。

郭英龙：教授，咱们现在是同行了，虽然香港和内地情况不太一样，但是这个画像对我们来说也很有参考意义。

小徐：教授，在我看来，科举的第五大传统治理缺陷"官学合一堵塞了多元通道——诗文取士无法胜任现代社会的多元性"，与第三大传统治理缺陷"重文轻理迟滞了自然科学——科举吸纳了全民族最优质的智力资源"相比，既有重合的地方，又有不重合的地方。我个人认为，基本上是成立的。

郭英龙：教授，科举还有第六大传统治理缺陷吗？

我：科举的第六大传统治理缺陷，是"尚文抑武削弱了国防建设——科举导致文治武功的阶段性失衡"。

郭英龙（笑）：真的还有啊！

陈义忠（笑）：郭院长，您是不是觉得教授今天挖了一个无底洞？

郭英龙（笑）：没有啊，我习惯了。

我（笑）：看来我今天说得太多了。不过还好，这是我心目中科举的最后一个重大缺陷了，后面想再多听也没有了。

小徐：啊，最后一项了？那我可要竖起耳朵，好好珍惜。

郭英龙：教授，终于说到"尚文抑武"的问题了，我一直在期待着呢！前面您讲戚继光故事的时候，我就想问您武科举的问题了。要不，您先给我们介绍下武科举吧？

我：好的，郭院长。科举可以分为文举和武举，我们前面所讨论的，几乎全是文举，直到最后才来讨论一下武举。这大概也从侧面证明，古代武举的地位是远远比不上文举的。中国的武举制度，是由武则天在公元 702 年创立的，比文举晚了100 年左右，废止于公元 1901 年，前后延续了 1200 年。

郭英龙：这件事情挺有意思的，看上去很有男子气概的武举，却是由中国历史上唯一的女皇帝设立的。

小徐：武则天为什么要设立武举呢？

我：武则天设立武举的原因大概有 3 个：其一是和文举一样，通过提拔出身寒微的能人，以对抗门阀世家尤其是关陇贵族集团；其二是通过"不惜爵位，以笼四方豪杰自为助"，掌握军权，巩固自己的"僭越"而得的皇位；其三是经过几十年太平生活，唐朝的府兵制已经日趋废弛，"河北之地，人逐渐逃散，年月渐久，逃死者不补，三辅渐寡弱，宿卫之数不给"，因此开武举也是为了选拔军事人才，提高军队战斗力。

郭英龙：教授，什么是府兵制？我记得您在讲戚继光的时候，还提到过明朝的军户制，戚继光又是世袭的四品武将。听上去，古代的兵制好像还有点复杂，您能不能也给我们介绍一下？

我：好的，中国古代兵制说复杂也复杂，说不复杂也不复杂。春秋之前，一般采用的是兵农合一制，也就是寓兵于农；到了战国，残酷的战争逼迫各国采用全民皆兵制；接下来的各朝各代，基本上是3种兵役制的交替采用或混合采用：其一是征兵制，也就是我们今天常见的义务兵役制；其二是募兵制，也就是拿工资的职业军人，"戚家军"其实就是募兵，所以工资比其他部队高很多；其三是世兵制，也就是世袭的军人，唐朝的府兵制、明朝的军户制和卫所制，基本上都属于世兵制。戚继光世袭的是正四品的登州卫指挥佥事，那可是世袭将军了。其他的军户可没那么幸运，许多军户世世代代都是当大头兵的。

陈义忠：哦，难怪许多军户会逃亡，也难怪戚家军战斗力强。

我：也不能完全这么说，戚家军战斗力强，首先还是因为戚继光治军有方。宋朝采用的主要就是募兵制，钱倒是花了不少，战斗力照样松垮。

陈义忠：那倒也是，就像后来的解放战争，国共双方采用的其实都是征兵制，战斗力就完全不一样。

郭英龙：教授，武举都考些什么科目呢？

我：公元702年第一次武举，由兵部主持考试，考试科目包括马射、步射、平射、马枪、负重、摔跤等。总体而言，唐代的武举主要考武艺，重点是马上枪法和箭法。到了宋代，受文举的影响，武举除了考武艺之外，还要考文化课，包括策问和兵书墨义。考试层级方面也参照文举，采用了解试、省试、殿试三级考试；元代不设武举，专事承袭；明代和清代的武举基本上沿用了宋朝的制度。

小徐：教授，我们都知道文举的效能很好，选拔了无数顶尖的治国人才。那么武举的效能如何呢？能不能选拔出真正的军事人才？

我：效能当然还是有的。不过要想通过武举选拔出顶尖的军事人才，可能性就太小了。

小徐：为什么呢？是考试科目还不太科学吗？

我：如果只是单纯考武艺，那么选出顶尖高手倒是有可能的，因为武艺的标准再清晰不过了：100多斤的大刀能不能舞出刀花来，一看就知道了；射箭总共射中多少支，一看就知道了。不过，关键的问题就在于，武举是选拔将领，又不是选拔士兵。当将领的，最要紧的不是自己冲锋陷阵，而是要有军事韬略和指挥能力，所以"大老粗"好像不太适合当将领。可这毕竟又是武举啊，选出来的人要是手无缚鸡之力，那也太闹笑话了。所以，武举渐渐陷入了两难境地：究竟是要文，还是要武？

陈义忠：难道就没有文武双全的人才吗？

郭英龙：我觉得有点难，文武两种天赋往往不可兼得，一个人很难两方面都强。如果都强，可能就都不是最强的了。

我：义忠，"既要又要还要"这种要求，必要的时候可以提，但是不能随便提，否则很容易得到一个平庸的结果。文举只需要把"文"这一条道心无旁骛地走到黑就可以了，当然可以选拔出大量优秀人才。而武举总是"既要又要还要"，最终的结果就是选拔出一批相对平庸的军事人才。

小徐：我觉得有道理，文理两种天赋有时候都很难兼得，就更不用说文武这两种天赋了，更何况人的精力都是有限的。

我：其实我这么说，并不是要否定文武双全的价值。恰恰相反，一个名将如果能够文武双全，那可就太好了，只是这种概率非常低。不过再低，也总是有的。比如岳飞，你只要读过他的《满江红》，就知道什么叫作文武双全了。所以，武举真正要面对的矛盾，其实是第二个矛盾——军事理论与军事实践的矛盾。历史上的名将，基本上都是从实战中打出来的。霍去病打仗算厉害的吧，听听《史记》怎么说他的："天子尝欲教之孙吴兵法，对曰：'顾方略何如耳，不至学古兵法。'"岳飞打仗也算厉害的吧，听听《宋史》怎么说他的："泽大奇之，曰：'尔勇智才艺，古良将不能过，然好野战，非万全计。'因授以阵图。飞曰：'阵而后战，兵法之常，运用之妙，存乎一心。'泽是其言。"

林馆长：这些话是有道理的。要比军事理论，纸上谈兵的赵括最厉害了，结果长平之战，害死了 45 万赵军。

小徐：教授，为什么军事会有这个特点呢？

我：因为军事讲究的是"兵不厌诈"，用兵越是有确定性，就越容易被对手算计。这个特点与国家治理简直就是反着来的，因为国家治理越是有确定性，往往就治理得越好。所以，文举一定要抱住几本经典不放；而武举呢，越是抱住几本经典就越没有出路。

小徐：教授，我突然明白了：文举是用来对待自己人的，而武举是用来对付敌人的，所以文举不能骗自己人，而武举一定要骗敌人。这就决定了，如果参照文举的办法来搞武举，恐怕是搞不好的。

我：赞一个，小徐，这么快就抓住问题的本质了。是的，这就是武举最大的困境：考试一定要有标准，标准是一种高度确定性的东西，所以特别适合文举；而真正的名将，是"运用之妙，存乎一心"，所以想要通过标准化的考试来求得名将，基本上就是在缘木求鱼。这就是武举的第二个内在矛盾——理论与实践的矛盾。

小徐：武举还有第三个矛盾吗？

郭英龙（笑）：小徐也开始习惯追问了。

小徐（笑）：受您的影响了。

我：武举的确还有第三个矛盾。当将领的人，既要领兵，又要应敌，领兵时要仁义，应敌时要狡诈。能够把握好这个平衡的人，都是天生的将才，真不是考试能考得出来的。战国的吴起就是一个典型的例子。吴起从小立志要拜将入相，于是倾家荡产托人找门路，结果四处碰壁，被乡里人一顿嘲讽。吴起一怒之下，把嘲讽他的 30 多人全杀了，从卫国跑到了鲁国，拜在曾参门下学儒。母亲去世的时候，吴起因为在卫国有命案，不敢回家奔丧，被曾参赶出了师门。于是他就弃儒学兵，开始学习兵法。

小徐： 吴起跟谁学的兵法？

我： 不知道，历史上没有任何记载，所以我估计他十有八九是自学的，无师自通。公元前 412 年，齐国攻打鲁国，鲁元公想用吴起为将，遭到群臣反对，理由是吴起的妻子就是齐国人，忠诚度怕是有问题。为了向鲁国表忠心，吴起回家一刀杀了自己的妻子。于是，"鲁卒以为将。将而攻齐，大破之"。

小徐： 天啊，为了当官而杀妻啊？

我： 是的，母死不归，杀妻求将，这就是吴起。可是论领兵打仗，当时没有任何人打得过他。吴起大败齐军后，被鲁国以一个很牵强的理由罢了官——军力太强会树大招风，导致"诸侯图鲁"，所以你还是走吧。吴起只好去了魏国，得到了魏文侯的重用，创立了著名的魏武卒。阴晋之战，吴起以 5 万魏武卒大败 50 万秦军；在担任河西郡守期间，吴起"与诸侯大战七十六，全胜六十四，余则钧解。辟土四面，拓地千里，皆起之功也"。魏文侯去世后，吴起又投奔楚国，得到了楚悼王的重用，发动了著名的"吴起变法"，国力大增，向南攻打百越，开疆拓土；向北大败魏军，威震诸侯。

陈义忠：打败了自己亲手创立的魏武卒，这吴起也真是厉害——到哪儿，哪儿就强。

我：公元前381年，楚悼王去世，吴起从前线赶回悼念。早就怀恨在心的楚国贵族，在灵堂用箭射中了吴起。吴起意识到自己今日在劫难逃，于是就在刹那间进行了绝地反击：他扑在楚悼王的尸体上，大喊"群臣作乱，谋害我王"。箭如雨下，射死了吴起，也射中了楚悼王的尸体。这下要命了，因为根据楚国法律，"丽兵于王尸者，尽加重罪，逮三族"，于是新即位的楚肃王根据这条法令，将射中楚悼王尸体的贵族全部处死，牵连灭族70余家。

小徐：我的乖乖，面对如此骤然临之的致命攻击，吴起居然还能立即作出这种反击，真可谓"运用之妙，存乎一心"，天下哪本兵书都不可能这么写啊！

林馆长：人都死了，还能让自己变法留下的法律替自己报仇。

郭英龙：难怪吴起会被称为"兵家亚圣"。

我：虽然在敌人的眼里，吴起绝对是一个心狠手辣的家伙，但是在士兵的眼里，吴起的形象可就完全不一样了。《史记·孙子吴起列传》记载："起之为将，与士卒最下者同衣食。卧不设席，行不骑乘，亲裹赢粮，与士卒分劳苦。卒有病疽者，起为吮之。卒母闻而哭之。人曰：'子卒也，而将军自吮其疽，何哭为？'母曰：'非然也，往年吴公吮其父，其父战不旋踵，遂死于敌。吴公今又吮其子，妾不知其死所矣。是以哭之。'"

陈义忠： 天啊，我都不知道该怎么评价这个人了。

我： 说实话，我也不知道该怎么评价这种人，名将的心理大概是猜不透的吧？如果猜得透，也许就能打败他们了。

陈义忠： 我不喜欢吴起，我还是喜欢戚继光。

我（笑）： 戚继光对敌人也是各种坑蒙拐骗，您以为他很老实啊？

陈义忠（笑）： 好吧，这我承认，倭寇肯定特别讨厌他。

郭英龙： 难怪中国古代的名臣基本上都是在科举中考出来的，而中国古代的名将基本上都是在战争中打出来的。教授，历朝历代的武举有没有培养出什么名将来呢？

我： 历史证明，武举培养出来的名将的确凤毛麟角。唐代郭子仪开元初年武举高等中第，在平定安史之乱中有"再造唐室"之功，算是武举培养出来的名将；再往下，戚继光算是一个，虽然他是世袭的将军，并不依靠科举出仕，但他毕竟也中过一个武举人；还有，与戚继光合称"俞龙戚虎"的抗倭名将俞大猷，也中过武举人。

陈义忠： 再往下还有谁呢？

我： 吴三桂算不算名将？如果算，那他也是武举出身。

陈义忠： 那就算是吧，还有没有其他的？

我： 其他的，我一时半会儿也想不起来了。那些武状元就算我说出名字来，估计你们也不认识。反正，武举出身的将领在《唐史·列传》中只有郭子仪1人；在《宋史·忠义列传》

中，武举出身的也仅有几人入选；在《清代七百名人传》军事篇所收的 173 人中，武举出身的人只有 11 人，占 6.4%。

林馆长： 我怎么听下来，感觉这武举出身的名将，还不如文举出身的名将多呢？

我： 那可不是？范仲淹、韩琦、王阳明、袁崇焕、孙承宗、胡宗宪、唐顺之、谭纶，都是文进士出身。明朝的熊廷弼在万历年间倒是中了个武解元，不过他觉得武举没有什么前途，于是就弃武从文，又中了个文解元，万历二十六年中文进士。安史之乱的时候，开元末年文进士张巡以万人之众，先后坚守雍丘、睢阳两座孤城长达 2 年之久，歼灭叛军 10 余万人，为唐朝保障江淮财税、平定安史之乱起到了极其关键的作用。所以，林馆长说得对，武举出身的名将，似乎还不如文举出身的名将多。当然，这并不等于文举就能出名将，说起来好像有不少，其实概率也是非常低的，关键是不实战谁也不知道。所以，一切还得以实战作为检验名将的唯一标准。

郭英龙： 历史是大数据，1200 年的时间，足以说明问题了：看来科举的确难以选拔出真正的名将。从这个角度来看，这的确算是科举的一个重大缺陷了。

我： 正因为武举无法选拔出真正的名将，所以各个朝代都无法全然依靠武举来解决军事人才的选拔问题，武举也从来没有在军队里占据过主流地位。这就导致武举出身的人在军队里显得有些另类，许多人就算考上了武举也不愿意下部队服役，因为行伍之中打骂体罚乃是常态，所以他们"不堪忍受笞捶之辱"。

商丘张巡祠

林馆长： 那是，秀才都可以免受体罚，武举出身的人，在尚文的科举时代，肯定也自认为是个读书人，当然不愿意被上级军官打骂体罚了。

陈义忠： 肯定是觉得有辱斯文。所以，教授说得没错，文武之间的矛盾，的确始终在纠缠着武举。

小徐： 教授，我有个问题：既然武举的效能有限，那为什么古人还用了 1200 年时间呢？

我： 其实武举并没有真正用了 1200 年，而是"倏罢倏废"，办办停停，办的时间大概有 800 年，停的时间大概有 400 年。

小徐： 哦，这样啊！

我： 武举办办停停，证明了两点：第一，武举的效能确实是有限的，古人自己也没有什么信心；第二，虽然武举的效能有限，但是古人也找不到更有效的方法，所以还是硬着头皮凑合着用。这也难怪文举往往看不上武举——瞧你什么样儿！

郭英龙：嗯，这个分析比较客观。

小徐：可是，教授，古人那么聪明，难道就没有发现实战才是产生名将的真正途径吗？

我：古人当然知道了，只是不能依靠这种方法来选拔人才罢了。

小徐：此话怎讲？

我：《史记》记载了汉高祖刘邦与陆贾的一段著名对话："陆生时时前说称《诗》《书》。高帝骂之曰：'乃公居马上而得之，安事《诗》《书》！'陆生曰：'居马上得之，宁可以马上治之乎？'"马上得天下，不能马上治天下，这是古人总结出来的治国之道，也是科举选士的价值和意义所在。然而在农耕与游牧纠缠不休的时代里，中国虽大，依然会有边患，因此古人又不能全然下马治天下，还得需要有人马上守边防。所以，武事不可废罢，治国者的思维依然需要文武兼修。

小徐：既然想清楚了，那就文武兼修呗！中国那么大，分分工就行了，有些人负责治国，有些人负责守边，不就完了吗？

陈义忠：对呀，我也是这么想的。

我：这是一种理想的模型，然而实际情况不是这样的。第一，古代中国十分强大，周边的军事挑战并不是每时每刻都会有的。因此，边患的压力是间歇性的，实战的机会也是时有时无的。这就导致这个国家对文治的需求是不间断的，而对武治的需求则是间歇性的。可是间歇的时候也不能没有常备军啊，所以和平时期浑水摸鱼的人就比较多，反正又不打仗，说起来好像都很厉害，你想具体了解一下军队是不是已经败絮其中了，他说这是军事秘密。

小徐（笑）： 哈哈哈！

郭英龙： 没错，既然实战是检验名将的唯一标准，那如果没有实战，自然也就检验不出来了。

我： 没有实战可以浑水摸鱼，实战来了就不好浑水摸鱼了。所以，只要实战来临，以中国之大，人才之盛，几次战役下来，名将肯定就噌噌地冒出来了。此时如果能够大力提拔任用这些名将，保卫国家安全就依然没有问题。

陈义忠： 对啊，难道不应该这样吗？用血的代价检验出来的名将，难道还不应该好好珍惜？

我： 义忠，这个道理，古代就是做不到的，否则岳飞就不会死，袁崇焕就不会死。

林馆长： 为什么呢？教授，对于这个问题，我一直耿耿于怀。

我： 这就是公私合营的权力结构导致的问题。虽然科举是公有制的，但是皇权是私有制的啊！公器私有本身就违背了事物的发展规律，因此皇帝看上去似乎凛然不可侵犯，其实袍子底下的两条腿每天都在发抖。"予临兆民，凛乎若朽索之驭六马"，当皇帝的究竟心理有多脆弱，反正谁当谁知道。那么，问题来了：为什么私有制的皇权居然有胆量把治国的权力大量让渡给公有制的科举呢？原因其实很简单，因为皇权的手里始终掌握着暴力，也就是当年马上得天下时保留下来的那份暴力。科举聪明能替他治国，力气又不足以缚鸡，这份治国的权力，皇帝自然也就收放自如——再厉害的宰辅，一纸诏书就可以随时罢黜。所以面对科举，私有制的皇权还是睡得安稳的。

小徐：我明白了，教授，这就决定了皇权绝对不敢让渡暴力，而名将偏偏会掌握暴力！

林馆长：原来如此，我全明白了！

我：是的，所谓名将，一定要在长期的训练和实战中，与士兵结成一个命运共同体，才能在战场上做到如心使臂，如臂使指。爱兵如子才能出名将，纪律严明才能出名将，同生共死才能出名将，这个道理大家都懂。可是，这么一整套操作下来，你们猜猜看，这些士兵爱戴谁，敬畏谁，服从谁？

陈义忠：当然是这些名将了，所以，皇帝能不害怕吗？

我：有时候我们会觉得，这些皇帝为什么要这么自毁长城？那是因为我们没有站在私有制皇权的立场上考虑问题，因为他心里有鬼啊——你想想看，以私家窃公器，以一人享一国，心里能没有鬼吗？

林馆长：所以赵匡胤要杯酒释兵权，所以朱由检要凌迟袁崇焕，所以赵构要杀死岳飞。没错，家天下的皇权，又怎容得下"岳家军""戚家军"呢？——我家的天下，怎么能容得下你家的军队呢？

陈义忠： 教授，我们都知道岳家军的结局很悲惨，难道戚家军最后的结局也不好吗？

我： 万历十年，曾经鼎力支持戚继光的一代名相张居正病故，朝野掀起了一股反张居正的狂潮，戚继光被迫于万历十三年告退，回到了登州老家。万历十五年，也就是公元 1588 年 1 月 5 日，一代战神戚继光在贫病交加中去世，临死前连买药的钱都没有。万历二十年，日本丰田秀吉发动了侵朝战争，戚家军余部在李如松的指挥下入朝参战。戚家军作战依然十分勇猛，在收复平壤的攻城大战中，发挥了中流砥柱的作用。然而，万万没有料到的是，浴血奋战的戚家军回国之后，居然被"欠薪"了——军饷迟迟得不到发放。万历二十三年，已经撤回到蓟州的戚家军集体到蓟州总兵府讨薪。然而，此时的蓟州总兵早已不是他们的战神戚继光了，而是一个叫王保的混蛋。王保满口答应解决欠薪问题，然后将上千名戚家军将士诱骗至演武场，由提前埋伏好的部队全部射杀。

小徐： 啊！全部射杀？自己人杀自己人啊？

我： 是的，射杀了上千名，其余的全部遣散回浙江老家，威震天下的戚家军就此彻底落幕。

陈义忠： 这个蓟州总兵王保吃了豹子胆啊？

我： 义忠，一个总兵哪有那么大的胆量？杀了戚家军之后，朝廷的嘉奖令很快就下来了，大力表彰王保"平叛"的功绩。

陈义忠：还平叛呢，气死我了！

林馆长：所以，说白了还是那句话：家天下的皇权最终是容不下岳家军，容不下戚家军的，于是鸟尽弓藏，兔死狗烹。

郭英龙：看来在"公私合营的权力结构"的分析框架下，科举时代的诸多问题，都能够得到合理的解释。教授，科举的第六大传统治理缺陷的确是成立的。

小徐：可是，郭院长，这不是科举的问题，是皇权的问题啊！虽然科举选不出名将，可是杀死名将的，不是科举，是皇权！

郭英龙：我知道的，小徐。可是在那个时代，科举顶的包还算少吗？

小徐：这该死的皇权，一辈子都让科举替它顶包。教授，我真的好心痛，为了古代的读书人。

我：沉舟侧畔千帆过，病树前头万木春。小徐，旧的时代已经过去了，新的时代已经来临。你们这一代读书人，永远都不用担心，自己有朝一日会像古代读书人那样替皇权顶包了。

小徐：我知道的，教授，这是我们这代读书人的幸运，也是我们这代读书人的使命。

林馆长：小徐，我感觉你一下子成长了不少。

郭英龙：小徐，你所说的使命是什么呢？

小徐：郭院长，您知道吗，今天在听教授讲科举的时候，我的心里一直有两个声音在交织回响：一个声音对我说，小徐，绝对不能让中国读书人再替私有制的权力顶包了；另一个声音告诉我，小徐，绝对不能让读书人的那份爱和忧愁在这个世界上消失了。所以，刘教授，谢谢您，林馆长说我成长了，是的，今天的我的确一下子成长了。

我：2023 年夏天，我到杭州出差。晚上的时候，我顺着南宋御街，一路走到了临安城太庙遗址。所谓遗址，其实只呈现了一小段太庙的墙体，其余的都被深埋在了 3 米深的地下。地上是一个开放式的广场，许多市民正在广场上跳着广场舞。我站在遗址旁看着他们跳舞，忽然心生无限感慨，于是掏出手机，就着广场舞的音乐，拍了一小段视频。那天，我在视频里对自己说了这么一段话："我到了南宋临安城的遗址，大概只剩下这段城墙吧。现在这边是个广场，有广场就一定有广场舞。南宋被元灭掉的时候，陈文龙是从莆田绝食，一路被押送到了临安城，也就是这座城市的岳庙。当天晚上，在岳庙里痛哭气绝。那时候，那些读书人一定感到天崩地裂，他们有他们的坚守，也有他们的绝望。但是时代终究会过去，错误的终究会被纠正，历史总会回到正确的轨道上来。中国没有灭，崖山之后依然还有中国，就在我们脚下。"

陈义忠：那时候，那些读书人一定感到天崩地裂，他们有他们的坚守，也有他们的绝望。

林馆长：但是时代终究会过去，错误的总会被纠正，历史总会回到正确的轨道上来。

郭英龙：中国没有灭，崖山之后依然还有中国，就在我们脚下。

小徐：中国不会灭，崖山之后永远会有中国，就在我们脚下，就在我们心里！教授，谢谢您，我今天成长了很多！

我：我知道的，我相信的，祝福你，小徐！

小徐：那就让我再梳理一下科举时代的 6 大传统治理缺陷。共和国七十五年农历正月初四，"科举之传统治理智慧科"甲辰榜，共有 6 名落第举子：

1. 公私合营难逃历史周期率——科举无法彻底制约皇权的私有制

2. 道德自觉忽视了制度倒逼——德治的成功妨碍了民主法治的进化

3. 重文轻理迟滞了自然科学——科举吸纳了全民族最优质的智力资源

4. 崇文贱商抑制了商业发展——农业时代的成功阻碍了工业时代的萌芽

5. 官学合一堵塞了多元通道——诗文取士无法胜任现代社会的多元化

6. 尚文抑武削弱了国防建设——科举导致文治武功的阶段性失衡

刘教授，我没有记错吧？

我：完全正确，小徐。

陈义忠：时间过得真快，不知不觉，已近黄昏。在木兰陂

兴化府历史文化街区

上的短短几个小时，却如同穿越了千年的时空。郭院长，今天是全莆田"做大岁"的日子，往常这个时候，每个莆田人都应该回去和自己的家人团圆了。可是，今天您来了，那就是我们共同的家人，去哪家"做大岁"都不公平。所以，我们讨论了很久，决定今年来一次创新：我们一起陪您到兴化府历史文化街区，来次集体"做大岁"。

郭英龙：太好了！今天的对话让我明白："做大岁"其实是"家"也是"国"。走出小家，走进大家，这样的"做大岁"，一定有着特别的意义。

林馆长：郭院长，兴化府历史文化街区始建于宋太平兴国八年，距今已有1000多年的历史了，目前还有保存完整的6条古街，随处可见宋元明清民国不同时期、不同风格的官宅、府第等古建古厝。这片街区目前已经得到了保护性开发，十足人间烟火气。教授说过，要是再增加点儿书卷气就更好了。

我：郭院长，兴化府历史文化街区，就是我们故事里的兴化城的核心区域。方寸之地，保存着一次次兴化城之战的血勇，也保存着一代代莆田读书人的梦想。您知道吗，这片小小的街区，有可能是全中国"进士指数"最高的地方，总长1326米的几条古街，一共走出了260多名进士，2名一品官，8名二品官，14名三品官。

郭英龙：哇，如此神奇的地方，我一定要亲眼看看，亲手触摸。

林馆长：紧邻兴化府历史文化街区的，有文峰宫，那是

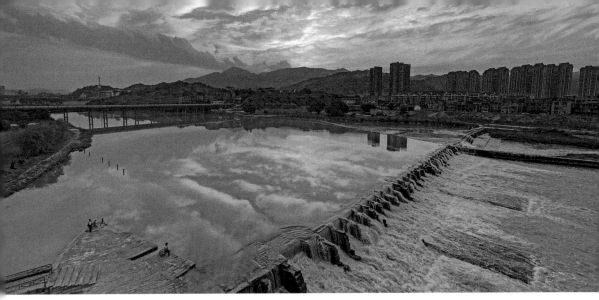

晚霞下的木兰陂

南宋陈俊卿始建而迁入的妈祖庙；有古谯楼，那是始建于北宋的兴化府子城的城门楼；还有始建于唐朝的凤山寺和爱国名医陈展如故居，以及始建于宋代的道教建筑三清殿。反正，这座国家级历史文化名城还有好多的古迹，足够您再"穿越"1000年了。

郭英龙：太好啦！有林馆长做导游，那我一定要好好"穿越"一番。刘教授，此次来莆田，真的是一次神奇之旅。

陈义忠：郭院长，我不像林馆长那么有文化，所以，这次我的任务，是负责为您准备美食。

郭英龙：我想起来了，兴化米粉！

陈义忠：那是必须的。除此之外，还有超好吃的卤面、焖豆腐、燕皮扁肉，还有别有特色的兴化海鲜：哆头蛏、海蛎煎、土笋冻……

小徐：啊，别再说了，我都流口水了！咱们赶紧出发吧。

我：就是，义忠，还没吃到就别说，说得大家都流口水。

363

郭英龙（笑）：看来，你们的味蕾记忆被触发了。

林馆长：那可不？义忠，别馋大家了，咱们赶紧出发吧。

陈义忠（笑）：好吧，那咱们现在就出发！

　　沿着陂顶，我们重新穿越木兰溪向北岸走去，犹如从那千年的历史长河重新穿越回到了当下。夕阳西下，晚霞的余晖泼洒在了木兰溪的水面上，静静地染红了整条木兰溪水。站在陂顶回望木兰山，16岁的钱四娘正披着霞光，静静地凝望着西北的方向。我知道，她正在凝望着自己梦想开始的地方。小徐站在我的身旁，与我一道凝望着霞光中的钱四娘。我知道，她也在凝望着自己梦想开始的地方……